현대 축구 전술 바이블
THE MODERN SOCCER
TACTICS BIBLE

Der Schlüssel zum Spiel. Wie moderner FuBball funktioniert by Tobias Escher

All rights reserved by the proprietor throughout the world
in the case of brief quotations embodied in creirical articles or reviews.

Korean Translation Copyright © 2024 by Samho Media Co., Seoul
Copyright © 2020 by Rowohlt Verlag GmbH, Hamburg, Germany

This Korean edition is published by arrangement with
Rowohlt Verlag GmbH, Hamburg through Bestun Korea Literary Agency Co, Seoul

이 책의 한국어판 저작권은 베스툰 코리아 출판 에이전시를 통해
저작권자와의 독점 계약으로 삼호미디어가 소유합니다.
저작권법에 의해 한국 내에서 보호를 받는 저작물이므로 무단 전재와 무단 복제를 금합니다.

위대한 승리를 이끈 명장들의 전술은 바로 이 원칙들을 바탕으로 이루어졌다!

현대 축구 전술 바이블

THE MODERN SOCCER TACTICS BIBLE

토비아스 에셔 지음 | 한준희 감수 | 강민경 옮김

samho MEDIA

차례

들어가는 말 ·· 6

제1장
상대 팀이 볼을 점유한 단계 24

수비의 기초 이론 ································ 29
프레싱 ··· 59
긴 패스 수비 ······································· 86
포메이션 ··· 95
| 상대 팀이 볼을 점유한 단계의
수비 전술 요약 | ······························· 114

제2장
팀이 볼을 점유한 단계 116

포지션 플레이 ·································· 123
포지션 플레이에서의 포지션 ········ 145
볼 키핑부터 슈팅까지 ···················· 161
긴 패스와 크로스 ···························· 190
| 팀이 볼을 점유한 단계의
공격 전술 요약 | ······························ 202

제3장
볼을 빼앗은 후 전환 단계 204

볼을 빼앗은 순간 ···························· 210
역습의 원칙 ······································ 218
| 볼을 빼앗은 후 전환 단계 요약 | ···· 237

제4장
볼을 잃은 후 전환 단계 238

볼을 잃은 순간 ································ 247
게겐프레싱 ·· 254
| 볼을 잃은 후 전환 단계 요약 | ········ 271

제5장
데드볼 상황 272

코너킥 수비하기 ······························ 276
코너킥으로 공격하기 ······················ 283
프리킥 수비하기 ······························ 290
프리킥으로 공격하기 ······················ 296
스로인 수비하기 ······························ 300
스로인으로 공격하기 ······················ 303
골킥과 킥오프 ·································· 307

마무리 ··· 312
감사의 말 ·· 318

들어가는 말

축구는 단순한 스포츠다. 동그란 볼을 네모난 골대에 넣으면 된다. 단, 볼에는 손을 제외한 신체 부위만 닿을 수 있다. 축구는 오프사이드 같은 몇몇 규칙으로 인해 경기가 다소 복잡해 보일 수 있지만, 사실 규칙도 이해하기 쉽다. 미식축구나 야구와 달리 인생에서 처음으로 축구 경기를 관전하거나 직접 플레이를 할 때 수많은 규칙을 외울 필요가 없다. 그냥 보거나, 하면 된다. 그래서 전 세계 수십억 명이 축구에 열광한다.

규칙이 간단하다보니 축구 경기 자체도 간단하리라는 생각에 사로잡히기 쉽다. 축구 감독 프란츠 베켄바워Franz Beckenbauer는 1990년 독일 국가대표팀에게 "나가서 축구해라!"라고 말한 바 있다. 이렇게 간단해 보이는 축구를 왜 복잡하게 생각해야 할까? 애초에 이런 책이 왜 필요할까?

문제는 축구가 그리 간단하지 않다는 것이다. 모순적이지만 축구라는 스포츠는 단순하기 때문에 복잡하다. 우선 선수들에게 적용되는 제약이 거의 없다. 선수들은 약 7천 평방미터인 넓은 필드에서 자유롭게 움직일 수 있다. 공간적인 제약이라고 해봐야 터치라인과 골라인 같은 외곽선과 오프사이드뿐이다. 축구장보다 훨씬 작은 핸드볼 경기장과 비교해보면 핸드볼 경기장의 여러 라인은 필드에서 발생할 수 있는 일들을 제한하지만, 축구는 그렇지 않다.

따라서 축구 선수들의 선택지는 다양하다. 선수들은 경기장 내 모든 위치에 각기 다른 대형으로 서서 움직일 수 있다. 득점을 노리는 방법도 다양하고 자유롭다. 볼을 높이 올려서, 가슴 높이에서, 땅 위에서 움직일 수 있다. 또한 골대에서 30미터 떨어진 거리에서든, 3미터 떨어진 거리에서든 슛을 쏠 수 있고 발로도, 머리로도, 심지어는 엉덩이로도 골을 넣을 수 있다. 이론적으로는 팀의 모든 선수들이 골라인 앞에 서서 수비할 수 있고, 원한다면 경기 내내 오프사이드 위치에 서 있어도 된다.

규칙과 기술적인 관점에서는 공격하는 팀 선수 여섯 명이 오프사이드 위치에 있어도 정당한 일이고, 코너플래그에다 대고 기우제를 지내도 된다. 그러나 경기를 이기기 위한 관점에서는 옳지 않다. 이 책은 바로 그런 의문을 파헤친다. 경기에서 이기려면 선수와 팀이 축구라는 스포츠의 규칙과 조건을 어떻게 활용해야 할까? 필드라는 주어진 공간을 어떻게 활용하고, 볼을 어떻게 움직이고, 어떻게 슛을 쏘고, 어떻게 상대 팀의 공격을 막아야 할까? 축구가 탄생한 이후 수많은 두뇌파 축구인들이 이 의문을 탐구했다. 그리고 이런 의문에 대한 답이 축구라는 스포츠를 복잡하게 만든다. 경기를 운영하는 수많은 방법이 존재하기 때문이다. 현대 축구가 어떻게 기능하는지 이해하려면 이러한 아이디어와 전략, 전술을 알아야 한다.

모든 걸 할 수 있어야 하지만 꼭 해야 하는 건 아니다

필드 위에서 발생하는 가능성에는 한계가 없다. 그런데 대개의 경우 어떤 특정한 행동 방식은 다른 행동 방식에 비해 경기에서 이길 가능성을 높인다. 축구의 역사가 길어지면서 점차 이러한 전통이 구축되었다. 이 책에서는 이와 같은 축구의 전통 중 몇 가지를 소개할 것이다. 이는 프로 축구 팀 전술에 숨겨진 의미를 낱낱이 찾아내는 데 도움이 될 것이다.

　한 가지 예를 들어보겠다. 이 책에서 나는 수비수들이 자기 팀 페널티 에어리어를 지키는 방법을 서술할 것이다. 세로 16.5미터, 가로 40.3미터인 페널티 에어리어 안에서 수비수들이 정렬하는 방법은 무한대다. 그런데 분데스리가나 월드컵 경기를 보면 거의 대부분의 팀 선수들이 비슷한 모양으로 정렬해 있다는 것을 금방 알 수 있다. 즉, 선수들이 반드시 지키고 서 있어야 하는 공간이 있고, 그때 활용해야 할 특정한 전술이 있다는 것이다. 또한 대부분의 감독이 선수들에게 지시하는 수비 전개 방식이 비슷하다는 뜻이기도 하다. 그래서 이 책에서는 별 쓸모가 없는 방식은 제외하고 널리 사용되는 몇 가지 방식에 집중하여 설명할 것이다.

　물론 이것이 절대적인 정답은 아니기에 "반드시 이 방식만 따라야 해. 다른 방식은 틀린 거야!"라는 뜻은 아니다. 축구 감독 오토 레하겔Otto Rehhagel은 "이기는 축구가 가장 현대적인 축구다"라고 말한 적이 있다. 틀린 말은 아니다. 팀의 전술은 선수들이 그 전술을 얼마나 잘 활용하고, 편안하게 느끼는지, 그리고 상대 팀과의 상성이 어떤지에 따라 평가받는다. 수년에 걸쳐 두뇌파 감독들은 새로운 전술을 개발하고, 새로운 포메이션을 고안하고, 특별한 방식으로 선수들을 배치했다. 이처럼 전술과 그 수단은 새로 만들어지기도 하고 사라지기도 한다. 50년 전에는 잘 통했던 전술이 오늘날에는 더 이상 기능하지 않을 수도 있다. 또 오늘까지 긍정적으로 평가되던 것이 내일 갑자기 틀린 내용이 될 수도 있다. 여러분이 이 책을 읽고 있을 시점에는 이 책에 나온 여러 지식이 이미 오래된 것일 수도 있다. 그러니 비판적인 시각으로 이 책을 분석하며 읽길 바란다. 축구 전문지 〈키커Kicker〉는 1923년에 이미 이렇게 전한 바 있다. "친애하는 독자 여러분, 스포츠 평론가들을 믿지 마세요. 스스로 직접 경기를 보시기 바랍니다."

왜 전술인가?

이 책에 축구 경기에서 일어날 수 있는 모든 상황과 전술을 다 담을 수는 없다. 자기 팀 페널티 에어리어를 수비할 때는 선수들이 서 있는 위치 말고도 중요한 요소들이 많다. 예를 들어 선수들이 크로스를 막을 수 있는가? 선수들이 기술적으로 볼을 걷어낼 수 있는 실력인가? 선수들이 상대 팀 선수보다 먼저 볼을 잡을 정도로 빠른가? 상대와 1대1로 맞붙을 정신적인 준비가 되어 있는가? 이런 모든 요소가 중요하며 전술에 영향을 미친다. 또한 선수 전원의 신장이 2미터 이상인 팀은 훨씬 작은 선수들로 구성된 팀과 페널티 에어리어 수비 전술이 다를 것이다.

    이 책이 전술이라는 한정된 주제에 집중하는 데는 이유가 있다. 첫째로 전술은 내가 제일 잘 아는 축구 분야이기 때문이다. 위르겐 클롭Jürgen Klopp 감독이 2006년 월드컵 당시 ZDF 방송에 나와 전술을 분석했을 때부터 나는 축구 전술에 매료되었다. 둘째로 2019년까지도 전술은 대중들이 터무니없을 정도로 과소평가하는 분야였다. 패스 미스는 누가 봐도 패스 미스다. 그런데 전술적인 실수는 눈에 잘 띄지 않는다. 전술에 실수가 있더라도 눈총을 받는 건 수비하는 팀에서 볼과 가장 가까이 있던 선수뿐이다. 사람들은 실수를 분석할 때 그 선수가 더 압박하여 수비했어야 했다는 등 표면적인 사항에만 집중하는 경우가 많다. 여러분이 이 책을 읽고 나서는 축구가 그리 간단한 스포츠인 것만은 아니라는 사실을 알았으면 좋겠다.

현대 축구를 이해하고 싶은 사람은 전술이라는 분야를 이해해야 한다. 이 책은 전술뿐만 아니라 선수들의 멘탈이나 기술 같은 다른 분야도 설명하는데, 그 이유를 바이에른 뮌헨의 전 감독 데트마르 크라머Dettmar Cramer의 말을 빌려 표현하자면 다음과 같다. "모든 것들이 어떤 식으로든 연결되어 있다. 엉덩이에 난 털을 뽑으면 눈물이 나는 것처럼." 물론 이 책의 핵심은 엉덩이에 난 털이 아니라 축구 전술이다.

숨통을 옥죄는 짐이 아닌 선수들을 돕는 도구

인터뷰를 할 때면 가장 좋아하는 전술이 무엇이냐는 질문을 항상 듣는다. "가장 강하다고 생각하는 포메이션은 무엇입니까?", "특히 인상적인 경기 운영 방식이 있습니까?" 미안하지만 그런 것은 없다. 전술 자체는 아무런 가치가 없기 때문이다. 전술이란 결국 팀의 다른 모든 요소와 조화를 이뤄야만 좋은 것이다.

선수들이 경기 중 활용할 수 있는 선택지는 매우 다양하다. 그래서 중요한 결정을 내려야 하는 순간이 선수들에게는 부담스럽다. 우선 상황을 판단해야 하고(인식), 행동할 선택지 중 하나를 골라야 하며(결정), 그것을 해내야 한다(실행).

좋은 전술은 선수들이 상황을 올바르게 인식하고, 행동할 선택지 중에서 정확한 판단을 내리도록 돕는다. 결국 전술이란 각각의 선수들과 잘 맞아야만 빛을 발하는 것이다. 선수들이 상황을 지배하지 못하는 방향으로만 몰고 가는 것은 좋은 전술이 아니다. 공격수가 받아서 처리할 수 없을 정도의 긴 패스를 보내는 전술은 아무런 의미가 없다. 또한 세계 최고 수준의 프레싱 실력을 갖추고 있더라도 선수들이 프레싱을 제대로 수행할 수 있는 상황을 만들지 못한다면 무용지물이다.

따라서 팀의 전술은 다음 의문점을 만족시켜야 한다. 선수들을 최적화할 수 있는가? 당연한 말이지만 모든 선수에게 맞는 '마법의 전술'은 없다. 이상적인 전술은 선수들을 옥죄는 짐이 아니라 선수들의 장점을 이끌어내고 약점을 감추는 도구다. 성공한 축구 감독 조제 무리뉴José Mourinho도 "감독은 선수들의 장점은 물론이고 단점도 숙지하고 있어야 한다. 그래야 상대 팀에 보이지 않도록 단점을 가릴 수 있다."고 말한 바 있다.

상대 팀

"축구 경기는 상대 팀의 존재로 인해 복잡해진다." 이 유명한 문장은 철학자이자 작가인 장 폴 사르트르Jean-Paul Sartre가 한 말인데, 전술이라는 주제에도 잘 들어맞는다. 팀의 전술이 선수들과 완벽한 조화를 이룬다 해도, 선수들이 최상의 컨디션으로 경기에 임하여 매 순간 올바른 결정을 내린다 해도, 상대 팀이 그 전술에 번번이 반격할 수 있다면 경기 운영은 어려워진다. 축구는 말하자면 아군 팀과 상대 팀의 합동 공연이나 마찬가지다.

요즘 축구 경기는 때때로 체스 경기처럼 보인다. 두 체스 마스터가 숨죽이고 체스 판을 바라보며 상대의 수를 보고 움직이듯이, 축구 감독들도 상대 팀의 작은 전술 변화에 전광석화처럼 반응한다. 선수들은 벤치에서 보내는 수신호나 필드 내로 전달되는 쪽지를 보고 전술 변화를 알아차린다. 감독들은 이러한 방식으로 축구 경기에서 일어나는 일들을 통제하기도 한다. 경기 중에 전술은 때때로 이렇게 작고 미묘한 변화로 나타난다.

　이런 식으로 상황에 맞게 전술을 바꾸는 것은 전술이라는 폭넓은 개념의 한 가지 측면일 뿐이다. 필드 안은 필드 밖으로부터 영향을 받지 않는 여러 요소가 있다. 필드 밖에서 외치는 목소리로만 경기가 운영된다면 훈련도, 경기 계획도, 선수들의 재능도 쓸모없는 것으로 폄하될 것이다. 따라서 필드 밖에 있는 사람에 의해서만 경기가 끊임없이 변화한다고 말하는 것은 전술이라는 개념을 너무 과소평가하는 셈이다. 이 책에서는 필드 밖에서 전술을 짜는 감독에 대해 거의 다루지 않는다.

계획, 지침, 원칙

전술이라는 개념을 어떻게 정의할 수 있을까? 축구에서 전술은 감독과 떼려야 뗄 수 없는 단어다. 감독은 팀의 전술을 결정한다. 이는 누구나 아는 사실이다. 팀을 위해 어떤 전술을 선택하는지는 감독에게 주어진 본질적인 과제다.

　이 책에서 정의하는 전술은 그보다 한 발 더 나아간다. 감독이 한 선수에게 오늘은 오른쪽에서 뛰라고 말한다면 그것은 전술에 따른 지시다. 이런 전술 지시는 선수에게 해야 할 행동을 하나하나 일러주지 않는다. 물론 감독이 이렇게 덧붙일 수는 있다. "볼은 무조건

낮게 패스해. 앞으로 계속 달려 나가. 되도록 사이드라인에 붙어 있고, 중앙으로는 가지 마." 이런 지시 사항은 선수의 행동에 영향을 미칠 것이다. 하지만 선수가 필드에서 모든 지시 사항을 곧이곧대로 수행하지는 않는다. 결국 전술이란 감독의 지시 사항(계획)뿐만 아니라 선수의 행동(실행)까지 포함하는 것이다.

축구는 복잡한 스포츠이기 때문에 감독이 열한 명의 선수들에게 모든 상황에 대한 계획을 세세하게 일러주기는 불가능하다. 선수들은 필드에서 연습한 적이 없는 상황을 마주하기도 하기 때문이다. 예를 들면 아군 페널티 에어리어 안에서 볼을 갖고 있을 때 상대 팀 선수가 돌진해 오면 옆으로 드리블하여 빠져나가야 할까? 아니면 동료에게 패스해야 할까? 등과 같은 상황이다.

프로팀 감독들은 선수들에게 페널티 에어리어 안에서 어떻게 움직여야 하는지를 자세히 지시하지 않는다. 이런 것은 선수들이 이미 유소년 시절부터 배우는 내용이다. 선수들은 몇 년 동안이나 필드에서 움직이는 방법을 연습하기 때문에 그들의 행동 양식은 거의 자동 반사가 된다.

하지만 이러한 전통이 모든 상황에서 구체적인 행동 지침이 되는 것은 아니다. 축구 경기 중 발생하는 모든 상황에서 대응할 수 있는 구체적인 조언을 얻고자 이 책을 읽는 사람이라면 실망할지도 모르겠다. 완벽한 축구를 위한 매뉴얼은 존재하지 않는다.

대신 축구에는 각 상황에 도움이 되는 전술 원칙들이 있다. 예를 들어 팀이 역습을 성공시킬 가능성을 극대화하려면 다음과 같은 원칙을 고려해야 한다. 선수들이 어느 공간으로 뛰어야 하는가? 볼은 어느 방향으로 움직여야 하는가? 얼마나 많은 위험을 감수해야 하는가? 이런 원칙들 역시 해당 상황에서 각 선수가 어떻게 움직여야 하는지를 구체적으로 알려주는 것은 아니다. 다만 선수들이 좀 더 나은 결정을 내리도록 도와줄 뿐이다. 이것을 어떻게 활용할지는 선수들의 몫이다.

개인 전술, 그룹 전술, 팀 전술?

축구는 개인 스포츠가 아니다. 선수가 오로지 자신만 생각하고 필드 위에서 결정을 내리면 팀이 이기기 어렵다. "열한 명이 모두 친구여야 한다!" 1954년 월드컵 당시 독일 대표팀 감독이었던 제프 헤르베르거Sepp Herberger의 좌우명이다. 대부분의 전술은 한 명이 아닌 여러 선수에게 적용된다. 그래서 전술의 다양한 측면을 구분할 필요가 있다. 독일축구협회DFB는 축구 관련 교육 자료나 언론 자료에서 전술을 다음과 같이 구분한다.

- **개인 전술**: 선수 개인의 결정과 행동에 관한 전술이다. 예를 들어 동료에게 패스해야 할지 아니면 스스로 드리블하여 상대 선수를 제쳐야 할지 둘 중 하나를 선택해야 하는 상황이라면, 그 선수는 개인 전술에 따른 결정을 내릴 수 있다. 그리고 그의 선택은 경기 전체에 영향을 미친다.
- **그룹 전술**: 두 명 이상이나 팀 전체에 이르지는 않는 선수들의 결정과 행동에 관한 전술이다. 가장 알기 쉬운 예로 두 선수가 합을 맞춰 서로 볼을 주고받는 원투 패스가 있다. 여러 선수가 패스 연결망을 형성하는 것도 그룹 전술이다.
- **팀 전술**: 경기를 뛰는 선수 전체에 영향을 미치는 전술이다. 가장 잘 알려진 팀 전술이 바로 포메이션이다. 감독이 수비수 네 명, 미드필더 네

명, 공격수 두 명을 세우는 전술을 쓰면 일반적으로 "4-4-2로 경기한다."고 말한다. 정확하게 표현하자면 "이 팀의 팀 전술 상의 포메이션은 4-4-2다."이다.

> **포메이션**이란 선수들이 필드 위에 서 있는 자리를 뜻한다. 수비수 네 명, 미드필더 네 명, 공격수 두 명을 세워 경기하는 팀은 4-4-2 포메이션을 채택했다고 볼 수 있다.

전술과 전략의 차이점

전술에 열광하는 사람들 중에는 지나치게 꼼꼼한 사람들이 있다. 일반적으로 축구 전술을 논할 때 여러 용어가 잘못 혹은 바꿔서 사용되는 경우가 있는 반면 이른바 '전술 덕후'들은 모든 개념을 정확하게 사용하고자 한다. 전술, 전략, 철학, 시스템, 포메이션 등 이 모든 개념은 유의어가 아니다. 각 단어는 고유한 뜻을 갖는데, 특히 가장 명확한 차이를 나타내는 것이 전술과 전략이다. 축구에서 사용되는 개념 중 많은 것들이 군사 용어에서 왔다. 19세기에 이름을 떨친 군인 카를 폰 클라우제비츠Carl von Clausewitz는 전술을 "개별 전투에서 군사력을 운용하는 원칙이다."라고 정의했다. 한편 전략이란 "전쟁의 목적을 구현하기 위해 개별 전투를 운용하는 원칙이다."라고 정의했다.

축구에서 전투는 경기를 말하고, 전쟁은 곧 한 시즌을 말한다. 전술은 항상 개별적인 경기와 관련이 있다. 즉, 어떤 포메이션으로 선수들을 배치할 것인가? 상대 팀 선수 중 누구를 철저히 마크해야 하는가? 득점할 가능성이 가장 높은 위치는 어디인가? 등을 고려하는 것이 전술이다. 한편 전략은 더 큰 그림과 관련이 있다. 즉, 상대 팀보다 볼 점유율을 높이는 것이 목적인가, 아니면 역습하는 것이 목적인가? 상대 팀을 필드 전체에서 공격적으로 압박할 것인가, 아니면 아군 진영 깊숙한 곳에서 수비할 것인가? 짧은 패스를 활용할 것인가, 아니면 높고 긴 패스로 필드를 가로지를 것인가? 등을 고려하는 것이 전략이다.

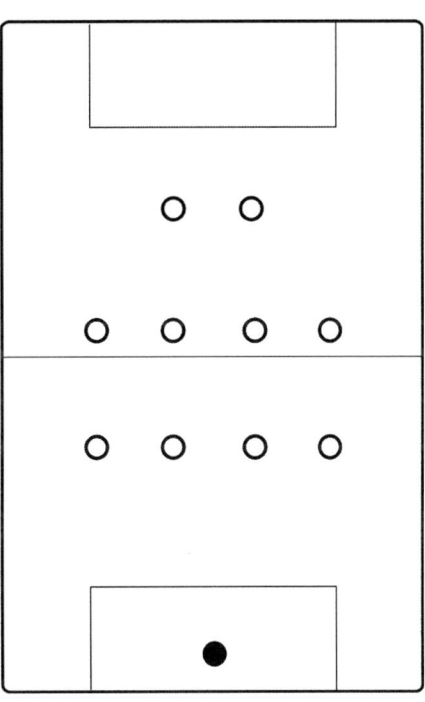

1. 4-4-2 포메이션의 예시. 수비수가 네 명, 미드필더가 네 명, 공격수가 두 명이다.

팀이 어떤 전술을 활용할지는 경기에 따라 다르다. 한편 팀의 전략은 경기 수가 늘어나면서 점점 명확해진다. 하지만 정신없이 분주하게 진행되는 프로 축구 세계에서는 이런 이상에 아예 혹은 거의 도달하지 못한다. 감독이 계속 바뀌고 이에 따라 전략도 변하기 때문이다. 따라서 이 책은 전술이라는 분야에 초점을 맞추고 축구 경기에서 전술 도구를 어떻게 활용할지에 초점을 맞추었다.

포메이션과 시스템의 차이

앞서 팀 전술의 정의를 설명하며 포메이션이 무엇인지 알아보았다. 포메이션 또한 군대를 전장에 배치하는 방식을 표현하는 군사 용어에서 유래했다. 축구에서도 뜻은 다르지 않다. 감독이 팀을 수비수 네 명, 미드필더 네 명, 공격수 두 명으로 배치한다면 4-4-2 포메이션이다.

축구 경기를 보다보면 해설자가 4-4-2 시스템이라고 말하는 경우가 잦다. 그러나 정확하게 말하자면 시스템은 조금 다른 개념이다. 포메이션은 선수들이 어떻게 공간을 점유하는지를 설명한다. 한편 시스템은 선수들이 그 포메이션을 어떻게 실행하는지를 설명한다. 두 팀이 똑같은 포메이션으로 경기하더라도, 시스템은 완전히 달라질 수 있다는 것이다.

좋은 예시가 2010년 월드컵 스페인 대 네덜란드 결승전이다. 두 팀은 같은 포메이션을 사용했다. 수비 공간에 네 명, 중앙에 수비형 미드필더 두 명과 공격형 미드필더 세 명, 가장 앞에 공격수 한 명을 두었다. 즉, 두 팀 모두 4-2-3-1 포메이션

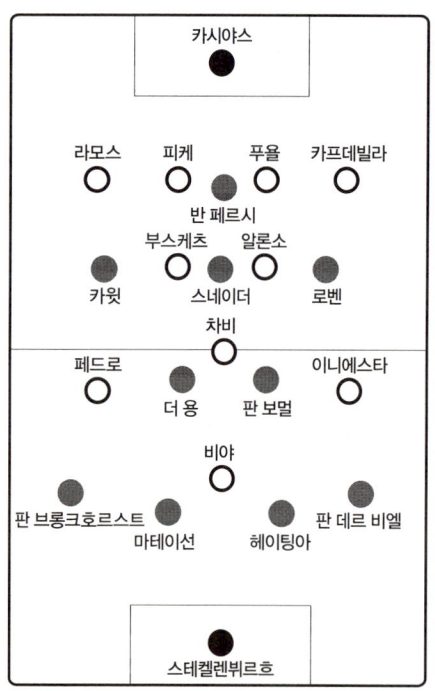

2. 2010년 월드컵 결승으로 보는 포메이션과 시스템의 차이

을 채택했다. 그런데 두 팀은 포메이션을 완전히 다르게 해석했다. 스페인 선수들은 1대1 몸싸움을 피하며 최대한 오랫동안 볼을 점유하려고 한 반면, 네덜란드 선수들은 계속해서 상대방에게 달려들어 최대한 빠르게 득점하려고 했다. 좀 더 쉽게 말하자면 나이절 더 용Nigel de Jong이 쉬지 않고 차비 알론소Xabi Alonso에게 몸싸움을 걸었다. 요약하자면 두 팀은 포메이션을 제외하고는 공통점이 거의 없었다. 신체 조건이 좋은 네덜란드 선수들은 스페인 선수들과는 완전히 다른 전략과 전술 도구를 활용했다. 이처럼 선수들이 필드에서 포메이션을 해석하고 경기를 풀어내는 방식이 바로 시스템이다.

판 할의 4단계 모델

이미 여러 차례 언급했지만 축구는 복잡한 게임이다. 그렇게 복잡한 스포츠의 전술을 어떻게 이해하기 쉽게 서술할 수 있을까?

    이 책을 구성할 때 나는 네덜란드 출신 감독 루이 판 할Louis van Gaal이 만든 모델을 채택했다. 판 할에 따르면 축구 경기는 킥오프부터 종료 휘슬이 울리는 순간까지 항상 4단계로 나뉜다. 상대 팀이 공격을 시도하면 아군 팀은 수비 포메이션을 형성한다. 이것이 첫 번째 단계다. 상대 팀이 볼을 점유하고, 아군 팀은 상대 팀의 득점을 막거나 볼을 가로채려고 하는 단계라고 할 수 있다. 그러다가 아군 선수가 볼을 가로채면 두 번째 단계에 돌입한다. 볼을 점유하는 팀이 바뀌는 단계다. 이때는 볼을 안정적으로 점유하든지, 아니면 역습 기회를 노릴 수 있다. 팀이 볼을 확실히 점유하면 곧바로 세 번째 단계가 시작된다. 팀이 볼을 점유하는 단계다. 상대 팀은 수비에 돌입하고, 아군 팀은 득점을 노릴 수 있다. 팀이 볼을 빼앗기면 네 번째 단계로 이어진다. 공격을 수비로 전환하는 단계다. 이후에는 다시 첫 번째 단계로 돌아간다(그림 3).

이 모델이 최적화되어 있다는 말은 아니다. 스포츠의 복잡함을 잊지 말아야 한다. 필드에서 발생하는 모든 상황은 간접적으로 다른 상황과 연관된다. 축구 경기는 흐르는 물과 같다. 선수들은 자유롭게 움직이고, 볼이 필드 밖으로 나가거나, 골라인을 넘어 득점으로 연결되거나, 선수가 프리킥을 차야 하는 등의 상황이 아니라면 항상 인 플레이 상태다. A 팀의 페널티 에어리어에 있던 볼이 10초 후에는 B 팀의 페널티 에어리어에 있을 수 있다. 앞서 언급했던 4단계 모델 또한 끊임없이 반복된다. 스페인 출신 감독이자 펩 과르디올라 Josep Guardiola의 롤 모델인 후안마 리요Juanma Lillo는 이렇게 말한 적이 있다. "경기는 부분으로 나눌 수 없는 전체다. 공격하는 순간이

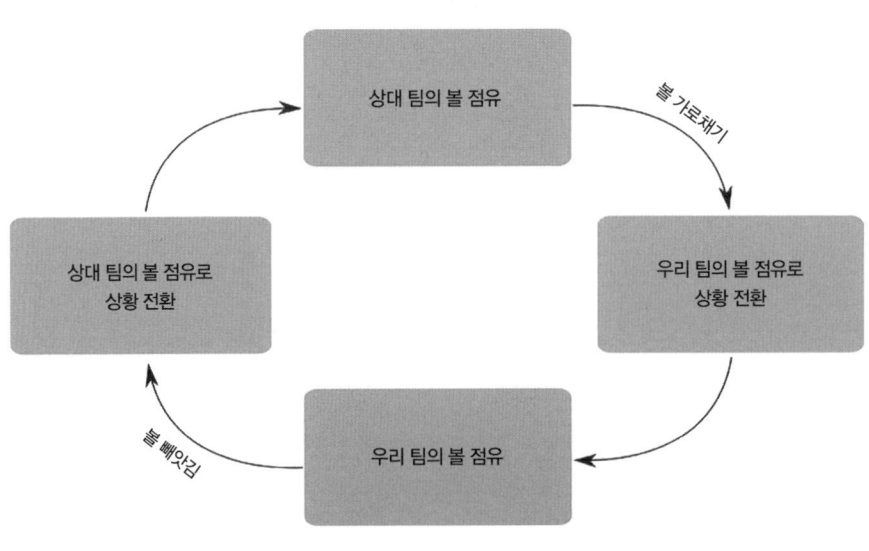

3. 루이 판 할의 4단계 모델

없는 수비하는 순간이란 존재하지 않는다. 두 가지가 함께 기능하여 전체를 구성하는 것이다."

그럼에도 이 책에서 공격과 수비를 구분하는 데에는 의미가 있다. 우선 명료하게 정리하기 위해서다. 이는 지금까지 전술을 그다지 접하지 못한 팬들도 경기를 쉽게 이해할 수 있게 한다. 판 할의 4단계 모델을 이해하는 사람은 축구 전술을 분석하는 데 큰 진전을 이루었다고 볼 수 있다. 4단계 모델의 각 단계에는 축구 경기에서 발견할 수 있는 특정한 전술 원칙들이 있는데, 이 책을 통해 그 원칙들을 상세히 배울 수 있을 것이다.

앞으로 우리는 볼 점유 단계에 대해 알아볼 것이다. 상대 팀이 볼을 점유했을 때 어떻게 수비할 것인가? 아군 팀이 볼을 점유했을 때는 어떤 원칙이 적용되는가? 볼을 가로챘을 때, 혹은 빼앗겼을 때 어떻게 반응해야 하는가? 등을 알아보고 마지막 장에서는 4단계 모델 이외의 상황, 즉 데드볼 상황에 대해서도 알아볼 것이다.

이 책의 각 장은 비슷한 구조로 짜여 있다. 처음에는 이론을 설명하며 중요한 개념과 각 단계에 해당하는 근본적인 질문을 파헤친다. 이때 각 단계마다 매번 반복되는 질문이 있다. 바로 팀이 어떤 목표를 추구해야 하느냐는 것이다. 추상적인 이론을 설명한 다음에는 구체적인 실행 방식을 덧붙였다. 이 책이 모든 개념을 전부 담고 있지는 않지만, 전술 원칙과 팀 및 선수들의 행동 양식에 대해서는 최대한 많은 프로 축구 예시를 들어 서술했다. 따라서 본문에는 위르겐 클롭Jürgen Klopp, 펩 과르디올라 같은 유명한 감독이나 케빈 더 브라위너Kevin De Bruyne, 에덴 아자르Eden Hazard 같은 세계적인 축구 선수들이 최소 한 번 이상 등장할 것이다. 축구 전술을 명확하게 이해하는 것은 어렵지만, 오토 레하겔Otto Rehhagel 감독의 지혜는 축구에 늘 적용된다. "진실은 경기장에 있다."

"단순한 경기를 제압하는 팀이

월드 클래스다.

하지만 그건 아주 어렵다."

제프 헤르베르거Sepp Herberger

THE MODERN SOCCER
TACTICS BIBLE

제1장
상대 팀이 볼을 점유한 단계

수비는 전술이라는 단어를 들은 대부분의 팬들이 떠올리는 분야다. 명장 무리뉴 감독이 골대 앞에 '버스를 주차해 놓듯이' 수비하는 훌륭한 전술로 상대 팀을 꼼짝 못하게 만들면, 다음날 기자들이 '전술의 천재'라며 그를 칭찬하곤 했다. 또 축구계에는 이런 명언이 있다. "공격하면 경기에서 이기고, 수비하면 우승한다."

감독들은 주로 수비 전술로 자신의 이력을 뽐낸다. 기자회견 자리에서 간결하고 빠른 패스와 프레싱 시그널에 대해 이야기하는 감독은 매우 유능해 보인다. 지난 몇 년 동안 감독들이 전문 지식을 끊임없이 늘어놓는 경향이 점점 강해졌다. 인터뷰 자리에서 자신의 '촘촘한 수비 라인'을 자화자찬하는 감독에게 의문을 표하는 리포터는 거의 없다. 그런 말 뒤에 숨은 의도는 무엇일까? 수비 라인이 촘촘하면 그것이 곧 좋다는 뜻일까? 촘촘한 수비 라인이란 어떤 수비 라인인가? 이런 진부한 말들이 실전에서 무엇을 의미하는지는 명확하지 않다. 전술은 어디까지나 비밀 작전이기 때문이다.

이번 장에서는 그 비밀 작전인 수비 전술을 낱낱이 알아볼 것이다. 감독들이 거들먹거리며 말하는 그 모든 개념은 무슨 뜻일까? 상대 팀 선수들은 볼을 점유하고 있을 때 어떻게 움직이는가? 수비수들은 어떤 원칙에 주의해야 하는가? 복잡하게 들리는 개념이 많을지도 모르지만, 그 뒤에 숨은 의미는 대부분 쉽게 이해할 수 있을 것이다.

골을 막을 것인가, 볼을 가로챌 것인가?

기본적인 상황은 간단하다. 상대 팀이 볼을 가진 상황이다. 이때 수비하는 팀의 목표는 무엇일까? "당연히 골을 먹지 않는 거지!"라고 누구나 말할 것이다. FC 샬케 04의 전 감독 휘프 스테븐스Huub Stevens는 다음과 같은 요점에 이르렀다. "무실점을 사수해야 한다!"

> 이 책에서 나는 볼을 점유한 팀과 볼을 점유하지 않은 팀을 구분하기 위해 **수비수**와 **공격수**라는 개념을 사용했다. 수비수란 볼을 점유하지 않은 팀의 선수를 말하고, 공격수란 볼을 점유한 팀의 선수를 말한다. 수비하는 팀은 볼을 점유하지 않은 팀이고, 공격하는 팀은 볼을 점유한 팀이다.

물론 말처럼 쉽지는 않다. 상대 팀이 볼을 점유하는 상황은 아군 팀이 볼을 가로채야 끝난다. 볼을 빼앗지 못하면 수비하는 팀은 슛을 쏠 기회조차 얻지 못하기에 골을 넣을 수도 없다. 최악의 경우 상대 팀이 90분 동안 볼을 점유하고 있을 수도 있다. 누구도 0:0 스코어는 원치 않을 것이다. 상대 팀이 볼을 가지고 있으면 수비하는 팀은 다음과 같은 목표를 위해 움직이게 된다. 우선 상대 팀이 골을 넣지 못하도록 막는 것, 그리고 상대로부터 볼을 빼앗는 것이다.

수비하는 팀의 이 두 가지 측면을 구분하는 개념이 바로 프레싱Pressing이다. 일반적으로 이 용어는 대개 잘못 사용되거나 너무 좁은 범위로 사용된다. 어떤 팀이 상대 팀을 하프라인 너머까지 압박하면 해설자가 이렇게 말한다. "멋진 프레싱입니다!" 즉, 일반적으로 상대 진영 깊숙한 곳까지 들어가 볼을 빼앗으려고 할 때 프레싱이라는 개념이 사용된다. 그러나 이것은 프레싱의 일부 측면일 뿐이다.

독일축구협회에서도 가르치는 바와 같이, 프레싱의 진짜 의미는 더 넓은 범위를 포괄한다. 프레싱은 경기장 내 어디서든, 얼마나 많은 선수가 관여하든, 상대로부터 볼을 빼앗으려고 직접 경쟁하는 모든 시도를 뜻한다. 아군 팀 페널티 에어리어 앞에서 상대 선수의 움직임을 방해하는 것도 프레싱이고, 하프라인 너머 상대 진영에서 발생하는 압박도 프레싱이다. 이때 수비수는 상대의 볼을 빼앗는 것이 중점이다.

> **프레싱**이란 수비하는 팀이 상대 팀으로부터 볼을 빼앗으려고 한 차례 혹은 여러 차례 직접적인 행동에 나서는 모든 시도를 뜻한다.

수비하는 팀이 적극적인 몸싸움이나 태클을 시도하지 않고 수동적으로 행동하는 경우도 있다. 이 경우 수비하는 팀은 볼과 아군 골대 사이에 최대한 많은 선수들을 배치해 상대가 골을 넣을 수 있는 기회를 최소화하려고 한다. 즉, 상대 선수에게 직접적인 압박을 가하지는 않지만, 상대가 전진하지 못하도록 공간을 막거나 패스 길목을 차단한다. 이때 수비수는 볼을 빼앗는 것이 아니라 상대 팀의 골을 막는 것이 중점이다.

> 수비수가 볼을 가진 선수 앞에 있지만, 적극적인 몸싸움이나 태클을 시도하지 않고 전진하지 못하도록 **공간을 막거나 패스 길목을 차단**하는 경우도 있다.

이번 장의 첫 번째 중요한 가르침은 다음과 같다. 좋은 수비 전술이란 실점하지 않는 것만이 목적이 아니다. 위르겐 클롭 감독의 축구가 좋은 예다. 클롭은 자신의 선수들이 상대 선수들을 뒤쫓고, 압박하고, 상대 진영 깊숙한 곳에서 볼을 가로채길 원했다. 그들은 가능하면 상대 팀 골대와 가까운 위치에서 볼을 빼앗아 빠르게 역습하고자 했다. 클롭의 팀이 경기장 곳곳에서 상대를 추격한 이유가 바로 이 때문이다. 이것 또한 따지자면 수비 축구다. 어쨌든 상대 팀이 계속 볼을 점유하는 상황이기 때문이다. 다만 차이가 있다면 클롭의 전술은 상대 팀의 득점을 막는 것보다 볼 빼앗는 것이 중점이다.

이번 장에서는 골을 막는 작전과 볼을 빼앗는 작전에 대해 알아보고, 그것을 조화롭게 구성하는 방법에 대해서도 알아볼 것이다. 언제 뒤로 물러나서 수동적으로 수비해야 하는가? 언제 적극적인 프레싱에 나서야 하는가? 90분 내내 상대 팀을 압박하거나 지속적으로 몸싸움과 태클을 시도할 수 있는 체력을 가진 팀은 없다. 경기 중 수동적으로 움직여야 하는 순간이 반드시 온다. 마찬가지로 수비에 치중하는 팀이라도 볼을 빼앗기 위해 프레싱을 해야 하는 순간이 반드시 온다. 볼을 성공적으로 빼앗는 것은 팀이 득점할 기회를 얻는 것뿐만 아니라 실점을 막는 데도 중요한 역할을 한다. 아군이 볼을 소유하고 있으면 상대가 득점할 수 없기 때문이다.

수비의 기초 이론

2018년 12월 18일. 일주일 후면 크리스마스다. 그리고 클럽들이 겨울 휴식기에 들어간다. 그 전에 포르투나 뒤셀도르프는 리그의 선두와 싸워야 한다. 뒤셀도르프 아레나는 보루시아 도르트문트와의 경기를 앞두고 구석자리까지 가득 차 있었다. 살을 에는 듯이 추웠고, 온도계는 0도 바로 위를 가리켰다. 경기가 있다고 해서 홈팬들의 마음이 충분히 데워지지는 않았다. 도르트문트는 그 시즌에 단 한 차례도 진 적이 없었다. 15경기에서 41골을 넣은 도르트문트가 겨우 뒤셀도르프를 상대로 골 폭격을 멈출 이유가 전혀 없었다.

그런데 예상하지 못한 일이 벌어졌다. 경기 시작 후 22분에 포르투나 뒤셀도르프가 선취골을 넣었고, 56분에는 두 번째 골을 넣은 것이다. 이후 승리에 가까워진 포르투나 뒤셀도르프는 뒤로 물러나기 시작했다. 아주 멀리까지 물러난 뒤셀도르프 선수들은 자기 팀 페널티 에어리어 바로 앞에서 좁은 대형으로 모여들었고, 열 명의 선수가 도르트문트 공격수들에 맞서 골문을 지켰다. 보루시아 도르트문트의 볼 점유율은 거의 70퍼센트였고, 포르투나 뒤셀도르프는 남은 시간 내내 그저 수비만 하고 있는 것처럼 보였다.

그토록 골을 원하던 도르트문트 선수들의 공격은 뒤셀도르프의 수비 라인을 뚫지 못했다. 도르트문트는 볼을 왼쪽으로, 뒤로, 오른쪽으로, 다시 왼쪽으로 돌리며 뒤셀도르프의 수비를 헤쳐 나갈 방법을 찾으려고 계속 애를 썼다. 하지만 그들이 볼을 얼마나 이리저리 움직이든, 뒤셀도르프 수비 라인에 구멍이 뚫리는 일은 없었다. 마치 벽이 서 있는 것 같았다.

포르투나 뒤셀도르프 감독 프리트헬름 풍켈Friedhelm Funkel은 경기 후 이렇게 말했다. "가장 중요한 건 도르트문트의 패스 길목을 막아서 특유의 속도감 빠른 축구 스타일을 전개하지 못하도록 하는 일이었다." 이것은 제대로 기능하는 수비가 얼마나 강력한지 잘 알 수 있는 대목이다. 즉, 수비 공간을 최적으로 점유하는 팀은 리그에서 가장 강한 팀도 제압할 수 있다는 것이다. 바로 이것이 그 겨울밤 뒤셀도르프 선수들이 해낸 일이었고, 도르트문트는 그 시즌 첫 패배를 맛봤다.

그 경기에서 뒤셀도르프가 완벽하게 해낸 것은 위협이 되는 공간에 상대 팀이 침입하지 못하도록 막은 것이었다. 뒤셀도르프 선수들은 일사불란하게 움직여 상대 팀의 패스 길목을 막았고, 도르트문트는 상대를 위협할 수 있는 지역까지 볼을 옮기지 못했다.

뒤셀도르프는 어떻게 그런 수비를 할 수 있었을까? 이에 대해 알아보기 전에 먼저 현대 축구 수비의 기초를 살펴보고자 한다. 어떻게 하면 열 명의 필드 선수와 한 명의 골키퍼가 수비 공간을 최적으로 점유할 수 있을까? 그 해답을 알아보기 위해서는 우선 이론을 흡수해야 한다.

수비수가 염두에 두어야 할 네 가지 기본 사항

오늘날 프로 축구팀이 수비하는 모습을 보면 마치 싱크로나이즈드 스위밍을 보는 기분이 든다. 축구나 싱크로나이즈드 스위밍은 선수들이 동시에 같이 움직이므로 관객 입장에서는 마치 그들이 하나가 된 것처럼 보인다. 함께 자기 팀 골문을 지키기 위해 움직이는 프로 축구 선수들은 각자 해야 할 일이 무엇인지 정확히 알고 있다. 보이지 않는 손이 그들을 배치하기라도 하는 것처럼 선수들은 이쪽저쪽으로 움직인다. 어떻게 그럴 수 있는 걸까?

축구 경기를 높은 곳에서 관전하면 선수들이 일체화된 물체처럼 움직이는 모습이 보인다. 열 명의 필드 선수와 한 명의 골키퍼가 함께 힘을 합쳐 골문을 지킬 때 중요한 것은 위치다. 선수들은 각 상황에 따라 필드에서 자신이 있어야 할 위치를 정확히 알아야 한다. 선수들은 어디에 서야 할까? 어떻게 수비해야 할까? 어느 공간을 메워야 할까? 언제 볼을 가로채러 달려들어야 할까?

수비수가 위치를 잡을 때는 다음 네 가지 사항을 고려해야 한다.

- **필드에서 자신의 위치.** 필드에서 어느 위치에 있어야 하는가? 상대 진영에 있어야 하는가? 아니면 아군 진영에 있어야 하는가? 측면에 있어야 하는가? 중앙에 있어야 하는가?
- **동료 선수들의 위치.** 동료들이 어디에 서 있는가? 나와 동료들 사이의 거리는 얼마나 벌어져 있는가? 동료 중 누가 가까이에 있고 누가 멀리 있는가?
- **상대 팀 선수들의 위치.** 상대 팀 선수들은 어느 위치에 있는가? 필드의 어디를 메우고 있는가? 그들은 서로 얼마나 멀리 떨어져 있는가? 상대 팀 선수들과 골문 사이의 거리는 얼마나 되는가?
- **볼의 위치.** 볼은 어디에 있는가? 가까이에 있는가, 아니면 멀리 있는가? 공중에 있는가, 아니면 바닥에 있는가? 볼은 어느 방향으로, 누구를 향해 움직이고 있는가?

예를 들어보자. 상대 팀이 A 선수로부터 B 선수에게 패스하려는 상황이다. 이때 수비수는 앞서 말한 네 가지 사항을 고려해 패스를 가로챌 기회를 포착한다. 현재 자신의 위치는 어떤가? 볼과는 얼마나 멀리 떨어져 있는가? 볼을 가로챌 경우, 어느 방향으로 굴릴 수 있는가? 자신보다 먼저 볼에 도달할 수 있는 상대 팀 선수가 가까이에 있는가? 이를 고려해 수비수가 볼을 향해 움직이면 다음과 같은 위험 요소가 뒤따른다. 만약 인터셉트에 실패하면 어떻게 되는가? 현재 있는 위치에서 벗어났을 때 빈공간이 얼마나 클 것인가? 빈공간을 대신 채워줄 동료 선수가 가까이에 있는가? 상대 팀 선수가 그 빈 공간을 활용할 수 있는가? 이렇듯 수비수가 움직일 때는 신경 써야 할 요소가 매우 많다. 경기를 뛰는 수비수들은 자신이 내리는 결정이 이렇게 많은 요소들을 고려해야 한다는 사실을 의식하지 못할 수도 있지만, 실제로는 매번 이런 과정이 반복된다.

네 가지 기본 사항 중 어떤 것에 가중치를 둘지는 선수가 혼자 결정하는 일이 아니다. 전술에 따른 지시가 관여하기 때문이다. 감독은 선수들이 수비할 때 어떻게 움직여야 할지 결정한다. 즉, 감독은 수비수들이 상대 선수나 동료 선수 중 어느 쪽에 더 중점을 두고 움직여야 하는지, 동료 선수와 얼마나 거리를 두고 있어야 하는지, 언제 볼을 빼앗아야 하는지 등을 정한다. 선수들은 훈련을 거쳐 감독의 전술을 몸에 익힌 다음 그것을 필드 위에서 실행한다.

> **수비수가 염두에 두어야 할 네 가지 기본 사항**은 자신의 위치, 동료의 위치, 상대 선수의 위치, 볼의 위치다.

대인 지향 수비와 공간 지향 수비

예전에는 수비 방식을 두 가지로 나누었다. 바로 대인 방어와 지역 방어다. 각 방식에 따라 기본적인 특징도 다르다. 대인 방어를 할 때 수비수가 중시해야 할 것은 사람, 즉 상대 선수다. 이상적인 모습은 모든 선수가 각자 한 명씩 상대 선수를 맡아 방어하는 것이다. 지역 방어를 할 때는 동료 선수와 볼의 위치를 염두에 둔 각 선수의 위치가 중요하다. 지역 방어의 목표는 필드의 공간을 점유하고 상대 선수들이 아군 팀 골문으로 가는 길을 차단하는 것이다.

> **대인 지향 수비**란 수비수가 상대 선수를 맡아 방어하는 데 중점을 두는 수비 방식이다. **공간 지향 수비**란 필드 내 자신의 위치에서 동료 선수와 볼의 움직임을 보고 행동하는 데 중점을 두는 수비 방식이다.

여기까지 읽었다면 지금부터 내가 대인 방어와 지역 방어라는 용어를 쓰지 않으리라는 사실을 눈치챘을 것이다. 그 이유는 간단하다. 수비수들이 오로지 한 명의 상대 선수만 맡아 방어하거나 한 공간만 지키고 서 있는 방식은 존재하지 않기 때문이다. 만약 모든 선수들이 자신이 전담 마크하는 선수만 쫓아 움직인다면 상대 선수는 자신을 마크하는 선수를 유인해 코너플래그 위치까지 달려갈 것이다. 모든 선수가 자신을 마크하는 선수를 필드의 구석진 곳까지 유인하면 골키퍼가 뻥 뚫린 길을 따라 볼을 드리블해 득점할 수 있게 된다. 극단적인 상황으로 들리겠지만 이것이 한 선수가 상대 선수 한 명을 중점적으로 마크하는 대인 방어의 개념이다. 그러나 실전에서 수비수들은 마크하던 상대 선수와 거리가 벌어지는 순간 상황을 판

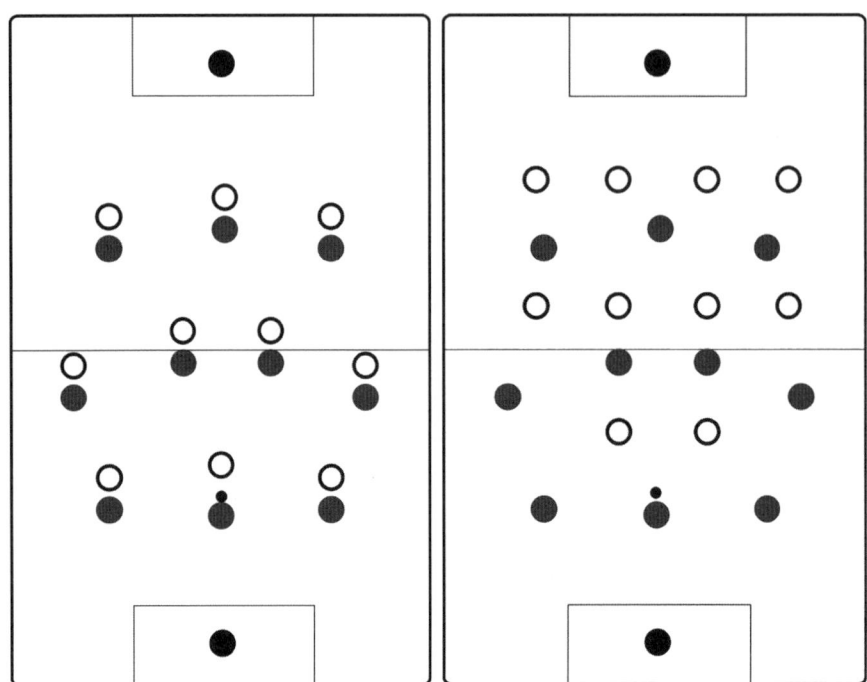

4. 대인 지향 수비   5. 공간 지향 수비.

단하고 다른 행동에 나선다.

지역 방어도 마찬가지다. 지역 방어의 개념에서 보면 상대 선수는 아무런 의미가 없는 요소다. 만약 각 수비수가 무슨 일이 벌어지든 자신이 맡은 지역만 사수한다면, 상대 선수가 공격에 나설 때 어떻게 반응할 수 있겠는가? 자신이 맡은 지역에서 벗어나 상대 선수에게 가까이 가지 않고 어떻게 몸싸움을 해서 볼을 빼앗을 수 있겠는가?

이제 여러분도 알았을 것이다. 어떤 상황이 닥치든 선수들은 대인 방어와 지역 방어가 혼합된 수비를 해야 한다. 따라서 요즘에는 대인 방어나 지역 방어라는 용어 대신 대인 지향 수비, 공간 지향 수비라는 용어를 쓰는 추세다. 이 용어를 보면 두 가지가 혼합된 수비를 하면서도 어느 쪽에 더 중점을 두는지 알 수 있다. 예를 들어 수비수가 상대 선수에게 더 중점을 두고 수비한다면 그 선수는 더 대인 지향적인 수비를 한다고 볼 수 있다. 대인 지향 수비는 절대적인 상태를 말하는 것이 아니다. 선수들은 더 혹은 덜 대인 지향적으로 수비할 수 있고, 공간 지향적, 볼 지향적으로도 수비할 수 있다.

공간 지향 수비의 장점

현재 독일 축구는 1대1 싸움이라는 인식이 강해서 어느 한 팀이 실점하면 다음과 같은 잘못된 분석이 나오기 쉽다. "수비수가 상대 선수와 너무 멀리 떨어져 있었어요!" 이런 분석은 모든 팀이 대인 지향 수비를 하고 있었다면 맞는 말이었을 것이다. 30년 전까지 축구계에서는 대인 지향 수비가 유행이었다. 수비에서 가장 중요한 요소는 늘 가까이 있는 상대 선수였고, 모든 수비수는 상대 팀 공격수를 한 명씩 맡아서 막아야 했다. 그러다가 상대 선수가 자기 팀 진영 혹은 측면으로 움직여 멀리 떨어졌을 때만 자신이 맡은 지역으로 돌아와 공간 지향 수비를 했다. 이런 경기 운영 방식은 직관적이다. 모든 수비수가 각자 한 명씩 맡아 방어하므로 노마크로 움직이는 상대 선수가 없다. 자신이 마크하는 선수가 볼을 잡으면 곧바로 프레싱을 할 수도 있다. 요즘도 몇몇 팀은 이런 수비 방식을 고수하지만, 더 이상 다수가 선택하는 방식은 아니다.

왜 그럴까? 최근 수십 년 동안 공간 지향 수비에도 장점이 있다는 사실이 점차 알려졌기 때문이다. 완전히 대인 지향 수비만 하는 팀 선수들은 오로지 상대방의 움직임에만 반응한다. 즉, 어느 위치로 이동하고 어느 공간을 방어해야 하는지를 스스로 결정하지 않는다.

대인 지향 수비를 할 때는 상대 선수를 점유하고 공간 지향 수비를 할 때는 공간을 점유한다고 볼 수 있다. 공간 지향 수비의 목적은 가장 중요한 공간을 통제하는 것이다. 공간을 통제한다는 건 무슨 뜻일까? 그 공간에 있는 수비수가 공격수보다 더 빨리 볼에 도달할 수 있다는 것을 말한다. 이 경우 공격하는 팀은 해당 공간에서 볼을 잡을 수 없다. 수비수가 먼저 볼에 도달하여 가로채기 때문이다.

공간 통제를 시각화한 것이 이른바 보로노이 다이어그램이다. 필드를 울타리 치듯이 분할한 모양인데, 각 선은 수비수가 먼저 볼에 도달할 수 있는 공간과 공격수가 먼저 볼에 도달할 수 있는 공간을 구분한다. 이 이미지를 보면 공격하는 팀이 어느 공간을 통제하고 있고, 수비하는 팀이 어느 공간을 통제하고 있는지 한눈에 알 수 있다(그림 6).

공간 지향 수비의 장점은 선수가 스스로 필드를 어떻게 활용할지 결정한다는 점이다. 수비하는 팀은 안전하게 지키고자 하는 공간을 점유하고, 중요한 공간은 여러 선수가 함께 지킬 수 있다.

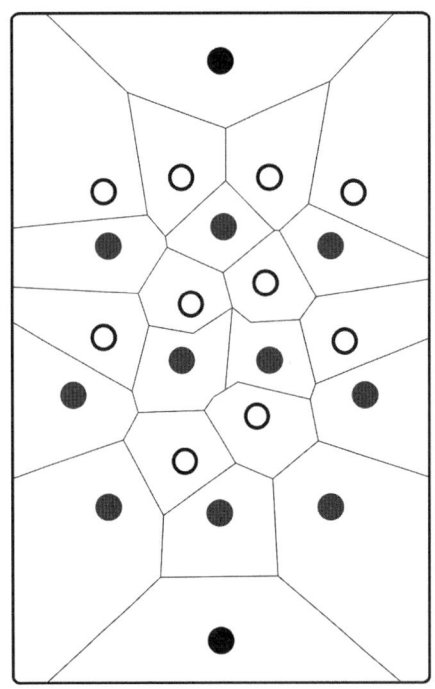

6. 보로노이 다이어그램.

그런 공간에 상대 공격수가 볼을 몰고 들어간다면 한 명 이상의 수비수와 경합을 벌여야 한다. 여러 선수가 모여 수적 우위를 점하고, 서로 커버하고 지원한다. 이것이 공간 지향 수비의 토대다. 이때 중요한 요소는 동료 선수다. 동료 선수들 사이의 거리가 적당해야 서로 도울 수 있고, 필드의 공간을 효율적으로 방어할 수 있다.

중요한 공간을 통제하는 방법

수비할 때 공간을 나누는 이유는 돌진해오는 상대 팀 선수들의 위협을 무력화하기 위해서다. 즉, 상대 선수들이 아군 팀 골문까지 도달하기 어렵게 만드는 것이 목표다. 그런데 필드에서 어떤 공간은 큰 위협이 되고, 어떤 공간은 덜 위협이 된다. 상대의 위협을 무력화하려면 어느 공간을 반드시 사수해야 할까?

> **폭**이라는 개념은 축구 경기장의 가로 너비를 말한다. 축구장 폭은 양옆의 터치라인으로 구분된다.
> 한편 **깊이**라는 개념은 축구 경기장의 세로 길이를 말한다. 골대까지 가는 수직선을 묘사하는 말이다. 깊이 혹은 깊숙이 패스했다는 말은 공격하는 팀이 수비하는 팀 골문 가까이 패스했다는 뜻이다.

- 수비하는 팀이 겪을 수 있는 최악의 상황은 깊은 패스다. 깊은 패스란 팀의 마지막 수비 라인보다 더 뒤쪽으로 들어가는 패스를 말한다. 패스가 깊이 들어갔을 때 그 자리에 상대 팀 공격수가 있다면, 그리고 골키퍼와 1대1 상황이 만들어졌다면 실점할 가능성이 매우 높다. **그러므로 수비하**

는 팀은 아군 팀 진영 깊은 공간을 지켜야 한다.
- **중앙 수비가 우선이다.** 골대의 위치는 각 진영 가장 깊은 곳의 정중앙이다. 그렇기 때문에 선수들이 골을 노리기 위해 중앙에서 슛을 쏠 가능성이 매우 높다. 똑같이 16미터 거리에서 날아오는 슛이라 하더라도 사이드에서 날아오는 슛보다 중앙에서 날아오는 슛이 훨씬 위험하다. 따라서 상대 팀 선수가 아군 팀 페널티 에어리어에 가까워질수록 중앙 수비가 중요하다.
- **측면 수비는 비교적 덜 중요하다.** 측면에 있는 상대 선수는 아군 팀 골문에서 꽤 멀리 떨어져 있기 때문이다. 상대 선수는 우선 볼을 몰고 중앙까지 이동해야 골을 넣을 기회를 높일 수 있다. 또한 측면에 있는 선수의 선택지는 제한적이다. 중앙에서는 모든 방향으로 볼을 움직일 수 있지만, 측면에서는 터치라인에 주의해야 하기 때문에 움직임의 선택지가 적다. 그래서 측면에서 발생하는 위협은 직접적인 것보다 간접적인 것이 많다.

이러한 세 가지 측면에서 수비의 중요한 원칙을 이끌어낼 수 있다. <u>중앙과 깊은 위치는 최대한 열심히 지켜야 하고, 폭은 가능한 지켜야 한다.</u>

수비의 그림자

보로노이 다이어그램에는 상당한 약점이 있다. 아주 중요한 요소인 볼이 표시되어 있지 않다는 점이다. 그림 6에서 골키퍼가 볼을 갖고 있다고 상상해보자. 골키퍼는 동료 선수에게 직접 볼을 보내기가 어렵다. 상대 팀 선수가 언제든 그 사이에 끼어들어 볼을 가로챌 수 있기 때문이다. 실제로 수비수들은 보로노이 다이어그램에 표시된 것보다 더 넓은 공간을 통제한다.

지금부터 알아볼 개념 또한 공간 지향 수비에서 매우 중요한 요소다. 그림 7에는 볼을 몰고 가는 공격수와 수비수가 그려져 있다. 이 상황에서 공격수가 패스할 수 있는 선택지는 매우 많다(왼쪽, 오른쪽, 수비수 옆, 수비수 머리 위 등). 다만 수비수가 서 있는 방향으로는 패스할 수 없다. 즉, 수비수의 뒤쪽 공간은 공격수가 직접 패스할 수 없는 공간이 된다(물론 수비수의 다리 사이로 패스할 가능성이 있다. 하지만 그 정도로 수비수에게 치욕스러운 상황이 그리 쉽게 발생하지는 않을 것이라 가정하자).

7. 수비의 그림자.

수비수의 뒤쪽 공간은 수비의 그림자다. 그림을 보면 수비수 뒤쪽으로 그가 수비하는 공간이 그림자로 덮인 것을 확인할 수 있다. 수비의 그림자는 공간 지향 수비에서 아주 중요한 개념이다. 이것을 잘 활용하면 필드 위의 공간을 최선의 방법으로 통제할 수 있기 때문이다. 선수들이 서로 일정한 거리를 두고 서서 최대한 넓은 공간을 수비의 그림자로 덮으면, 상대 팀의 패스 길목을 최대한 많이 차단할 수 있다.

> **수비의 그림자**란 공격수가 직접 패스를 보낼 수 없는 수비수의 등 뒤 공간을 말한다. 모든 수비수의 등 뒤로는 깔때기 모양으로 수비의 그림자가 펼쳐진다.

이동

축구는 정적인 스포츠가 아니다. 그래서 선수들이 통제하는 공간도 매 순간 바뀐다. 수비수가 염두에 두어야 할 네 가지 요소 중 볼, 상대 선수, 동료 선수는 항상 움직이는 존재다. 그렇기 때문에 단순히 한 가지 수비 대형으로만 정렬하는 것은 좋지 않은 방법이다. 상대방의 움직임을 보고 반응해야 한다.

이론적인 예시로 돌아가자. 공격수는 수비수 너머에 있는 동료 선수와 합을 맞추려고 할 것이다. 이때 해답은 간단하다. 공격수가 볼을 대략 5미터 정도 왼쪽으로 움직여 수비수 너머에 있는 동료 선수가 수비의 그림자에서 벗어나게 하는 것이다. 하지만 수비수가 가만히 있을리 없다. 공격수가 왼쪽으로 움직이면 수비수도 같은 방향으로 움직

8. 수비수는 상대방을 계속해서 수비의 그림자 안에 잡아두기 위해 이동한다.

여 공격수의 동료 선수를 다시 수비의 그림자에 갇히게 한다(그림 8).

이처럼 이동은 아마도 현대 축구에서 가장 중요한 수비 원칙일 것이다. 공격수가 왼쪽으로 5미터 움직이면 수비수도 같은 방향으로 움직이고, 수비의 그림자도 마찬가지로 이동한다. 수비수는 공간과 동료 선수들뿐만 아니라 볼이라는 요소를 따라 이동하기도 한다. 즉, 볼이 왼쪽으로 움직이면 수비수도 같은 방향으로 이동해 상대 팀의 패스 길목을 막기도 한다는 것이다.

> **이동**이란 특정한 장소에서 발생하는 공간 지향적인 움직임이다. 수비수는 자신의 수비의 그림자로 필드를 최대한 꼼꼼하게 채우기 위해 이동하여 위치를 바꾸기도 한다.

수비수 한 명이 이동하면 동료 선수들이 신경 써야 할 요소가 변한다. 한 선수가 볼과 상대 선수를 따라 이동하면 수비하는 팀의 동료 선수들은 그 선수가 이동해서 발생한 빈 공간을 채우기 위해 이동해야 한다. 이동이라는 개인 전술적인 행동 하나가 팀의 전술적인 조치로 연결되어 모든 선수들이 움직이는 것이다(그림 9).

예전에는 이런 이동을 볼 지향적인 지역 방어라고 불렀다. 하지만 이 책에서는 지역 방어라는 개념을 사용하지 않기 때문에, 이런 조치를 그냥 이동이라고 부르기로 한다. 상황에 따라 선수들은 수평으로 이동할 수도 있고(한쪽 측면에서 반대쪽 측면으로) 수직으로 이동할 수도 있다(앞에서 뒤로, 또는 뒤에서 앞으로).

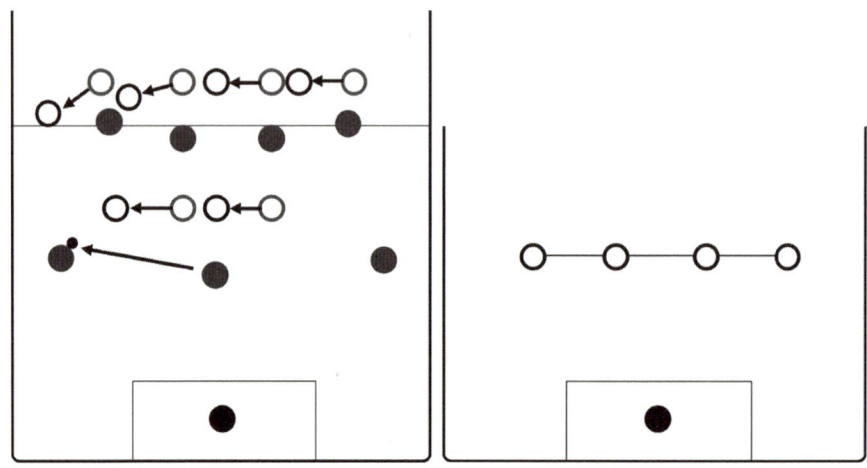

9. 수비하는 팀이 볼을 따라 움직인다.   10. 수비 라인의 예시. 그림은 포백 수비 라인이다.

수비 라인

1998년에 랄프 랑닉Ralf Rangnick 감독이 ZDF 스포츠 스튜디오에 출연해 주목을 받았던 적이 있다. 방송 진행자 미하엘 슈타인브레허 Michael Steinbrecher가 랑닉에게 보드를 이용해 포백 수비에 대해 설명해달라고 부탁하자, 당시 2부 리그 감독이었던 랑닉이 독일에서 아직 잘 알려지지 않았던 전술인 포백 수비가 무엇인지 설명한 것이다. 이후 독일 TV 프로그램에서는 전술을 설명하는 것이 지극히 당연한 모습이 되었다. 지금까지도 많은 축구 팬들이 '포백 수비'라는 개념을 현대적인 전술이라 생각하는데, 사실 랑닉이 TV에 출연해 포백 수비에 대해 설명한 것도 벌써 20년 이상 전의 일이다.

그렇다면 포백이란 무슨 뜻인가? 간단히 말하자면 수비수 네 명이 일렬로 정렬해 라인을 만들고 평행하게 움직이는 것을 말한다(그림 10). 각 수비수 사이의 거리는 비슷하다. 수비수들은 서로의 간격을 거의 동일하게 유지하기 위해 움직인다. 여기서 다시 이동이라는 개념이 등장한다. 볼이 왼쪽으로 움직이면 수비 라인의 모든 수비수들이 같은 방향으로 이동한다. 볼이 다른 쪽으로 움직이면 수비수들 역시 동일한 간격을 유지하면서 그만큼 이동한다.

> **수비 라인**이란 여러 수비수가 일렬로 정렬한 모습을 말한다. 수비수들은 마치 한 몸처럼 볼의 움직임에 따라 이동한다. 수비 라인은 해당 라인에 속한 수비수가 몇 명인지에 따라 다른 이름으로 불린다. 스리백, 포백, 파이브백, 심지어는 식스백 라인까지 존재한다.

수비 라인을 형성하는 이유는 무엇일까? 수비 라인의 장점은 무엇일까? 이를 알아보기 위해 몇 가지 상황을 생각해보자. 먼저 팀의 모든 선수가 아군 팀 페널티 에어리어부터 상대 팀 페널티 에어리어까지 일렬종대로 나란히 서 있다고 해보자. 이는 공간을 수비하는 아주 어리석은 방법이 아닐 수 없다. 그렇게 서면 양쪽 측면에 거대한 구멍이 뚫려버릴 것이고, 상대 팀은 손쉽게 수비를 돌파할 수 있을 것이다.

그렇다면 열 명의 선수가 중앙선에서 일렬횡대로 서 있다고 해보자. 일렬종대 수비보다는 조금 더 현명한 방식이다. 상대 팀 공격수가 한 명이라도 수비 라인을 넘어가면 오프사이드가 선언될 테니 말이다. 이런 식으로 수비 라인을 형성하면 상대 팀 선수들이 뛸 수 있는 공간을 축소하고 그들을 필드 절반 지역에 묶어둘 수 있다. 하지만 모든 선수가 중앙선에 늘어서는 방식에도 문제는 있다. 중앙선에서 상대 팀 선수와 몸싸움을 하다가 지면, 상대 팀 선수는 아군 팀 선수 모두를 제치고 손쉽게 골문까지 달려갈 수 있을 것이다. 뒤쪽에는 수비수가 한 명도 없으니 볼을 가진 공격수의 독무대다. 즉, 이 방식도 아군 진영 깊숙한 곳까지 제대로 지킬 수 없어 공간을 제대로 통제했다고 보기 어렵다.

그렇다면 왜 수비 라인이 중요한가? 수비 라인은 진영의 폭은 물론 깊이까지도 수비할 수 있는 방식이다. 다시 말해 앞서 언급한 극단적인 두 가지 수비 방식을 적절하게 혼합한 것이 수비 라인이다. 수비 라인의 핵심은 다음과 같다. 상대 팀 선수가 움직일 수 있는 공간을 최대한 작게 만들고, 아군 팀 선수가 움직일 수 있는 공간은 최대한 넓게 확보하는 것이다. 수비 라인을 형성하면 선수들은 자신의 양옆에 누가 서야 하는지를 알고, 양옆 선수들과 어느 정도 간격을 두고 있어야 하는지를 안다. 그러면 수비하기도 훨씬 수월해진다.

수비하는 팀은 수비 라인에 세 명(스리백), 네 명(포백), 다섯 명(파이브백), 심지어는 여섯 명(식스백)까지 세울 수 있다. 몇 명을 수비 라인에 세워야 하는가? 수비 라인에 선 선수들의 간격은 얼마나 벌어져야 하는가? 이 모든 것은 팀이 결정한다. 팀이 수비 공간을 점유하는

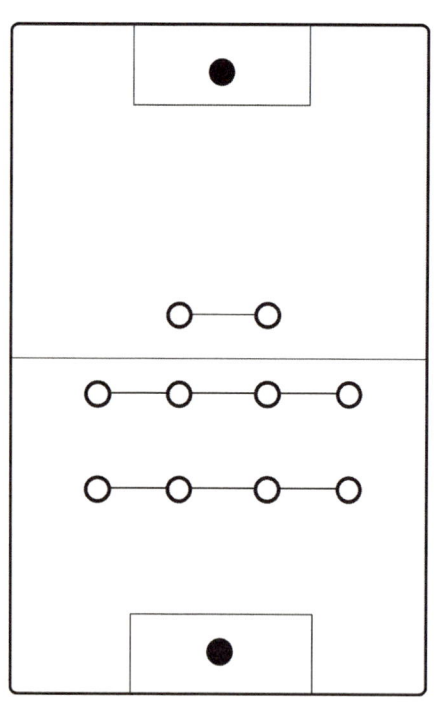

11. 4-4-2 포메이션 수비 라인.

방식을 보면 그 팀의 전술을 알 수 있고, 수비 공간에 세운 선수가 몇 명인지를 보면 그 팀의 포메이션을 알 수 있다(이 주제에 관해서는 차후에 수비 포메이션을 다루는 부분에서 다시 언급하겠다. 지금 시점에서 중요한 것은 팀이 수비 라인을 형성해 수비하는 이유를 이해하는 것이다).

공간 압박

아르헨티나 축구 국가대표팀 전 감독 마르셀로 비엘사Marcelo Bielsa는 몇 년 전 "축구 경기에서 선수들이 움직일 수 있는 공간은 점점 좁아질 것이고, 수비수와 골키퍼 사이의 공간은 점점 넓어질 것이다."라고 말했는데 실제로 그랬다. 지난 20년 동안 수비 라인이 점점 위로 올라가는 양상을 보였기 때문이다. 그러다보니 최근에는 최종 수비 라인이 중앙선 부근에 위치하게 되었다.

이것은 수비 라인을 활용한 수비의 장점이기도 하다. 수비 라인을 올리면 상대 팀의 오프사이드를 유도할 수 있다. 수비 라인 뒤쪽에 있는 상대 선수는 오프사이드가 되기 때문이다. 따라서 수비수 뒤쪽 공간은 상대 선수들이 직접적으로 사용하지 못하는 공간이 된다. 수비 라인이 높이 올라갈수록 상대 팀이 활용할 수 있는 공간은 좁아진다. 수비 라인이 중앙선까지 올라가면 상대 팀은 오프사이드를 범하지 않기 위해 필드의 반쪽 공간에서만 움직여야 한다. 즉, 상대 팀의 공간은 압박을 받게 되고, 반대로 아군 팀은 더 넓은 공간을 통제할 수 있게 된다.

> **공간 압박**을 하는 목적은 상대 팀이 움직일 수 있는 공간을 최대한 좁히는 것이다. 공격하는 팀은 주어진 공간이 좁을수록 패스나 드리블이 제한되어 공격하기가 어려워진다. 따라서 공간 압박은 수비에서 매우 중요한 요소다.

이처럼 공간 압박은 수비를 전개하는 데 중요한 역할을 한다. 상대 팀이 움직일 수 있는 공간을 최대한 좁게 만들수록 상대 팀은 공격 루트를 찾기가 어려워진다.

촘촘한 수비

그렇다면 공간 압박을 잘 하는 방법은 무엇일까? 수비 라인과 관련해서 자주 듣는 말이 '촘촘하다'라는 단어다. 더 정확히 말하자면 요즘에는 수비 라인뿐만 아니라 축구 전체와 관련해서 촘촘하다라는 단어가 자주 등장한다. 해설자나 축구 전문가, 감독들이 수비의 성과를 칭찬할 때 반드시 쓰는 단어가 '촘촘하다'이다. 마치 수비수들이 촘촘하게 서 있는 것만큼 수비에 좋은 것은 없다는 듯이 말이다. 이처럼 '촘촘한 수비'는 강력한 수비의 대명사가 됐다.

하지만 촘촘하다라는 말은 이론적으로 조금 다른 의미를 갖는다. 촘촘하다는 것은 각 수비수 사이의 간격이 좁다는 뜻이다. 선수들이 서로 가깝게 서 있을수록 팀은 더 촘촘하게 연계되어 움직일 수 있다(그림 12).

> **촘촘하다**는 것은 선수들 사이의 거리가 가깝다는 뜻이다. 선수들의 간격이 좁을수록 팀이 더 촘촘하다고 볼 수 있다.

이에 따라 촘촘하다는 말은 두 가지 방향으로 사용될 수 있다.

- **수직으로 촘촘하다**는 것은 진영 가장 깊숙한 곳에 있는 수비수와 가장 앞에 나가 있는 공격수 사이의 거리가 가깝다는 뜻이다. 두 선수의 간격이 좁을수록 수직으로 촘촘하다고 할 수 있다.
- **수평으로 촘촘하다**는 것은 양옆 터치라인에 가장 가까운 선수 사이의 거리가 가깝다는 뜻이다. 두 선수가 각각 터치라인 바로 옆에 위치한다면 그 팀은 필드의 폭 전체를 활용하고 있다는 말이며, 동시에 수평으로 촘촘하게 서 있지 않다는 뜻이다. 두 선수 사이의 거리가 점점 가까워질수록 팀은 수평으로 촘촘하다고 할 수 있다.

즉, 촘촘함이란 간격을 말한다. 그러나 간격에 따라 우열이 있는 것은 아니다. 촘촘하게 수비하는 방법

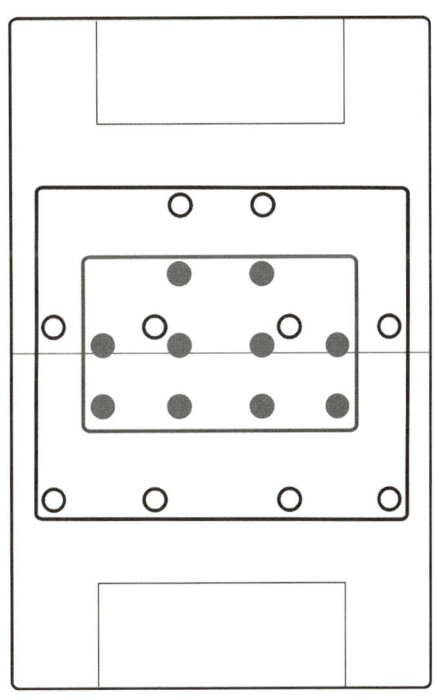

12. 촘촘함. 검은 팀이 하얀 팀보다 촘촘하게 서 있다.

도 있다는 것뿐이지, 촘촘하게 수비해야만 한다는 뜻이 아니다. 다시 말해 선수들이 촘촘하게 서 있다는 말이 무조건 칭찬인 것은 아니다. 아무리 촘촘하게 수비한다 하더라도 필드의 중요한 공간을 통제하지 못하면 별로 유익하지 않다. 즉, 좋은 수비 플레이의 원칙이 촘촘함보다 우선되어야 하며 진영 깊숙한 곳과 중앙, 그리고 측면도 충분히 수비해야 한다는 것이다.

수비 라인을 올려 상대의 공간을 압박할 때는 촘촘함이라는 개념이 중요하다. 수비 라인을 올릴 때 동료와의 거리를 좁히면 상대 공격수의 오프사이드를 쉽게 유도할 수 있고, 상대가 플레이할 수 있는 공간을 최소화할 수 있기 때문이다.

빈틈

수비 라인을 활용해 넓은 공간을 효율적으로 수비한다 하더라도 항상 빈틈이 생길 수밖에 없다. 여섯 명이 수비 라인을 형성하더라도 선수와 선수 사이에는 빈 공간이 발생한다. 상대 팀 선수가 패스를 보낼 수 있는 이런 공간을 빈틈이라고 한다.

> 수비 라인을 형성한 수비수 사이의 공간을 **빈틈**이라 하고, 그 빈틈을 노린 패스를 **스루패스**라고 한다.

빈틈이 넓을수록 상대 팀이 뒤쪽 빈 공간으로 스루패스를 보내기가 더 쉽다. 그렇다고 해서 수비할 때 빈틈을 무조건 좁게 유지해야 한다는 뜻은 아니다. 수비 라인을 형성한 네 명의 수비수가 서로

2미터 간격으로 서 있는 모습을 상상해보자. 필드의 가로 길이는 45미터나 되는데, 수비수들이 지키는 공간의 범위는 10미터 정도밖에 되지 않을 것이다. 그러면 양쪽 측면에 선수들이 통제할 수 없는 거대한 공간이 뚫리게 된다. 따라서 선수들

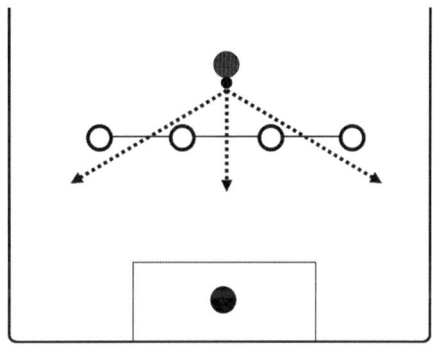

13. 수비 라인의 빈틈과 스루패스 가능성.

이 진영 내의 공간을 효율적으로 지킬 수 있는 간격을 찾는 것이 중요하다. 그 간격은 감독이 선호하는 수비 방식에 따라 천차만별이다. 어떤 감독은 좁은 간격을 선호하고, 어떤 감독은 간격을 최대한 벌려 필드의 넓은 공간을 수비하는 것을 선호한다.

하지만 근본은 같다. 수비수들이 아군 진영 페널티 에어리어에 가까울수록 수비 라인의 빈틈은 좁아져야 한다. 페널티 에어리어 내에서 수비 라인의 빈틈을 노린 상대의 스루패스가 상대 팀 공격수에게 연결된다면 위험한 상황이 되기 때문이다. 따라서 아군 진영 깊은 곳에서 수비할 때는 수비 라인의 간격을 좁혀서 상대가 수비 라인 뒤쪽으로 패스할 가능성을 차단해야 한다.

빈틈과 수비 라인 사이의 공간을 수비의 그림자로 메우기

빈틈이 발생하는 이유를 보면 곧 수비 라인을 여러 층으로 형성할 때의 장점을 알 수 있다. 예를 들면 미드필더 라인 선수들이 수비의 그림자로 최후방 수비 라인의 빈틈을 메울 수 있다. 앞에 선 수비 라인이 뒤에 선 수비 라인보다 조금 더 좁은 간격으로 서고, 앞뒤 선수들이 서로 비스듬한 대형을 이루도록 선다. 그러면 그림 14에서 알 수 있듯이 뒤쪽 수비 라인의 빈틈을 막을 수 있다. 대부분의 팀이 이런 원칙에 따라 필드에 선수를 배치한다. 각 수비 라인을 약간씩 비스듬하게 세워 수비 라인의 빈틈이 상대에게 활짝 열리지 않게 하는 것이다.

여기에는 또 다른 장점이 있다. 앞쪽 수비 라인 선수들이 두 수비 라인 사이의 공간도 지킬 수 있다. 두 수비 라인 사이의 공간은 상대 팀이 공략하기 아주 좋은 공간이다. 운이 좋으면 수비수가 아무도 없기 때문에 몸싸움을 하지 않고도 지나갈 수 있다. 또한 공격수가 수비수들보다 먼저 볼에 도달할 수 있다. 수비 라인 사이의 공간을 상대 팀에게 내어 주지 않으려면 미드필드 라인 선수들이 수비의 그림자로 그 공간을 막아야 한다.

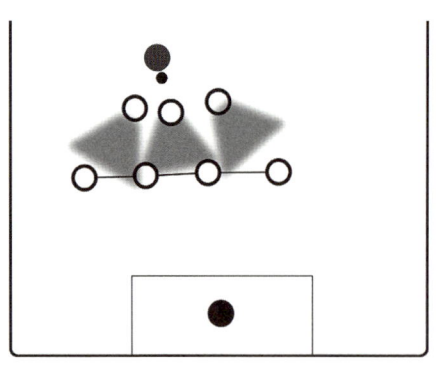

14. 미드필더들이 만든 수비의 그림자로 후방 수비 라인의 빈틈을 메우는 모습.

> **수비 라인 사이 공간**에는 수비수가 없다. 이 용어는 종종 미드필드 수비 라인과 최후방 수비 라인 사이 공간을 말할 때 사용된다.

삼각 대형

수비 라인을 형성한 수비수들은 한편으로는 공간과 동료 선수들을 신경 써야 하며, 다른 한편으로는 상대 팀 선수들을 주의해야 한다는 긴장감 넘치는 상황에서 움직여야 한다. 온전히 공간 지향적인 수비만을 한다면 수비수가 이동했을 때 자동으로 상대 팀 선수들에게 공간을 열어줄 수밖에 없다. 상대 팀 선수들은 그 빈공간만 찾으면 되기 때문에 공격에 크게 어려움을 느끼지 않을 것이다. 따라서 선수들은 때때로 대인 지향적으로도 움직여야 한다. 신체를 부딪치고 선수를 마크하면 상대 선수가 특정 방향으로 달리거나 속도를 높이지 못하도록 막을 수 있다.

경기를 진행하다보면 수비 라인에서 한 수비수가 상대 선수를 마크하기 위해 대열에서 이탈하는 경우가 발생한다. 한 선수가 상대 선수를 향해 이동할 때 수비 라인을 재정비하는 전술이 있는데, 그 예시는 다음과 같다. 그림 15를 보면 수비수 한 명이 중앙으로 이동하기 위해 수비 라인을 벗어나 앞으로 나간다.

이때 문제가 발생한다. 대열을 벗어난 수비수 자리가 빈 공간으로 변하는 것이다. 즉, 수비 라인에 매우 커다란 빈틈이 생긴다. 그 자리를 다른 수비수가 채우는 것은 비생산적이다. 그러면 또 다른 공간에 빈틈이 생기기 때문이다. 대부분의 팀은 비어버린 수비수 자리

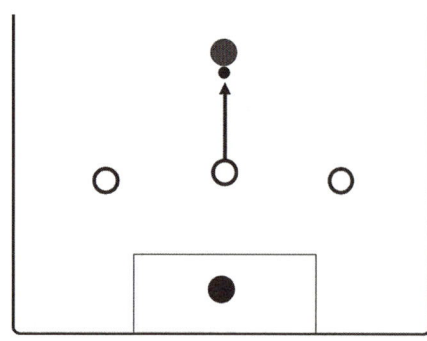
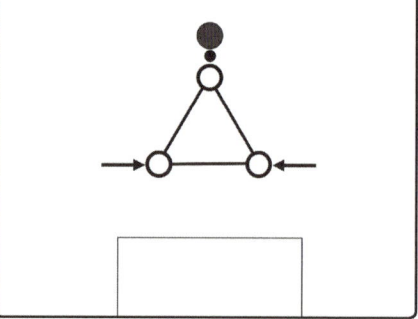

15. 수비수가 수비 라인에서 벗어나 앞으로 나간다.   16. 수비수들이 삼각 대형을 이룬 모습.

를 다른 방식으로 채우는데, 그것은 앞으로 나간 수비수와 동료 수비수들이 함께 삼각 대형을 이루는 것이다. 자리를 벗어난 수비수 양옆에 있던 선수들이 빈 공간 쪽으로 조금씩 이동한다(그림 16). 이런 식으로 선수들은 삼각 대형을 이루어 빈틈이 너무 커지지 않도록 조절한다.

> 수비수 한 명이 수비 라인에서 벗어나면 선수들은 **삼각 대형**을 이룬다. 양옆에 있던 동료 선수들은 빈자리 쪽으로 조금씩 이동해서 앞으로 나간 선수와 함께 삼각형을 만들어 빈틈이 너무 커지지 않도록 한다.

수비 라인에서 가장 바깥쪽에 있는 선수가 대열을 벗어나야 하는 경우는 조금 다르다. 이때는 삼각 대형을 이룰 필요가 없다. 앞으로 이동한 수비수 옆에 다른 수비수가 한 명 있는 상황이기 때문이다. 이 경우에는 상대 팀 공격수가 대각선으로 볼을 찔러 넣어 수비 라인 뒤쪽으로 패스하지 못하도록 진영 깊숙한 곳을 지켜야 한다. 그래서 미드필드에서 선수 한 명이 내려와 수비 라인이 낫 모양을 이루게 된다(그림 17).

삼각 대형은 현대 축구에서 그룹 전술의 기초라고 할 수 있다. 수비수들은 이런 상황에서 어떻게 행동해야 하는지 정확히 알고 있다. 한 선수가 앞으로 나가 뒤에 남은 동료들과 삼각 대형을 만드는 경우는 대개 수비 라

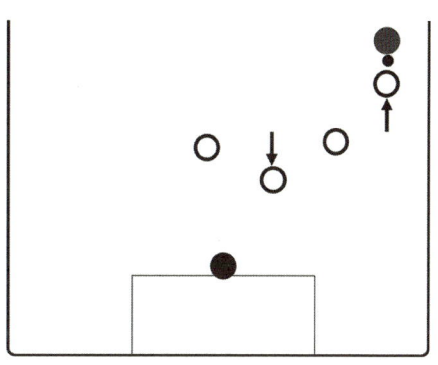

17. 낫 대형으로 선 수비.

인 사이의 공간을 지킬 때다. 수비 라인 사이에서 상대 선수가 볼을 받았을 때, 공간의 지배권을 넘겨줘서는 안 된다. 그래서 수비수 한 명이 수비 라인에서 벗어나 상대 선수에게 몸싸움을 걸고, 이때 삼각 대형이 만들어지는 것이다.

수비수가 수비 라인을 벗어나 움직이는 빈도는 팀에 따라 다르다. 어떤 감독들은 선수들에게 대인 지향적으로 반응하라고 하고, 어떤 감독들은 공간 지향적으로 반응하라고 지시한다. 수비 라인이 대인 지향적으로만 반응하면 어느 순간부터는 더 이상 수비 라인이 아니게 된다. 그러면 라인을 형성해 수비할 때의 장점, 즉 상대가 플레이할 수 있는 공간을 좁히고, 아군이 넓은 공간을 활용할 수 있다는 장점이 사라진다.

움직이는 수비 라인

모든 팀이 수비 라인을 정적으로 해석하지는 않는다. 즉, 수비 라인에 속한 선수들이 항상 같은 위치에 있지 않는다는 뜻이다. 선수들

은 수비 라인을 벗어나 이동하기도 하는데, 중앙에 있는 선수는 물론, 측면에 있는 선수도 수비 라인을 벗어나 이동한다. 이처럼 수비 라인은 얼마든지 다른 방식으로 전개될 수 있다. 이른바 움직이는 수비 라인이다.

한 가지 예시를 들어보겠다. 볼이 필드의 오른쪽 측면에 있다고 하자. 상대 선수가 볼을 잡고 있고, 근처에 상대의 동료 선수는 한 명도 없다. 수비하는 팀은 상대 선수가 볼을 드리블해 앞으로 나아가지 못하도록 막아야 한다. 수비하는 팀의 측면 수비수가 상대 선수를 향해 달려가 프레싱을 시도한다. 그러면 다섯 명이던 수비 라인의 선수가 네 명으로 줄어들고, 뒤에 있는 선수들은 일정한 간격을 유지하며 움직여 앞으로 나간 동료 수비수의 빈공간을 커버한다. 이때 상대 선수가 볼을 다른 선수에게 패스하면 앞으로 나갔던 수비수는 다시 원래의 수비 라인으로 돌아온다. 볼이 반대쪽 측면으로 이동하면 이번에는 반대쪽 측면 수비수가 볼을 가진 상대 선수에게 달려간다. 이처럼 팀의 수비 라인은 4인 체제와 5인 체제로 번갈아가며 변화한다.

앞서 말했듯이 수비 라인에 몇 명의 수비수를 배치해야 하는지 정해진 답은 없다. 넷, 다섯, 심지어는 여섯 명까지도 수비 라인에 세울 수 있다. 이처럼 수비 방식이 다양하기 때문에 대인 지향 수비와 공간 지향 수비 사이에서 최적의 균형을 잡아야 한다. 즉, 수비수들은

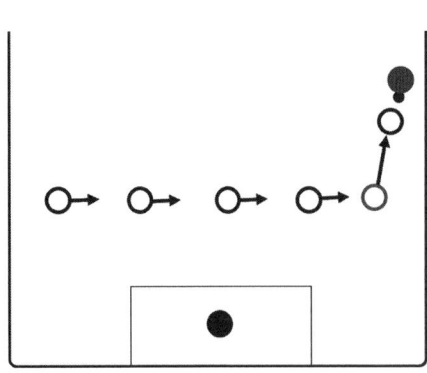

18. 움직이는 수비 라인.

상대 선수를 막는 동시에 공간을 지켜야 한다.

포르투나 뒤셀도르프와
보루시아 도르트문트의 경기로 보는 수비 패턴

지금까지 설명한 내용은 프리트헬름 풍켈 감독이 보루시아 도르트문트와의 경기를 앞두고 포르투나 뒤셀도르프 선수들에게 굳이 다시 가르칠 필요가 없었던 것들이다. 프로 축구 선수들은 이미 유소년 시절부터 필드에서 어떻게 움직여야 하는지 배우기 때문이다. 다만 풍켈은 선수들에게 어떻게 정렬해야 하고, 어디에 중점을 두어 움직여야 하는지 알려주었을 것이다. 포메이션과 정확한 전술이야말로 감독이 책임져야 하는 부분이다.

도르트문트를 상대로 뒤셀도르프는 풍켈의 경기 계획을 실행했다. 뒤셀도르프 선수들은 간격이 좁은 4-4-2 포메이션으로 서서 정확하게 공간을 점유해 상대 선수들을 곤란하게 만들었다. 그들의 포메이션이 실제 경기에서는 어떻게 보였을까? 경기 중 한 장면을 보면 뒤셀도르프 선수들이 감독의 지시를 실전에서 어떻게 구현했는지 알 수 있다. 시작은 도르트문트 선수 중 한 명이 왼쪽 대각선 앞으로 패스하는 순간이다. 뒤셀도르프는 이미 촘촘한 4-4-2 포메이션으로 서 있었고, 수비수 네 명에서 만든 수비 라인 두 개가 매우 근접해 있었다. 따라서 도르트문트 선수가 패스하는 순간, 공격수 두 명은 오프사이드 위치에 있어서 공격에 가담할 수 없었다(그림 19).

도르트문트가 측면으로 볼을 보내자, 뒤셀도르프의 수비 라인이 동시에 볼이 움직인 방향으로 이동했다. 실점할 수도 있는 위협적인 상황이다. 뒤셀도르프는 중앙 공간을 통제하고자 했기 때문에 볼이 이동한 측면과 중앙을 지켰고, 반대쪽 측면은 의도적으로 비워두었다. 위험한 상황이 지나가면 다시 반대쪽으로 조금씩 이동했다. 도르트문트의 공격수 마리오 괴체Mario Götze가 수비 라인을 뚫기 위해 움직이자 뒤셀도르프의 수비수 칸 아이한Kaan Ayhan이 수비 라인에서 벗어나 괴체를 마크했다. 이때 마르친 카민스키Marcin Kamiński는 아이한의 빈 공간을 커버하기 위해 움직였다(그림 20). 도르트문트는 패스할 선택지가 부족해 공격을 중단할 수밖에 없었다.

도르트문트는 토마스 딜레이니Thomas Delaney가 중앙 좋은 위치에서 볼을 잡았을 때도 기회를 살릴 수 없었다. 뒤셀도르프의 미드필

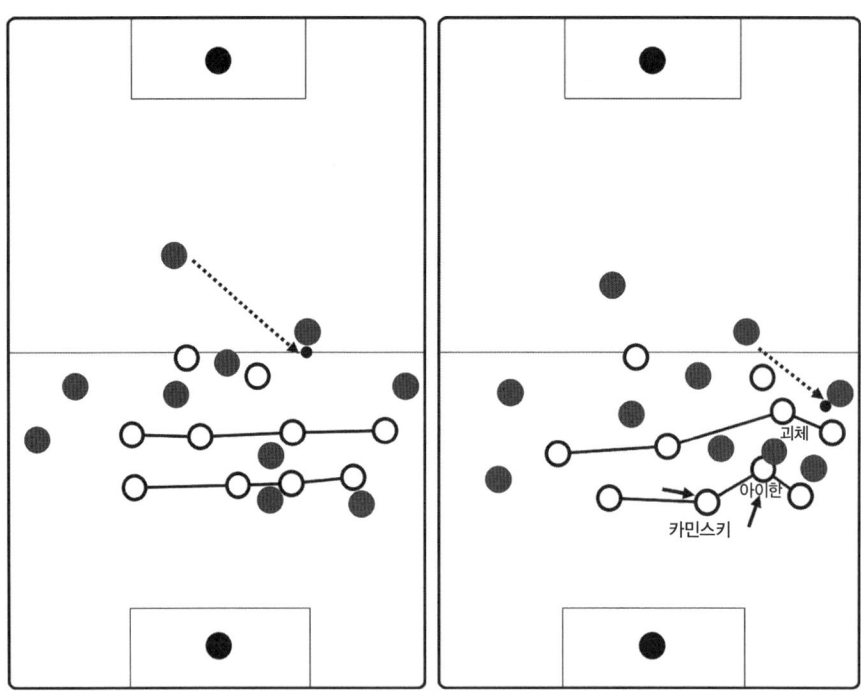

19. 뒤셀도르프 대 도르트문트, 첫 번째.   20. 뒤셀도르프 대 도르트문트, 두 번째.

드 수비 라인이 모든 패스 길목을 막고 있었고, 수비의 그림자가 빈 공간을 모두 메우고 있었기 때문이다(그림 21).

딜레이니에게 남은 유일한 선택지는 반대쪽 측면으로 패스하는 것이었고, 결국 부정확하게 날아간 볼은 터치아웃되고 말았다.

도르트문트는 계속해서 뒤셀도르프의 수비를 뚫으려고 시도했지만 모두 헛수고로 끝났다. 딱 한 번 수비 라인을 뚫는 데 성공했으나 경기는 뒤셀도르프가 2:1로 이기며 끝났다.

도르트문트가 뒤셀도르프의 수비 라인을 뚫지 못하고 고전한 이유는 무엇일까? 이 예시에서 앞으로 다룰 다양한 전술과 개념을 알 수 있다.

- 뒤셀도르프 선수들은 결정적인 공간을 통제했다: **그들의 포메이션은 중앙과 진영 깊은 곳을 안전하게 지켰다.**
- 뒤셀도르프의 포메이션은 **촘촘했고, 도르트문트가 움직일 공간을 부족하게 만들었다:** 뒤셀도르프 선수들은 수비 라인 사이의 공간을 최대한 좁게 유지하여 아군 진영으로 깊숙이 들어간 상대 선수가 오프사이드가 되도록 만들었다.

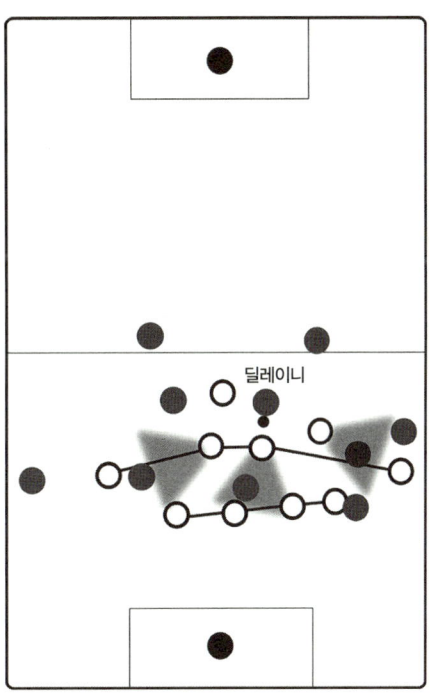

21. 뒤셀도르프 대 도르트문트, 세 번째.

- 뒤셀도르프 선수들은 철저하게 볼을 따라 움직였다. 그래서 볼 주변에서 항상 수적 우위 상황을 만들었고, 도르트문트의 패스 길목을 계속해서 차단했다.
- 뒤셀도르프는 수비의 그림자를 효율적으로 활용하여 도르트문트의 패스 길목을 막았고, 수비 라인의 빈틈을 지켰다.
- 뒤셀도르프는 공간 지향 수비와 대인 지향 수비를 적절하게 조합해 사용했다. 괴체가 두 수비 라인 사이에서 움직였을 때는 아이한이 괴체를 마크했다. 이런 식으로 뒤셀도르프는 공간을 점유하고 상대 선수들을 막았다. 이때 **동료 선수의 빈자리를 커버하기 위해 뒤셀도르프는 삼각 대형을 활용했다.**

뒤셀도르프는 이 경기에서 수비가 강하다면 각 선수의 능력치가 부족한 팀도 리그 강호를 꺾을 수 있다는 것을 보여주었다. 수비 공간을 점유할 때는 볼을 다루는 뛰어난 능력이나 우월한 신체 조건이 그다지 필요하지 않기 때문이다. 뒤셀도르프가 이 경기에서 승리하리라고는 누구도 예상치 못했다. 어느 면에서 보나 도르트문트가 우위였기 때문이다. 그럼에도 뒤셀도르프는 자신들만의 계획에 따라 전술을 차근차근 전개했다. 뒤셀도르프의 그런 노력은 추운 겨울 밤 팬들의 마음을 따뜻하게 만들었다.

프레싱

축구팬이라면 누구나 아는 상황이다. 공격하는 팀의 중앙 수비수가 볼을 갖고 있다가 우측 수비수에게 패스한다. 수비하는 팀 선수들은 그쪽 방향으로 이동하여 볼을 가진 선수가 전진하지 못하게 막는다. 볼을 가진 선수는 앞쪽으로 패스할 방법이 없어 다시 자기 팀 중앙 수비수에게 볼을 돌린다. 중앙 수비수는 이번에는 좌측 수비수에게 볼을 패스한다. 수비하는 팀 선수들 또한 같은 방향으로 움직여서 공격하는 팀의 좌측 수비수가 전진하지 못하게 막는다. 상황은 이런 식으로 반복된다. 경기가 끝나지 않았다면 지금도 똑같은 상황일 것이다.

그러다가 어느 순간 수비하는 팀 선수들이 단순히 이쪽에서 저쪽으로 이동하기만 할 수는 없는 상황이 온다. 즉, 언젠가는 프레싱을 감행해야 한다는 것이다. 여기서 의문이 발생한다. 그렇다면 언제 프레싱을 해야 하는가? 그리고 어떻게 프레싱을 해야 하는가?

상대가 전진하지 못하게 막는 움직임을 프레싱으로 전환하는 과정에는 위험이 따른다. 볼을 가진 선수를 압박하려고 이동하면 필연적으로 다른 공간이 비어버리기 때문이다. 빈 공간은 상대 선수가 언제든지 파고들 수 있다. 또한 프레싱을 했을 때 상대가 몸싸움에서 이길 수도 있다는 위험도 늘 존재한다. 따라서 선수들은 언제, 어떻게 프레싱을 할지 잘 생각해야 한다.

상대가 전진하지 못하게 막는 움직임을 프레싱으로 전환하는 것은 수비 전술의 일부분이며, 요즘 감독들이 훈련에 많은 시간을 투자하는 분야이기도 하다. 프레싱은 곧 절호의 기회로 이어진다. 생각대로만 된다면 수비하는 팀이 볼을 가로채고 상대방의 허를 찔러 곧바로 역습할 수도 있다. 즉, 프레싱을 할 때는 커다란 위기와 기회가 동시에 발생한다. 그렇기 때문에 '운이 좋으면 볼을 빼앗을 수 있겠지'라는 안일한 생각만을 가지고 기계적으로 돌진해서는 안 된다. 프레싱할 때 필요한 것은 체계를 갖춘 공격성이다.

프레싱 높이

앞서 설명했듯이 프레싱은 필드 전체에서 발생할 수 있다. 따라서 프레싱이 시작되는 지역에 따라 프레싱 종류를 구분할 수 있다. 프레싱의 종류를 구분할 때는 그림 22처럼 필드를 세 부분으로 나눈다.

가장 높은 위치에 있는 부분은 상대 팀 진영이다. 중간 부분은 중앙선을 중심으로 한 위, 아래 공간을 포함한다. 가장 아래쪽은 아군 팀 진영이다. DFB는 이를 바탕으로 다음과 같이 프레싱을 세 종류로 나눈다.

- 가장 아래쪽 공간에서만 상대방에게 몸싸움을 걸고 위쪽 두 부분에서는 하지 않는

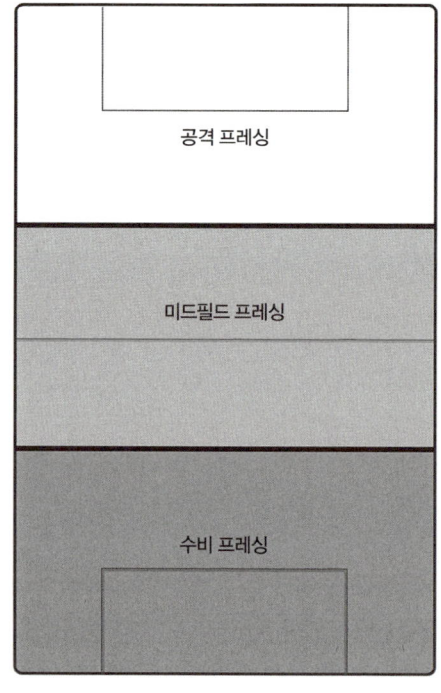

22. 프레싱 높이.

것을 **수비 프레싱**이라고 한다.
- 가장 위쪽 공간에서는 상대 팀 선수들이 자유롭게 움직이도록 두지만 중앙선 부근 공간에서 프레싱을 시도한다면 **미드필드 프레싱**이다.
- 상대 팀 선수들이 필드 어디에서도 자유롭게 움직이지 못하도록 압박하는 것을 **공격 프레싱**이라고 한다. 상대 팀은 필드 전체에서 강한 압박과 몸싸움을 견뎌야 하므로 볼을 점유하기가 어렵다.

위의 개념은 프레싱의 종류를 간략하게 정리한 것이다. 프레싱을 더 세세하게 구분하는 방법도 있다. 예를 들어 공격 프레싱 중에는 상대 팀 골키퍼를 압박하거나 혹은 그냥 둘 수도 있다. 미드필드 프레싱 중에는 중앙선 바로 앞에서 혹은 뒤에서 프레싱을 하는 방법도 있다. 수비 프레싱 중에는 아군 페널티 에어리어에서 크로스로 온 볼을 걷어내거나 슛을 막는 프레싱도 있다. 하지만 지금은 프레싱의 종류를 간략하게 파악하고 넘어가도록 하자.

> 필드에서 프레싱을 시도하는 높이에 따라 **수비 프레싱, 미드필드 프레싱, 공격 프레싱**으로 구분할 수 있다.

효과적인 프레싱 방법

이제 프레싱에 대해 더 자세히 알아보자. 수비를 하다보면 선수들이 더 이상 그저 이동만 하거나 상대 선수를 쫓아다니기만 할 수 없는 순간이 온다. 능동적으로 나서서 볼 뺏기 싸움을 시도하고 결국 볼을 가로채야 한다. 이럴 때는 어떤 점에 주의해야 할까?

- **볼을 가진 상대 선수를 압박한다:** 볼을 가진 선수를 수비수 한 명이 압박해야 한다면, 볼을 가진 선수가 유리한 상황이다. 볼을 가진 선수는 마음대로 움직일 수 있지만, 수비수는 볼을 가진 선수의 움직임을 보고 반응해야 하기 때문이다. 충분한 시간과 공간만 있으면 볼을 가진 선수가 얼마든지 좋은 결정을 내릴 수 있다는 건 모든 선수들이 아는 사실이다. 하지만 두 명 혹은 그 이상의 수비수가 함께 강하게 압박한다면 상대가 당황해서 실수를 할 수 있고, 볼을 빼앗을 가능성이 높아진다. 이처럼 프레싱할 때는 상대를 불안하게 만들어야 하고 어느 정도 심리전을 염두에 두어야 한다.

- **상대방의 선택지를 줄인다:** 볼을 가진 선수가 고를 수 있는 선택지를 줄일수록 성공 확률이 높은 선택지를 고를 가능성도 줄어든다. 볼을 가진 선수 근처에 자유로운 상태인 동료 선수가 세 명이 있다면 그중 한 명을 포착해 함께 돌파할 수 있을 것이다. 하지만 자유로운 동료 선수가 한 명뿐이라면 그를 못 보고 지나치거나 패스를 제대로 전달하지 못할 수도 있다. 자유로운 동료 선수가 한 명도 없다면 볼을 가진 선수는 당황스럽고 다급해진다. 다시 말해 볼을 가진 선수의 선택지가 적을수록 수비수에게 유리하다.

- **다수가 함께 압박한다:** 볼을 가진 선수의 선택지를 줄이려면 여러 명이 볼 근처에서 프레싱에 가담해야 한다. 볼을 가진 선수를 방해하는 수비수가 많을수록 압박은 더 강해진다. 또한 볼을 가진 선수의 주변 공간을 점유하는 수비수가 많을수록 볼을 가진 선수에게 주어지는 선택지가 줄

어든다. 물론 볼 주위로 모이는 수비수가 많으면 좋지 않은 부작용이 발생할 수 있다. 수비하는 팀이 지켜야 할 다른 공간이 상대적으로 텅 비어버리기 때문이다. 그래서 그 균형을 잡는 것이 중요하다.

- **프레싱하는 위치를 고려한다:** 앞서 언급했듯이 프레싱은 수비 프레싱, 미드필드 프레싱, 공격 프레싱으로 나뉜다. 간단히 말하자면 진영으로부터 먼 곳에서 볼을 빼앗을수록 역습 기회는 커진다. 예를 들어 상대 팀 페널티 에어리어 5미터 앞에서 볼을 빼앗으면 곧바로 슛을 노릴 수도 있다. 반대로 아군 진영 페널티 에어리어 5미터 앞에서 볼을 빼앗으면 상대 팀 골문까지 꽤 먼 거리를 이동해야 한다. 그런데 한편으로는 프레싱 위치가 높아질수록 위험도 커진다. 동료 선수들이 상대 팀 진영에 많을수록 아군 진영에 있는 선수들의 수가 적으므로, 프레싱에 실패할 경우 상대 팀의 공격을 막기 어렵기 때문이다. 그래서 프레싱하는 위치에 따라 볼을 빼앗을 가능성과 골을 막을 가능성이 반비례한다.

- **커버하기와 효율적인 포지셔닝:** 프레싱을 한다고 해서 항상 볼을 빼앗을 수 있는 것은 아니다. 따라서 동료 수비수들이 프레싱을 지원하는 것이 중요하다. 상대 선수에게 직접 달려드는 수비수의 동료 선수들은 그 선수를 커버해야 한다. 만약 공격 프레싱을 할 때 후방 수비수들이 아군 진영 페널티 에어리어에만 머물러 있다면 상대 팀이 미드필드에서 넓은 공간을 활용할 수 있을 것이다. 따라서 동료 선수들은 수비 라인을 올리고 앞으로 나간 선수들과의 간격을 좁혀 그들을 커버해야 한다.

프레싱 시그널

팀의 모든 선수들이 수동적인 수비 방식을 언제 프레싱으로 전환할지 정확히 알고 있는 것이 중요하다. 여덟 명이 앞으로 달려 나가더라도 두 명이 계속 후방에 남아있다면 커버가 제대로 되지 않아 프레싱이 실패할 가능성이 커진다.

그렇다면 언제 프레싱으로 전환해야 할까? 프레싱하기 적합한 상황을 어떻게 파악할 수 있을까? 모든 팀이 각자의 방식으로 경기를 진행하듯이 프레싱 역시 각 팀이 정한 특정한 시그널 이후에 발생한다. 여기서 말하는 시그널이란 소리 신호가 아니라 상대방의 특정한 동작이나 볼이 특정한 공간에 있는 상황을 말한다.

즉, 팀이 프레싱에 돌입하기 전에 발생하는 상황이나 동작을 프레싱 시그널이라고 한다. 선수들은 상대방이 어떤 동작을 취했을 때 프레싱을 시도해야 하고 어떤 상황에 수동적으로 수비해야 하는지 연습한다. 다음 예시를 살펴보자.

> **프레싱 시그널**이란 같은 팀 선수들이 프레싱을 시도하기 위해 맞춘 신호를 뜻한다. 프레싱 시그널은 대개 상대방의 특정한 동작으로 통일한다. 예를 들어 특정 선수에게 패스를 한다거나, 특정한 지역으로 전진하는 동작 등이 프레싱 시그널이 될 수 있다.

프레싱의 원칙을 보여주는 실제 예시: AC 밀란의 아리고 사키 감독

아리고 사키Arrigo Sacchi 감독은 아마추어 트레이너로서 이름을 알리기 전인 1960~1970년대에 아버지가 운영하던 신발 공장에서 일했다. 그는 프로 축구 선수로 커리어를 쌓은 적이 없었지만, AC 밀란은 1987년에 그를 믿고 감독직을 맡겼다. AC 밀란은 사키의 능력을 직접 경험해 알고 있었다. 사키가 그 전 해에 당시 2부 리그 팀이었던 AC 파르마를 이끌고 리그 강팀이던 AC 밀란을 상대로 승리를 거두었기 때문이다. AC 밀란의 구단주 실비오 베를루스코니Silvio Berlusconi는 파르마가 마치 열두 명이 뛰는 것처럼 경기했다고 말했다. 그만큼 사키의 팀은 완벽한 수비를 펼쳤다.

사키의 팀이 그토록 완벽한 수비를 펼칠 수 있었던 이유는 세련된 전술 시스템에 있었다. 당시 대부분의 팀이 주로 대인 지향 수비를 했는데, 사키는 선수들에게 공간 지향 수비를 지시했다. 물론 이것이 완전히 새로운 아이디어는 아니었다. 그러나 그는 개별적인 전술을 하나로 조합해 수비를 혁신적인 수준으로 끌어올렸고, 동시에 축구계의 지식 혁명을 위한 길을 열었다. 수비수가 늘 염두에 두어야 하는 네 가지 요소, 즉 상대 선수, 동료 선수, 자신, 그리고 볼의 위치는 사키의 전술에서 유래한 것이다.

AC 밀란에서 그는 팀의 프레싱 능력을 향상시키고자 했다. 팀은 하나의 공동체로서 움직여야 하고, 선수들은 상대방에게 몸싸움을 걸어야 하며 볼은 최대한 상대 팀 진영에서 빼앗아야 한다. 이처럼 사키는 팀이 어디서, 어떻게 프레싱을 해야 하는지에 대한 정확한 예시를 남겼다.

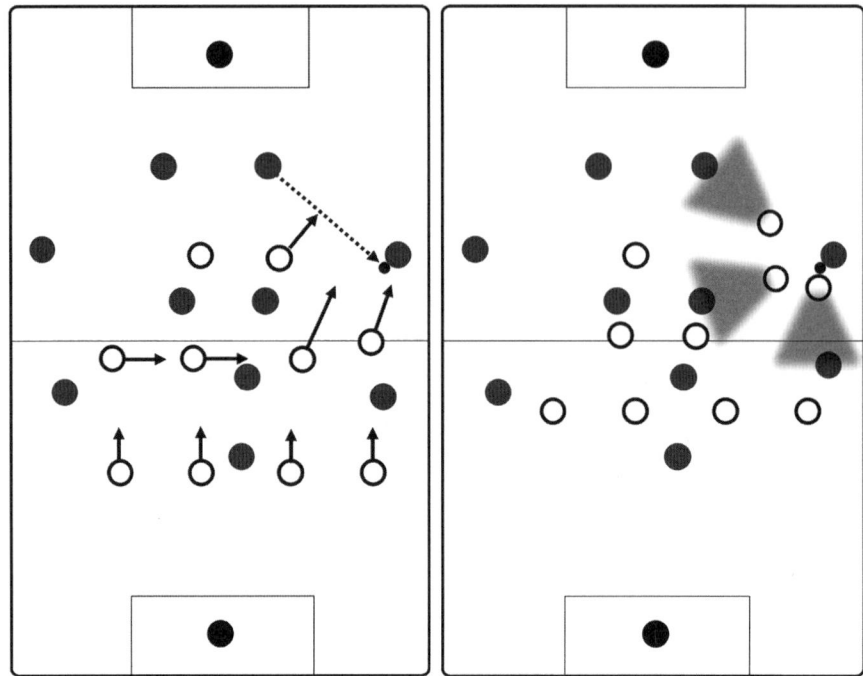

23. 사키의 프레싱, 첫 번째.   24. 사키의 프레싱, 두 번째.

사키가 채택한 전술의 기본은 공간 지향적인 수비였다. 선수들은 마치 한 몸이 된 것처럼 필드에서 움직였고, 서로 간의 간격을 비슷한 수준으로 유지했다. 상대 팀이 중앙 수비수들에게 볼을 패스하면 사키의 팀은 상대가 전진하지 못하도록 공간을 막았다. 그런데 상대 팀이 측면 수비수들 쪽으로 볼을 패스하면 사키의 팀은 프레싱을 시도했다(그림 23). 그 패스가 공격적으로 볼을 뒤쫓으라는 신호, 즉 프레싱 시그널이었던 것이다.

사키는 왜 측면 수비수들 쪽으로 가는 패스를 프레싱 시그널로 삼은 걸까? 그리고 어떻게 AC 밀란 선수들의 프레싱은 그렇게 효과적일 수 있었을까? 이쯤에서 좋은 프레싱의 원칙을 살펴보자.

- **측면은 프레싱에 돌입하기 좋은 공간이다.** 이론적으로 중앙에서는 선수가 볼을 앞, 뒤, 왼쪽, 오른쪽 등 모든 방향으로 패스할 수 있지만, 측면에는 터치라인이라는 경계선이 있어서 **상대 선수가 고를 수 있는 행동의 선택지가 줄어든다.** 따라서 사키의 팀은 적은 수의 선택지만 방어하면 되는데, 그 선택지란 중앙으로 가는 패스 길목, 앞쪽으로 가는 패스 길목, 뒤쪽으로 가는 패스 길목이다.
- **프레싱에 돌입하면 사키의 팀은 수적 우위를 점하기 위해 선수들 여러 명이 측면으로 달려갔다.** 그중 한두 명은 상대 선수와 직접 경합을 벌였고, 다른 선수들은 중앙으로 가는 패스 길목을 막았다. 볼을 가진 선수가 행동할 선택지를 제한한다는 확고한 목적을 갖고 다수가 함께 압박하는 작전을 펼친 것이다.
- **상대방에게 압박을 가하기 위해서는 팀 전원이 전속력으로 상대 선수가 있는 방향으로 달려들어야 한다.** 특히 직접 몸싸움에 나서는 선수는 최대한 빠르게 움직여 볼을 가진 선수에게 돌진해야 한다. 선택지를 빼앗긴 상대 선수는 압박을 느끼는 상태에서 결정을 내릴 수밖에 없다. 사키가 활약한 1980년대 후반에는 이것이 굉장히 혁신적인 아이디어였다. 그때만 해도 측면 수비수는 팀에서 기술이 약한 선수들이 주로 맡는 포지션이었기 때문이다. 심지어 압박까지 받으면 상대 선수가 실수하기도 쉽다. 이처럼 사키의 팀은 상대의 실수를 이용해 볼을 빼앗거나 패스 미스를 유도했다.
- **상대 팀의 첫 번째 패스를 측면으로 유도해 압박하면 때로는 상대 진영 깊숙한 곳에서 볼을 빼앗을 수도 있다.** 그러면 골문으로 가는 길이 짧아 효과적인 역습이 가능하다. 따라서 **상대 진영은 볼을 빼앗기 좋은 장소다.**
- **팀 전원은 볼 쪽으로 움직인다.** 수비 라인이 위로 올라가면 측면에 있던 아군 팀 선수는 중앙으로 이동한다. 볼 근처에 있는 동료 선수들을 언제

든 **커버하기 위해서다.** 사키의 팀은 반대쪽 측면을 의도적으로 비워두었기 때문에 상대 팀이 반대쪽으로 긴 패스를 하면 프레싱에서 벗어날 수 있었다. 하지만 그것도 사키의 계산에 들어 있었다. 긴 패스는 짧은 패스보다 정확도가 떨어진데다가 압박을 느끼는 상황에서는 반대쪽 측면이 뚫려 있다 하더라도 긴 패스를 정확하게 보내기 어렵다. 그리고 이미 언급했듯이 당시에는 기술이 부족한 선수들이 대개 측면에 배치되었기 때문에 정확한 패스를 보내기가 더 어려웠다.

이런 전술 덕분에 사키가 이끈 AC 밀란은 이탈리아 챔피언이 되었고 유러피언컵에서는 두 번이나 우승했다. 사키는 자신의 축구가 수비 분야로만 축소되는 것을 원치 않았다. 그는 자신이 공격 부문에서도 혁신적인 변화를 일으켰다고 말했다. 이후 사키의 프레싱과 AC 밀란 축구의 많은 국면들을 따라하는 팀이 적지 않았다. 심지어 오늘날까지도 여러 팀이 측면 수비수를 향한 패스를 프레싱 시그널로 삼고 있다.

프레싱 상황 유도하기

지금까지 실제 예시를 살펴보았다. 그렇다면 이런 의문이 들 것이다. 공격하는 팀이 상대의 프레싱 시그널을 정확히 알고 있다면 왜 프레싱을 사전에 방지하거나 쉽게 프레싱에서 벗어나지 못하는 걸까? 사키의 상대 팀은 왜 볼을 측면 수비수 방향으로 보낸 걸까? 경기를 진행하다보면 사키의 팀이 바로 그런 흐름을 바라고 있다는 사실을 어느 순간 깨달았을 텐데 말이다.

그 이유는 사키의 팀이 프레싱을 철저하게 준비했기 때문이다. 상대가 볼을 갖고 움직이기 시작할 때부터 AC 밀란 선수들은 이미 상대 선수들을 자신들이 원하는 방향으로 몰고 가기 시작했다. 그들은 볼을 측면 수비수에게 보내는 것 외에는 다른 선택지가 없도록 상대 팀 선수들을 압박했다. 또한 수비의 그림자를 활용해 나머지 패스 길목을 모두 차단했다 (그림 25). 즉, 상대 팀이 고를

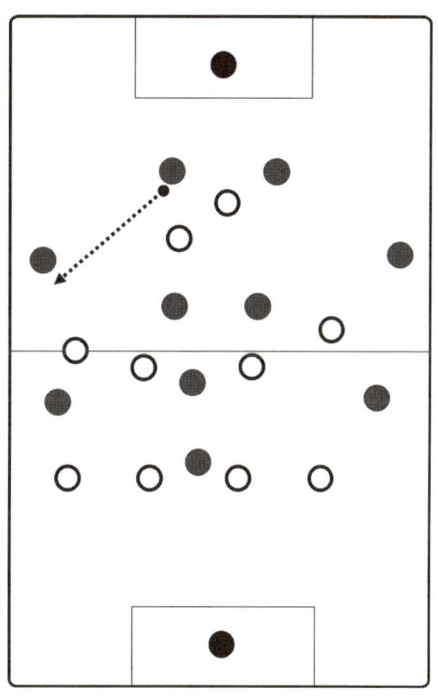

25. 사키의 프레싱을 예시로 보는 프레싱 상황.

패스 경로와 방식을 AC 밀란이 정해준 것이나 다름없다. 그리고 원하는 방향으로 상대 선수가 패스하는 순간 AC 밀란 선수들은 프레싱에 돌입했다.

> 자신들이 프레싱하기 편한 특정한 공간으로 상대방을 몰아간 다음 압박하는 식으로 **프레싱 트랩**을 가동할 수 있다.

상대의 패스 길목을 차단한 AC 밀란 선수들은 적극적으로 프레싱을 하지 않고도 상대 팀이 측면 수비수에게 패스하도록 강요했다. 이와 같은 프레싱 트랩은 팀이 볼을 빼앗기 쉬운 상황으로 상대를

움직이게 만드는 매우 중요한 역할을 한다.

돌진

수비하는 팀은 상대에게 압박을 가할 때 여러 선택지가 있다. AC 밀란의 경우, 전속력으로 상대 팀 측면 수비수에게 달려들었다. 이때 상대의 전진을 막기 위해 속력을 줄일 수도 있고, 아니면 전속력으로 계속 달려갈 수도 있다(이 경우는 상대에게 몸싸움을 시도한다). 두 가지 모두 상대를 프레싱하기 위해 돌진하는 방법이다.

> 축구 경기 중 선수가 프레싱을 하기 위해 상대방에게 **돌진**하는 경우가 있다. 이때 일직선으로 달려갈 수도 있고, 호를 그리며 달려갈 수도 있다.

상대에게 돌진할 때는 일직선으로 달려갈 수도 있고, 호를 그리며 달려갈 수도 있다. 그림 26을 보면 측면 공격수가 약간 호를 그리며 앞으로 달려간다. 이처럼 호를 그리며 달려가면 수비의 그림자를 활용하여 상대의 패스 길목을 차단하거나 방해할 수 있다. 상대를 중앙으로 몰고 싶다면 이처럼 약간 옆쪽으로 돌진하면 된다.

다양한 선을 그리며 달리는 방식의 차이를 구분한다면 경기를 더 폭넓게 이해하

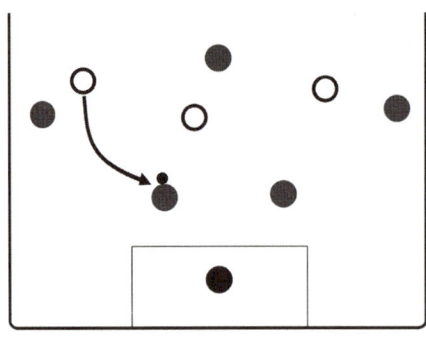

26. 호를 그려 달리는 프레싱 방법.

는 데 큰 도움이 될 것이다.

복잡한 프레싱의 실제 예시: 위르겐 클롭의 리버풀

위르겐 클롭은 독일 축구계에 커다란 즐거움을 안겨주었을 뿐만 아니라 다양한 개념과 명언도 남겼다. 클럽의 팀 선수들은 그를 프레싱 기계 혹은 프레싱 괴물이라고 불렀다. 클롭은 프레싱이라는 단어를 말 그대로 사랑한다. 클롭만큼 효과적인 프레싱을 집중적으로 훈련시키는 감독은 거의 없다. 보루시아 도르트문트 시절부터 리버풀까지 프레싱은 클롭이 성공적인 감독이 되는 기반이었다. 그의 세련된 프레싱 체계는 2018/19 시즌에 리버풀이 챔피언스 리그에서 우승하는 토대가 되었다. 클롭의 프레싱 체계는 사키의 프레싱 체계보다 훨씬 복잡하다. 프레싱 시그널과 프레싱 트랩이 결합되어 있기 때문이다.

2018/19 시즌 챔피언스 리그 당시 리버풀의 프레싱을 살펴보자. 가장 전방에 있는 리버풀 선수 세 명은 상대 팀 진영 페널티 에어리어까지 올라가서 자리를 잡았다. 하지만 프레싱을 곧바로 시도하지는 않았다. 상대 팀은 자기 진영 페널티 에어리어 근처의 한정된 공간에서 패스하며 움직여야 했다. 상대 선수는 자기 진영까지 높이 올라온 리버풀 선수들을 상대로 볼 소유권 싸움을 하지 않고 긴 패스를 보낼 수도 있었지만, 대부분 그렇게 하지 않았다. 당시 리버풀은 챔피언스 리그에서 바이에른 뮌헨이나 바르셀로나, 토트넘 홋스퍼 같은 팀들을 만났다. 땅볼 패스를 주로 하는 팀들이다. 그래서 그 세 팀은 리버풀과 경기할 때도 긴 패스보다는 짧은 땅볼 패스를

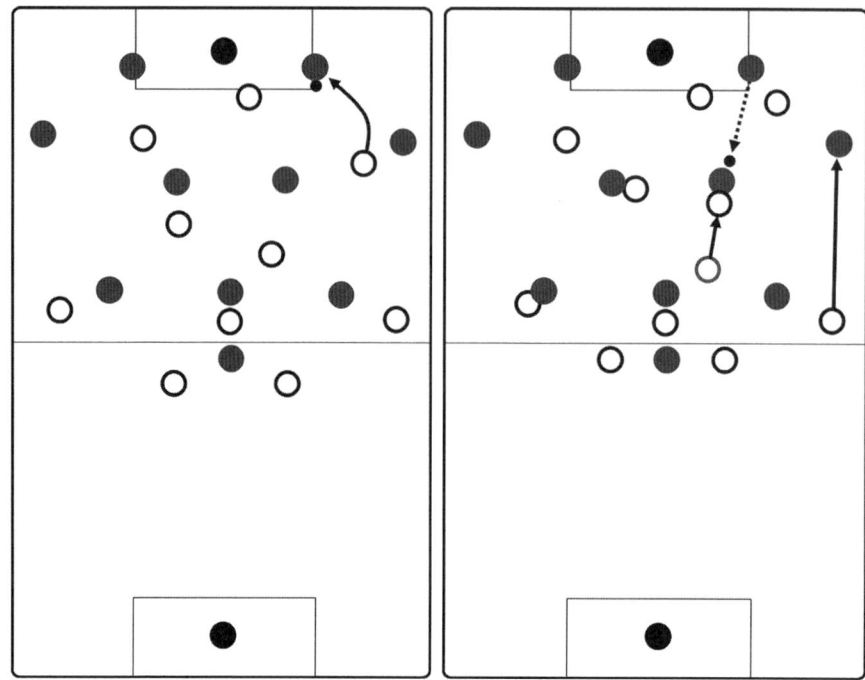

27. FC 리버풀로 보는 클롭의 프레싱, 첫 번째.   28. FC 리버풀로 보는 클롭의 프레싱, 두 번째.

주로 시도했다.

    리버풀에게 주어진 중요한 과제는 상대 팀의 땅볼 패스를 자신들이 원하는 방향으로 유도하는 일이었다. 다시 말해 리버풀은 정교한 프레싱 트랩을 설치해 상대 팀이 패스할 길목을 직접 만들어주었다. 상대 팀이 페널티 에어리어 부근에서 패스하면 리버풀의 프레싱이 시작됐다. 하지만 이는 상대 선수를 갑자기 습격하는 작전은 아니었다. 처음에는 바깥쪽에 있는 선수가 호를 그리며 볼을 가진 선수 쪽으로 이동했다. 그러면서 볼을 가진 선수가 바깥쪽으로 패스하지 못하도록 상대 팀 바깥쪽 수비수가 계속 자신의 수비의 그림자에 가려져 있도록 했다(그림 27).

그 상황에서 리버풀이 상대 팀에 허락한 패스 길목은 오로지 하나뿐이었다. 바로 중앙으로 이어진 길이다. 그런데 그곳에는 이미 리버풀 선수가 기다리고 있었다. 그는 상대 선수가 볼을 잡자마자 전속력으로 달려들어 몸싸움을 시도했다(그림 28).

이때 리버풀은 볼을 빼앗기 유리한 상황을 만들었다. 동료 선수들이 볼 주변을 에워싸서 상대 선수의 선택지를 최대한 줄였기 때문이다. 다만 바깥쪽 선수에게 연결

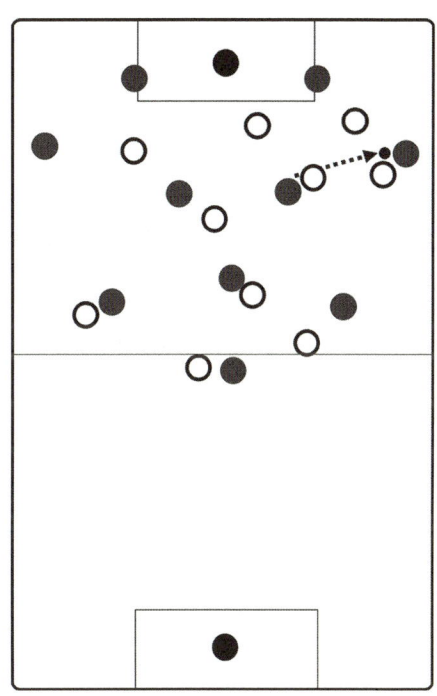

29. FC 리버풀로 보는 클롭의 프레싱, 세 번째.

되는 패스 길목은 열려있었는데, 이 역시도 리버풀 선수들이 파놓은 함정이었다. 볼이 바깥쪽으로 패스되자마자 준비하고 있던 리버풀 측면 수비수가 상대 선수에게 달려들어 프레싱을 시도했다. 그 위치에서도 리버풀이 유리했다. 상대 선수가 바깥쪽에 고립된 상태가 되었기 때문이다. 뒤쪽에 있는 중앙 수비수는 프레싱을 시도하는 리버풀 선수에 가려져 있었고, 중앙에서부터 볼을 패스한 선수 또한 그 전에 이미 프레싱을 시도한 리버풀 선수에게 가려져 보이지 않았다. 즉, 볼을 받은 상대 선수의 눈에는 자신을 향해 전속력으로 돌진해 오는 리버풀 선수밖에 보이지 않았을 것이다(그림 29). 리버풀은 먹잇감을 서서히 옥죄어 질식시키는 뱀처럼 프레싱을 시도했다.

클롭의 프레싱에서는 이미 앞서 살펴보았던 여러 원칙과 개념을 배울 수 있다.

- **리버풀에게는 미드필드 중앙으로 보내는 패스가 프레싱 시그널이었다.** 팀 전원이 시그널을 보고 어떻게 행동해야 할지 잘 알고 있었다.
- **프레싱에 돌입하기 전 리버풀 선수들은** 호를 그리며 달렸고, 상대를 중앙으로 몰았다. 이후 **프레싱에 돌입할 때는** 압박을 가하기 위해 직선으로 돌진했다.
- 리버풀 선수들은 상대 팀의 움직임을 제한하고, 특정 경로로 패스하도록 유도하여 **여러 차례 프레싱 상황을 만들었다.**
- **리버풀은 프레싱의 원칙에 유념했다.** 그들은 프레싱에 돌입하기 전부터 상대의 선택지를 제한했고, 프레싱에 돌입하고 나서는 압박 수준을 점차 높여갔다. 리버풀 선수들은 동료들이 다수 포진한 지역으로 상대 선수를 몰고 갔다. 그곳은 그들이 빠른 역습을 전개하기 유리한 위치이기도 했다. 만약 상대가 프레싱에서 벗어날 수 있는 상황이 되면 리버풀 선수들은 즉시 파울을 시도하여 위험을 사전에 차단했다.

클롭은 상대 팀의 특성을 교묘하게 활용했다. 상대 팀이 땅볼 패스를 선호한다는 사실을 알고 있었기 때문에 바로 그 점을 자신의 팀에 유리하게 이용한 것이다. 또한 상대 팀이 측면 수비수에게 패스하기를 꺼린다는 것도 알고 있었다. 사키가 활약했던 시기 이후로 많은 팀이 그런 성향을 보였다. 따라서 리버풀은 상대 팀 입장에서 아주 매력적으로 보이는 패스 길목을 만들어주었다. 그 길은 노련하고 기술이 뛰어난 선수들이 있는 미드필드 중앙으로 향하는 길이었다. 리버풀은 중앙으로 볼이 이동하는 순간 프레싱을 시도하려고 준비하고 있었기 때문에 상대 팀에게 패스 길목을 내어준 것이다. 결국 리버풀이 원하는 위치에 볼이 도달했고, 상대 팀의 공격은 대부분 막히고 말았다.

커버

앞서 자세히 다루지 않았던 커버에 대해 알아보겠다. 커버는 성공적인 프레싱을 위해 꼭 필요한 요소다. 프레싱을 시도했다 하더라도 볼을 빼앗지 못한 경우에는 재빨리 빈자리를 커버해야 상대 팀의 득점 기회를 막을 수 있다. 커버는 프레싱 초기 단계부터 시작된다. 따라서 상대가 볼을 받거나 움직일 공간을 차단하는 선수는 이미 그것만으로도 상대가 프레싱에서 벗어나지 못하도록 하는 데 기여하는 셈이다.

> 한 선수가 프레싱에 돌입하면 동료 선수들은 **커버**에 들어가야 한다. 그래야 상대 선수가 프레싱에서 벗어나더라도 득점 기회를 얻지 못하도록 막을 수 있다.

좋은 프레싱의 원칙을 기억할 것이다. 수비하는 팀은 프레싱할 때 되도록 볼 주변에서 수적 우위를 점해야 한다. 하지만 그러면 자연스럽게 다른 지역에서는 열세가 될 수밖에 없다. 따라서 수비하는 팀은 어느 공간을 중점적으로 커버하고, 어느 공간을 비교적 비워도 되는지를 잘 판단해야 한다.

커버할 때 핵심은 가장 중요한 공간에 접근할 수 있어야 한다는 것이다. 여기서 접근한다는 말은 커버하는 선수가 상대 선수 앞에 위치할 수 있어야 한다는 뜻이다. 적어도 앞에 선 상대 선수와 몸싸움을 할 수 있는 위치여야 한다. 수비수가 아무도 없는 공간에 도달한 상대 선수는 볼을 받으면 빠르게 움직일 수 있다. 그러니 가장 위험한 공간을 최우선으로 커버해야 한다.

깊은 위치 커버하기

팀이 프레싱 과정에서 겪을 수 있는 최악의 시나리오는 무엇일까? 아군 진영 깊은 곳으로 들어오는 패스는 모든 수비하는 팀에게 악몽일 것이다. 프레싱에 실패하고, 상대 선수가 아군 수비수 뒤쪽 깊은 곳으로 패스하는 일만은 절대 벌어져서는 안 된다.

 아군 진영 깊은 곳을 수비할 때 수비수들에게 큰 도움이 되는 규칙이 있는데, 바로 오프사이드다. 상대 공격수가 언제든지 깊은 위치에서 기다렸다가 볼을 받을 수 있는 것은 아니다. 수비수들이 모두 위로 올라가면 공격수는 오프사이드 위치에 서게 된다. 그래서 수비하는 팀은 이 점을 잘 이용해야 한다. 공격 프레싱을 할 때는 대개 최후방 수비 라인과 최전방에 있는 선수 사이의 거리가 벌어지게 마련이다. 한편 클롭이 이끈 리버풀은 수비 라인을 중앙선까지 끌어올려서 상대 팀이 움직일 수 있는 공간을 좁게 만들었다. 게다가 리버풀 선수들은 촘촘하게 서서 공격 프레싱을 했기에 상대 팀은 리버풀 진영의 넓은 공간을 활용하지 못했다.

 하지만 모든 팀이 이렇게 용감하게 수비 라인을 끌어올릴 수 있는 건 아니다. 수비 라인을 끌어올리면 수비수들 뒤쪽으로 넓은 공간이 무방비 상태로 남게 되고, 상대 팀 선수는 언제든 수비수 사이를 뚫고 지나갈 수 있다. 그런 상황을 방지하려면 수비수들이 신경을 곤두세워야 하고, 수비수들 사이의 간격을 좁게 유지해야 한다. 간격이 벌어지면 그 사이로 패스가 통과할 수 있기 때문이다.

아군 진영 안쪽 깊은 곳에 최종 수비 라인을 펼치는 팀도 있는데, 이 경우에는 수비 라인 앞쪽 공간이 비는 위험을 감수해야 한다. 수비 라인이 얼마나 높이 올라가서 프레싱에 가담하는지는 팀의 수비 철학에 따라 다르다.

오프사이드 트랩

앞서 설명했듯이 진영 깊숙한 곳을 지킬 수 있는 방법 중 하나가 바로 오프사이드 트랩을 이용하는 것이다. 수비수들이 미리 약속한 사인을 주고받은 다음 다 같이 몇 미터 앞으로 이동하면, 원래는 오프사이드 위치에 있지 않았던 상대 선수가 갑자기 오프사이드 위치에 있게 된다(그림 30). 따라서 수비수들이 갑자기 앞으로 이동하는 것은 아군 진영 깊

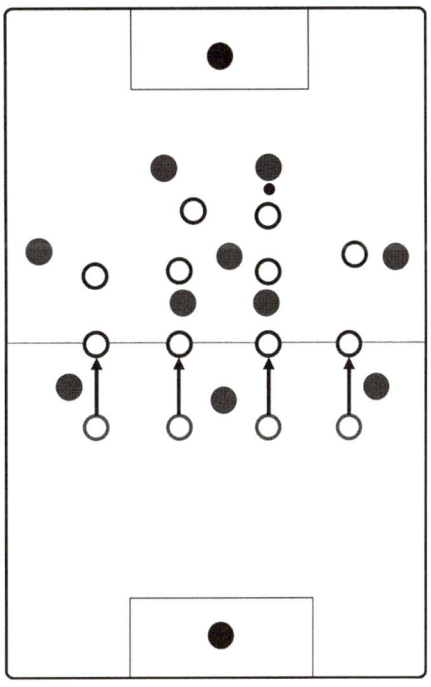

30. 오프사이드 트랩.

은 곳을 지키는 방법 중 하나다. 대부분 프레싱할 때 오프사이드 트랩을 이용하는 전술을 자주 사용한다. 최후방 수비수들이 프레싱하는 선수들과의 간격을 좁히기 위해 앞으로 나가면, 이에 미처 반응하지 못한 상대 공격수들은 오프사이드 위치에 서게 되어 패스를 받을 수 없게 된다.

> 수비 라인이 앞으로 이동하면 상대 팀 공격수는 **오프사이드 위치에 서게 되어** 패스를 받을 수 없게 된다.

예측형 골키퍼

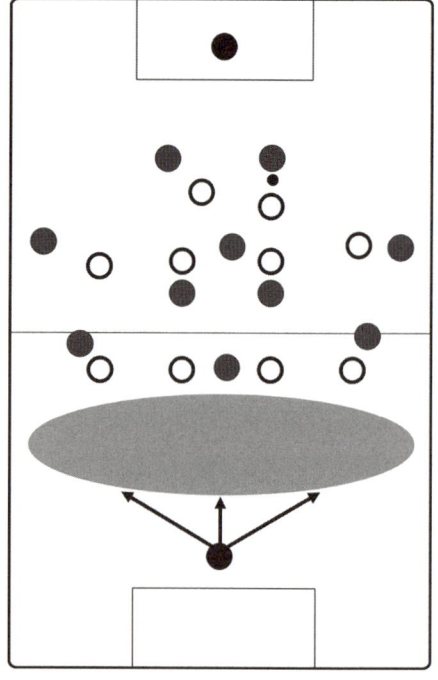

31. 예측형 골키퍼.

진영 깊숙한 곳을 지킬 때 아주 특별한 역할을 맡는 선수가 한 명 있다. 바로 골키퍼다. 골키퍼라는 말을 들으면 독일 축구 팬들은 아마도 2014년 월드컵 16강전을 떠올릴 것이다. 당시 알제리와의 경기에서 독일의 수비 라인은 아주 높은 곳까지 올라가 있었다. 그러나 독일의 수비 라인과 미드필드 프레싱은 빈틈투성이었기에 알제리가 몇 번이나 볼을 몰고 위협적인 상황을 만들었다. 알제리가 득점하지 못하도록 막은 것은 그 어떤 수비수도 아닌 골키퍼 마누엘 노이어Manuel Neuer였다. 노이어는 달리고, 뛰어오르고, 볼을 걷어냈다. 심지어 페널티 에어리어를 벗어나서도 활약했다.

진영 깊숙한 곳을 커버할 때는 골키퍼가 움직이는 범위에 따라 차이가 나타난다. 골키퍼는 수비 라인 뒤쪽 공간을 지키는데 유리하다(그림 31). 수비수들 뒤쪽 공간을 한눈에 볼 수 있기 때문이다. 반면 수비수들은 자신과 골대 사이의 공간을 등지고 있으므로 뒤쪽 공간을 수비하기가 어렵다. 이처럼 골키퍼는 '열한 번째 필드 선수'로서 타이밍을 잘 잡고 앞으로 치고 나가 수비에 가담하기도 한다.

> 골키퍼는 진영의 가장 안쪽을 지킨다. 이때 골 에어리어나 페널티 에어리어 밖까지 이동해 수비에 가담하는 골키퍼를 **예측형 골키퍼**라고 한다. 이런 골키퍼는 수비 라인을 뚫고 들어오는 볼을 예측하고 적시에 막는다. 한편 골 에어리어나 페널티 에어리어를 잘 벗어나지 않고 앞으로 나오지 않는 골키퍼는 **반응형 골키퍼**라고 한다.

상대 팀 선수들을 측면으로 유인하기

다시 리버풀의 프레싱 예시로 돌아가자. 상대 팀 측면 수비수가 볼을 잡았고, 깊숙이 찔러주는 패스를 하는 상황이라고 가정해보자. 이때 어떤 패스 길목이 리버풀에 가장 위협적일까? 터치라인과 평행하게 전달되는 패스는 오히려 바라던 바다. 그 패스가 전달되도 상대 팀은 여전히 측면에서 볼을 갖고 있을 것이기 때문이다. 상대 선수의 움직임은 계속해서 터치라인으로 인해 제한된다(사키의 프레싱 예시를 참고하자). 미드필드 중앙으로 향하는 패스는 리버풀 입장에서 위험하다. 상대 팀이 공격하기 좋은 위치를 차지할 수 있기 때문이다. 볼이 중앙으로 가면 볼을 잡은 상대 선수가 움직일 수 있는 폭이 넓어지기 때문에 리버풀 프레싱의 상당 부분이 약해질 것이고, 수비수들은 긴장하게 될 것이다. 따라서 리버풀은 중앙 공간을 우선적으로 확보하려 할 것이다.

볼이 아군 팀 페널티 에어리어에 가까워질수록 중앙을 지키는 것이 더 중요해진다. 중앙에 골문이 있으므로 상대 팀이 최적의 기회를 얻을 수 있는 위치이기 때문이다. 상대 팀 진영에서는 앞서 예시로 보여준 리버풀처럼 상대 선수들을 중앙으로 유인하기 위해 프레싱 트랩을 가동하기도 한다. 하지만 아군 팀 진영에서는 상대 선수들을 되도록 측면으로 유인해야 하고, 중앙과 진영 깊숙한 곳은 최대한 커버해야 한다. 측면은 골문에서 멀어진다는 뜻이기 때문에 측면 커버의 중요성은 상대적으로 낮다.

프레싱을 멈춰야 할까, 계속 해야 할까?

지금까지 이 책을 읽었다면 프레싱을 하는 선수들과 지역 수비에 집중하는 선수들이 명확하게 구분된다고 생각하기 쉬울 것이다. 하지만 실전에서는 그렇지 않다. 진영 깊은 곳을 수비하던 선수가 다음 순간에는 프레싱을 시도할 수도 있다. 볼을 가진 선수가 앞으로 멀리 나가 있는 동료 선수에게 볼을 보내면, 볼을 받은 선수의 주변 지역을 지키고 있던 수비수는 곧장 프레싱에 돌입할 것이다. 수비수는 볼을 가진 상대 팀 공격수를 저지해야 한다. 즉, 볼을 가진 상대 선수를 압박할 수 있는 상황이라면 압박해야 한다.

그러나 압박을 계속 유지할 수는 없다. 볼을 가진 선수의 성공적인 트릭이나 절묘한 패스로 인해 압박을 시도할 수 없을 수도 있고, 볼을 잡은 공격수 근처에 수비수가 한 명도 없는 상황이 발생할 수도 있다. 이런 경우에는 수비측 나머지 선수들이 진영 깊숙한 곳을 노리는 상대의 패스 플레이를 막아내야 한다.

> 프레싱 이후에도 **볼과 자기 팀 골문 사이에 있는 수비수**들은 주변 공간을 커버해야 한다.

예를 들어보자. 상대 선수 한 명이 아무런 방해 없이 미드필드에서 아군 팀 골문으로 드리블해 온다. 공격수는 수비수들 뒤쪽으로 파고들려고 시도한다. 수비진 사이 공간을 상대 팀에게 내어줄 수 없으니 수비수들은 앞으로 나가지 못하고, 뒤로 물러나며 간격을 좁힌다. 뒤쪽으로 움직이면서 깔때기 모양을 만든다면 이상적이다. 볼과 골문 사이의 수비수들은 자기 팀 페널티 에어리어와 가까울수록 서로 붙어 서게 된다(그림 32). 자기 팀 페널티 에어리어에 가까워질수록 수비 라인의 간격을 좁혀야 한다는 원칙이 적용되는 것이다. 볼을 몰고 오는 상대 팀 선수에게 압박을 가하는 것은 부차적인 목표다. 가장 우선해야 할 목표는 상대 선수가 수비 라인 뒤쪽으로 볼을 패스하지 못하도록 막는 것이다.

수비수들이 자기 팀 골문 앞에서 적절한 간격으로 대형을 이루었을 때 그중 한 명이 앞으로 나가 상대 선수에게 달려든다. 수비수들

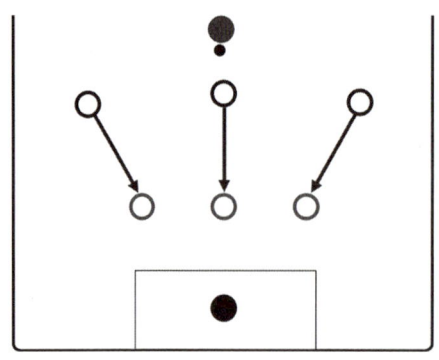

32. 깔때기 모양으로 간격을 좁히는 후방 수비진.

이 빠르게 뒤로 물러나고 있을 때는 삼각 대형을 이루기가 어렵기 때문이다. 앞으로 나간 수비수의 뒷 공간은 상대 팀의 패스가 통과하지 못할 정도로 충분히 좁아야 한다. 대부분의 팀은 수비수들이 페널티 에어리어 앞까지 초승달 모양으로 물러났다가 수비수 한 명이 앞으로 나간다. 가장 이상적인 경우는 상대 팀이 측면으로 패스하도록 만드는 것이다. 이것이 수비하는 팀에게 가장 이상적이다. 다음 예시를 통해 좀 더 자세히 알아보자.

프레싱 커버에 관한 실전 예시: 디에고 시메오네의 아틀레티코 마드리드

아틀레티코 마드리드 감독 디에고 시메오네Diego Simeone는 필드 밖에서 경기 내내 열정적으로 코칭하기로 유명하다. 시메오네는 말 그대로 터치라인에 가까이 붙어서 소리치고, 뛰고, 화내고, 손짓하고, 욕을 하는 감독이다. 그는 팀이 공격할 때마다 덩달아 흥분해서 온 몸을 움직인다. 그런데 흥미롭게도 감독의 열정이 선수들에게 반드시 전달되는 것은 아니다. 아틀레티코 마드리드는 호전적인 공격 프레싱을 할 수 있는 팀이다. 그러나 스스로의 움직임을 제한해 덜 호전적인 미드필드 프레싱을 하는 경우가 적지 않다.

아틀레티코의 장점은 정교한 프레싱 시스템을 정확하게 시행하는 것이다. 따라서 필자가 여기서 언급하는 상황은 실전에서 그리 자주 일어나지 않는다. 아틀레티코 같은 팀이라면 같은 상황에서 훨씬 더 호수비를 했을 것이고, 어쩌면 애초에 그런 상황이 발생하지 않도록 했을 것이다. 어쨌든 프레싱 커버의 원칙에 대해 설명해야 하므로 지금은 아틀레티코를 그리 유능하지 않은 팀처럼 묘사해야 한다. 가상으로 능력을 부족하게 만든 아틀레티코의 수비조차도 아주 훌륭하지만 말이다.

기본적인 상황은 다음과 같다. 아틀레티코는 사키의 방식대로 상대 팀이 측면 수비수에게 패스를 보낼 수밖에 없도록 만들었다. 이때 아틀레티코는 위험을 감수하는 것이 두려워 볼을 쫓아 터치라인 가까이까지 가는 모험을 하지는 않았다. 프레싱하는 선수는 동료 선수들로부터 도움을 받지 못했고, 상대 선수는 중앙으로 패스를 보낼 수 있었다.

아틀레티코의 미드필더는 곧장 중앙으로 이동해 프레싱을 시도했다. 그가 중앙선을 넘어 앞으로 나아가자 옆에 있던 동료 선수도 상황을 알아차리고, 상대 선수를 향해 움직이며 동료를 위한 커버에 나섰다. 아틀레티코는 측면으로 가는 패스 길목을 간접적으로 차단했다. 상대의 왼쪽 측면 수비수는 아틀레티코의 측면 수비수가 마크하고 있었기 때문에 볼을 받을 수 없었다(그림 33).

이 상황에서 아틀레티코는 좋은 프레싱 상황을 만들었다. 볼 근처에 아군 선수들이 더 많았고, 아틀레티코의 공격수는 미드필더를 지원하면서 상대 선수의 선택지를 줄였다.

그런데 갑자기 상대 팀이 기발한 아이디어를 떠올린다. 상대 팀 공격수가 볼을 가진 선수에게 다가간 것이다. 볼을 가진 선수는 공

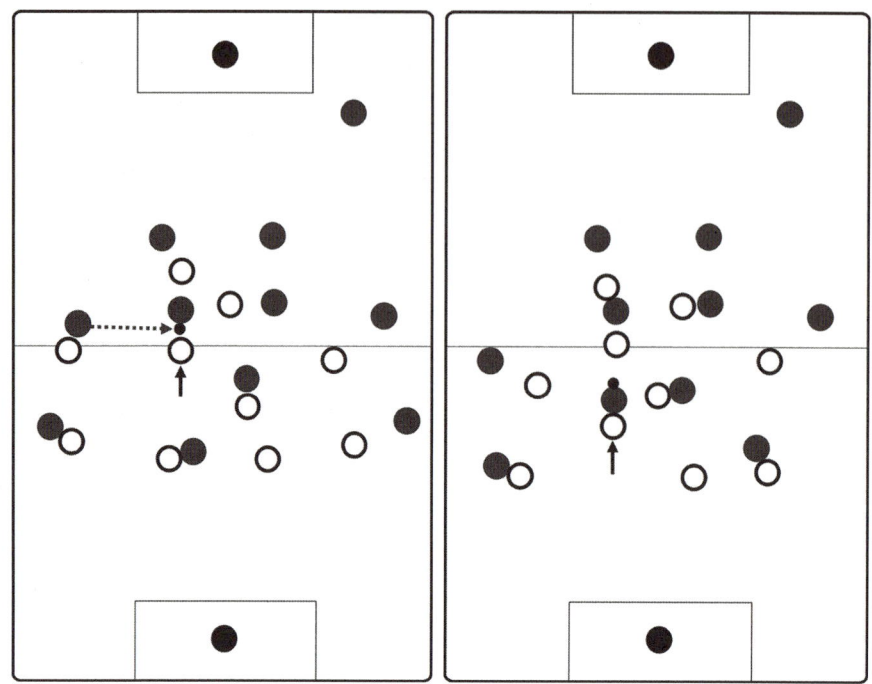

33. 아틀레티코의 프레싱 커버, 첫 번째. 34. 아틀레티코의 프레싱 커버, 두 번째.

격수에게 곧바로 패스했다(그림 34).

이때 아틀레티코 수비수들은 프레싱을 유지하기 위해 대인 지향 수비를 했다. 그런데 문제가 발생했다. 중앙에 큰 빈틈이 생겨버린 것이다. 그냥 두면 골문으로 가는 길이 바로 열리기 때문에 상대 공격수가 몸싸움에서 이기면 곧바로 슛을 쏠 수 있을 터였다.

이때 프레싱에 돌입한 선수 측면에 있던 동료 선수 두 명이 중앙으로 들어와 삼각 대형을 만들었다(그림 35). 측면보다 중앙을 지키는 게 우선이었기 때문이다. 측면에 있는 선수를 향한 패스는 수비수 사이의 빈틈을 노린 패스보다 덜 위험하다. 중앙으로 패스가 연결되면 상대가 페널티 에어리어까지 밀고 들어오기도 전에 아틀레티코의 수비 라인은 무너지고 말 것이다.

물론, 내 이론적인 예시에 비해 아틀레티코는 현실에서 훨씬 뛰어난 수비를 한다. 아틀레티코 선수들은 실제 경기에서 예시와 같은 상황을 거의 겪지 않을 것이다. 과거에 비슷한 상황이 발생했을 때도 빈 공간이 제대로 커버되었다. 아틀레티코는 직접 볼을 빼앗을 수는 없었지만, 훌륭한 커버 작전 덕분에 실점할 위험을 줄일 수 있었다.

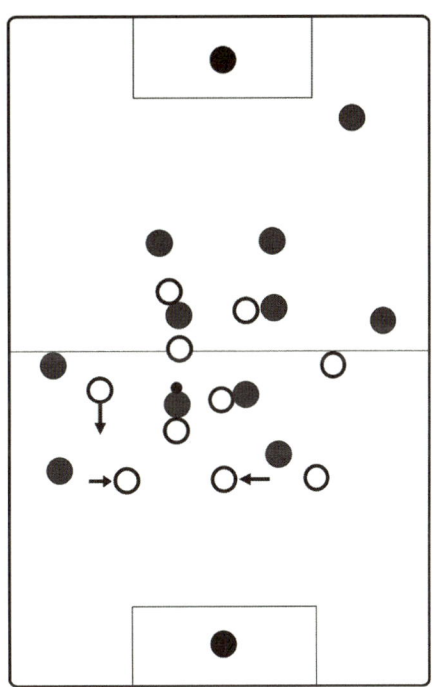

35. 아틀레티코의 프레싱 커버, 세 번째

긴 패스 수비

지금까지 살펴본 가상의 예시에서 공격수들은 항상 땅볼을 차고 있었다. 하지만 볼을 가진 선수는 압박을 느끼면 가장 간단하고 쉬운 해결법을 찾게 되는데, 그것은 바로 높고 멀리 차는 것이다. 많은 팀이 강한 프레싱을 당할 때 긴 패스를 한다. 이는 상대 진영 깊숙이 위치한 아군의 수비 대형을 깨는 전술 도구다. 그렇다면 상대 팀의 긴 패스는 어떻게 수비해야 할까?

긴 패스 수비하기

공격하는 입장에서 긴 패스는 상대 팀의 프레싱을 극복하는 파훼법이다. 긴 패스를 받아 볼을 점유하면 상대의 압박에서 벗어날 수 있고, 슛을 쏠 기회를 잡을 수도 있다. 긴 패스를 보낸 다음 볼을 빼앗기더라도, 그 위치가 상대 팀 진영이라면 적어도 위협적이지는 않다. 자기 진영에서부터 역습을 시도하기는 어려울 것이기 때문이다. 따라서 많은 팀이 상대 팀의 강력한 프레싱에서 벗어나기 위해 긴 패스를 활용한다.

　한편 수비하는 입장에서 상대의 긴 패스는 볼을 빼앗을 기회가 될 수 있다. 긴 패스가 오면 수비수는 경합에 대비해 공격수와의 몸싸움에서 유리한 위치를 선점하는 것이 중요하다. 따라서 수비수들은 상대 팀이 볼을 길게 패스하는 타이밍을 정확히 알아야 한다. 상대 선수들과 볼의 위치를 주의 깊게 살피면 긴 패스의 타이밍을 예측할 수 있다. 이때도 수비수가 염두에 두어야 할 네 가지 요소(자신,

동료 선수, 상대 선수, 볼의 위치) 가 중요한 역할을 한다. 긴 패스를 보내려는 상대 팀의 움직임이 포착되면 선수들은 뒤로 물러나야 한다. 볼이 자신들의 등 뒤로 넘어가지 않도록 하기 위해서다. 최소한 헤더로 볼을 걷어낼 수 있어야 한다.

근처에 상대 팀 선수가 없을 경우에는 볼에 가장 가까운 선수가 볼을 확보한 다음 어떻게 움직일지 생각하면 된다. 때로는 볼을 그냥 지나가게 두어 골키퍼가

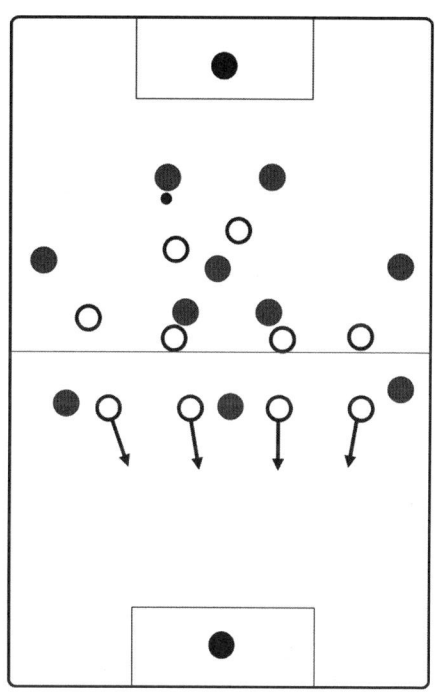

36. 긴 패스에 대비하기 위한 이동.

처리하도록 해도 된다. 그런데 대부분의 경우 상대 팀 공격수가 긴 패스를 쫓아 돌진해온다. 그럴 때는 적시에 뒤로 물러나 자리를 잡는 것이 중요하다. 단, 수비수 중 한 명은 뒤로 물러나지 말고 상대 공격수에게 다가간다. 경합에서 우위를 선점하기 위해 볼을 따라 달리는 공격수를 일찌감치 뒤쫓는 것이다. 그러면 상대 팀의 직접적인 패스 길목을 차단할 수 있을 뿐만 아니라 아군 팀 페널티 에어리어도 지킬 수 있다.

두 번째 볼 잡기

볼을 두고 상대 선수와 몸싸움을 해서 이기면 볼을 점유할 수 있다. 하지만 길고 높은 패스로 볼이 전달되는 경우에는 상대 선수와 몸싸움을 벌이는 와중에 볼을 제대로 잡기가 어렵다. 긴 패스로 넘어온 볼은 대부분 선수의 머리, 가슴, 발에 닿아 일단 트래핑된다. 이때 긴 패스로 넘어온 볼을 첫 번째 볼이라고 한다. 첫 번째 볼을 어느 팀이 점유하게 될지는 정확히 알 수 없다.

> 긴 패스로 넘어오는 볼은 첫 번째 볼(퍼스트 볼)과 두 번째 볼(세컨드 볼)로 나눈다. 첫 번째 볼은 긴 패스로 넘어오는 볼이다. **두 번째 볼**은 긴 패스 이후 어딘가에 맞아 튀어 오르는 볼이다. 따라서 두 번째 볼을 두고 벌어지는 싸움은 의도적이든 그렇지 않든 긴 패스로 넘어온 볼을 중심으로 전개된다.

그래서 두 번째 볼을 둘러싼 싸움이 중요하다. 몸싸움에서 누가 이겼든, 그 다음에 볼이 어느 쪽으로 날아가든, 수비하는 팀은 두 번째 볼을 반드시 빼앗아야 한다. 그림 37을 보면 두 번째 볼을 차지하기 위해 반드시 점유해야 하는 중요한 지역을 알 수 있다. 색이 진할수록 더 중요한 지역이다. 여기서도 역시 좋은 커버의 원칙이 적용된다. 진영 깊숙한 곳과 중앙을 지키는 것이 우선이다. 수비하는 팀은 어떻게 움

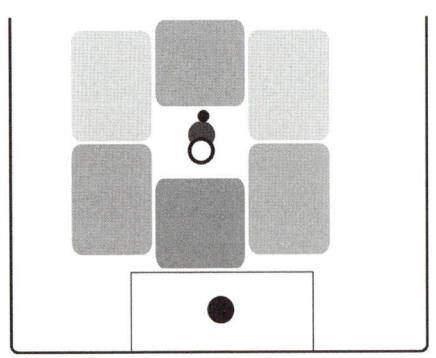

37. 두 번째 볼을 둘러싸고 싸움이 벌어질 수 있는 지역.

직여야 할까? 수비수들은 상대 선수와의 몸싸움이 벌어지는 지역 뒤에 있는, 진영 깊숙한 곳을 지켜야 한다. 최후방에 있어야 할 수비수가 앞으로 나와 첫 번째 볼을 빼앗기 위한 싸움에 가담한다면 팀으로서는 감수해야 할 위험이 클 것이다. 따라서 이 경우 동료 수비수들은 볼이 헤더로 진영 깊숙이 넘어오거나 빈틈을 통과하지 못하도록 커버해야 한다. 이때도 삼각 대형이 중요하다. 가장 이상적인 모습은 수비수 한 명이 몸싸움에 나서면 동료 수비수 두 명이 약간 뒤쪽에서 커버하는 것이다(그림 38).

수비수 앞에 있던 선수들도 서둘러 뒤로 이동해 헤더 경합에 가담하는 선수의 근처로 가야 한다. 이때 세 명의 선수가 중요한 위치를 차지하는 것이 이상적이다. 바로 헤더 경합이 벌어지는 지역 앞과 그 양 옆 공간이다. 그래야 볼이 어디로 떨어지든 곧바로 두 번째 볼을 차지하기 위한 싸움에 돌입할 수 있다.

하지만 실전에서 아군 수비 여섯 명이 중요한 지역을 모두 커버하기는 불가능하다. 그래서 외곽은 선수 한 명이 지키고, 삼각 대형을 이룰 필요가 없는 수비수는 중요한 지역 사이의 공간을 지켜야 한다. 선수들을 이렇

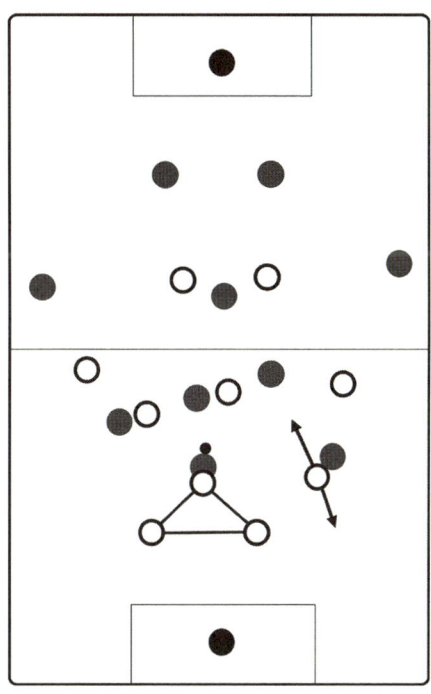

38. 두 번째 볼 수비하기.

게 배치하면 볼이 어디로 떨어지든 수비하는 팀은 두 번째 볼을 둘러싼 싸움에 즉각 반응할 수 있다. 이때 수적 우위에 선다면 더욱 좋다.

때로는 상대 팀이 매우 긴 패스를 보내 최후방 수비수가 첫 번째 볼을 두고 상대 선수와 경합해야 하는 특수한 상황이 벌어질 수도 있다. 이럴 때는 최후방 수비수가 상대 팀 선수를 막고 볼을 뒤쪽으로 보내 골키퍼가 처리하도록 한다.

크로스 수비하기

수비 진영을 매우 위협하는 또 다른 형태의 길고 높은 패스가 있다. 바로 크로스다. 수비하는 팀은 상대 팀을 최대한 측면으로 유인하고, 중앙으로 이동하지 못하게 막아야 한다. 또한 상대 팀이 측면에서 중앙으로 크로스 올리는 상황도 고려해야 한다. 다행히도 크로스는 중앙에서부터 공격수에게 전달되는 패스보다 수비하기가 더 쉽다. 이런 상황에는 수비하는 팀이 훨씬 유리하다. 공격하는 팀이 정확한 크로스를 올리기가 어렵기 때문이다. 축구가 취미인 사람이라면 누구나 높이 찬 볼을 정확하게 동료 선수에게 보내는 것이 얼마나 어려운지 알고 있을 것이다. 분데스리가에서 뛰는 이름난 선수들조차도 동료 선수에게 크로스를 정확하게 보낼 가능성이 20퍼센트에 불과하다. 또한 골로 연결되는 크로스는 1~3퍼센트 정도다(이는 집계 방식에 따라 결과가 다르게 나타날 수 있다. 크로스가 곧바로 골로 연결된 경우만 포함하거나, 크로스 이후 두 번째, 세 번째, 심지어는 네 번째 이동한 볼이 골로 연결된 경우까지 포함하는 등, 통계학자마다 집계 방식이 다르기 때문이다).

대부분의 크로스가 부정확하기 때문에 볼이 페널티 에어리어 내에 어떻게 떨어질지 예측하기란 매우 어렵다. 땅볼일까, 아니면 높이 뛸까? 길게 갈까, 아니면 짧게 갈까? 수비수들은 모든 상황에 대비해야 한다. 크로스가 애초에 페널티 에어리어까지 닿지 않도록 정확도를 떨어뜨리기 위해 선수 한두 명이 크로스 올리는 선수를 방해할 수도 있다. 만약 크로스된 볼이 페널티 에어리어 안에 떨어진다면 수비하는 팀은 무조건 경합에서 이겨 첫 번째 볼을 점유해야 한다. 그렇지 않으면 상대 팀이 곧장 슛을 쏠 우려가 있다. 상대 팀이 첫 번째 볼을 터치했다면 두 번째 볼을 점유하거나 적어도 몸싸움을 걸어 슛을 방해해야 한다.

3+X 대열 수비

골문 바로 앞 지역은 공격하는 팀이 크로스를 보낼 가능성이 가장 높은 곳이다. 골 에어리어 안쪽으로 크로스를 올려 가까운 포스트나 골대 바로 앞 중앙, 먼 포스트를 노릴 수도 있고, 혹은 페널티 에어리어로 크로스를 올려 수비하는 팀 진영 깊숙이 볼을 보낼 수도 있다. 이때도 가까운 포스트, 골대 중앙, 먼 포스트를 노릴 수 있다. 이런 선택지에 따라 골대 바로 앞 공간을 여섯 부분으로 나눌 수 있다(그림 39).

물론 페널티 에어리어 밖이나 모서리 같은 나머지 공간으로도 크로스가 날아갈 수 있다. 따라서 나머지 공간도 간접적으로 커버해야 한다. 페널티 에어리어 안에 있는 수비수들은 상대 선수와 골대 사

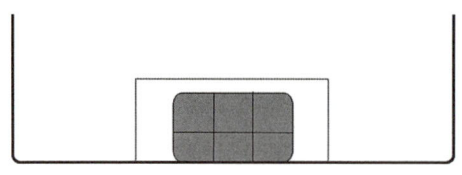

39. 페널티 에어리어에서 크로스에 대비해 지켜야 하는 공간.

이에 위치하여 상대 선수가 조금이라도 슛을 쏠 기미를 보이면 곧바로 막아야 한다. 이때 골대 앞 여섯 개 구역을 지키는 것이 중요하다.

  이론적인 해결책은 각 지역을 수비수 한 명이 지키는 3+3 형태다. 하지만 수비수들이 항상 3+3 대열로 서 있는 것은 현실적으로 어렵고, 오히려 역효과가 날 수도 있다. 페널티 에어리어 내에서 선수 여섯 명이 비교적 작은 공간을 지키고 있으면 다른 선수 네 명이 필드 나머지 공간을 전부 커버해야 하기 때문이다. 이는 크로스 올리는 선수를 방해하고, 두 번째 볼을 가로채기 위해 경합하면서, 동시에 역습을 준비하기에는 너무 부족한 숫자다. 즉 3+3은 이상적인 대열일 뿐, 경기에서 실현되는 경우는 드물다. 대부분의 팀은 실전에서 3+1 대열로 선다(그림 40).

  3+1로 선 선수들은 다음과 같이 움직인다. 세 명은 골대 바로 앞세 지역을 지킨다. 이 지역은 어떤 경우에든 수비수 세 명이 서 있어야 최적의 수비가 가능하다. 그 앞쪽 지역에는 수비수 한 명이 서서 중앙을 지킨다. 그러면 양옆 두 지역이 남는데, 이 지역으로 볼이 오면 뒤에 있는 세 명의 수비수 중 왼쪽 혹은 오른쪽 수비수가 앞으로 나가서 수비한다. 혹은 뒤쪽 중앙에 있던 수비수가 앞의 양옆 중 한쪽으로 이동해 수비할 수도 있다. 이렇게 하면 상대 선수가

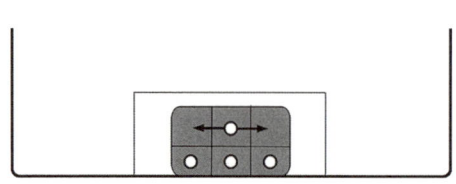

40. 3+1로 페널티 에어리어를 수비하는 방법.

슛을 쏘더라도 골대와 상대 선수 사이에는 여전히 수비수들이 있으니 어느 정도는 실점을 방지할 수 있다. 더 좋은 방법은 3+2 대형을 만드는 것이다. 골대와 가까운 쪽에 세 명, 그 앞에 두 명이 서는 방법이다.

지역 내에 있는 수비수들은 상대 선수들과 가까이 붙어 서서 상대 선수가 앞으로 나가려면 몸싸움을 피할 수 없게 만들어야 한다. 상대 선수의 움직임을 막거나 적어도 자유롭게 움직이기 어렵게 만드는 몸싸움은 수비수가 상대 선수에게 바짝 붙어 철저히 마크할 때만 기능할 수 있는 수비 방법이다. 즉, 페널티 에어리어 내에서는 높은 수준의 대인 지향 수비가 필요하다. 또한 동료 선수들끼리 정확한 소통이 이루어져야 한다. 상대 공격수가 다른 지역으로 이동하면 다른 수비수가 이어받아 수비해야 하기 때문이다. 그렇지 않으면 수비에 큰 빈틈이 생기게 된다.

페널티 에어리어로 크로스가 가더라도 첫 번째 볼을 수비하는 데 그쳐서는 안 된다. 헤더로 방향이 바뀐 볼을 잡으려면 동료 선수들이 페널티 에어리어 주변을 커버하고 있어야 한다(88p 참고). 상대 선수가 두 번째 볼을 잡아 그대로 슛을 쏘는 위험을 감수하고 싶지 않다면 몸싸움을 걸어 볼을 측면으로 걷어내야 한다. 볼을 측면으로 걷어냈을 때 최악의 상황은 또 다른 크로스가 올라오는 것이다. 그럴 경우 수비수들은 새로운 크로스를 수비하기 위해 미리 자리잡고 있어야 한다.

하프 필드 크로스

앞서 언급한 예시와 원칙은 페널티 에어리어 높이에서 올라오는 크로스에 관한 것들이다. 그런데 때로는 상대 팀이 중앙선 부근에서부터 필드 절반을 가로지르는 크로스를 올리는 경우도 있다. 이를 하프 필드 크로스라고 한다. 상대 팀이 이렇게 멀리서부터 크로스를 할 때 이미 3+X명의 선수를 자기 팀 페널티 에어리어 안에 배치하는 팀은 많지 않다. 만약 그렇게 하기 위해 일찌감치 수비 라인을 내린다면 수비 라인 앞에 거대한 빈공간이 발생하게 될 것이다.

수비수들은 일반적으로 약간 앞에서 수비 라인을 구축한다. 너무 넓게 퍼져서 포메이션이 무너지거나 상대 선수가 진영 깊은 곳까지 들어오는 것을 막기 위해서다. 상대 선수를 오프사이드 상태로 만들면 진영 깊이 날아오는 크로스를 수비하기도 쉽다. 또는 긴 패스를 수비하는 방법을 활용해도 좋다.

포메이션

지금까지 그리 자세히 다루지 않은 개념이 있다. 바로 포메이션이다. 기억하겠지만 축구에서 포메이션은 대개 숫자로 표시된다. 예를 들어 4-4-2 포메이션은 수비수 네 명, 미드필더 네 명, 공격수 두 명으로 구성된 대형이다. 과르디올라는 이렇게 숫자로 표시되는 포메이션을 '전화번호'라 불렀는데, 지금까지 우리는 이 전화번호에 대해 깊이 알아보지 않았다. 실전 예시를 언급할 때도 일부러 각 팀의 포메이션을 자세히 설명하지 않았다. 사키의 AC 밀란이 4-4-2 포메이션으로 서 있었다는 것도, 클롭의 리버풀이 4-3-3 포메이션을 채용했었다는 점도 다루지 않고 넘어갔다.

물론 다 이유가 있다. 전술을 분석할 때 포메이션은 대개 과대평가되는 경향이 있다. 어떤 팀이 수비할 때 4-4-2 포메이션으로 서 있다는 사실을 안다고 해서 그 팀이 어떻게 행동할지까지는 알 수가 없다. 공격 프레싱을 할까, 수비 프레싱을 할까? 공간 지향 수비를 할까, 대인 지향 수비를 할까? 어떤 프레싱 시그널을 사용할까? 이 모든 질문은 포메이션 그 자체가 아니라 전술에서 나오는 것이다. 어떤 팀의 전술을 분석하고자 한다면 우선 그 팀이 사용하는 전술 도구를 살펴봐야 한다. 따라서 포메이션만으로는 그 팀에 대해 완전히 설명할 수 없다.

그래서 나는 포메이션의 영향력을 과장하여 소개하지 않고자 한다. 이 책에서는 포메이션의 기본 개념과 몇 가지 예시만 짚고 넘어가겠다. 포메이션은 기본 구조다. 이는 선수들이 필드에서 어떤 역할을 하고 어떤 과제를 수행해야 하는지, 동료 선수와 어떻게 소통하여 움직여야 하는지를 알려준다. 팀의 포메이션이 4-3-3인지,

5-3-2인지, 3-4-3인지에 따라 선수들이 받아들이는 내용이 달라진다. 포메이션에 따라 선수들이 수비해야 하는 공간도, 만나게 될 상대 선수도 달라지기 때문이다. 즉, 포메이션은 선수들이 점유해야 하는 공간, 동료 선수의 위치, 상대 선수의 위치 등을 알려주는 큰 틀이다.

포메이션이 어떤 효과를 보일지는 팀의 전술적 특성에 따라 다르다. 예를 들어 4-4-2 포메이션의 공격 프레싱은 같은 포메이션의 수비 프레싱과 진행 과정 및 공간 점유가 완전히 다를 것이다. 그래서 특정 포메이션을 특정 경기 운영 스타일로 단정 짓기란 어렵다. "4-4-2 포메이션인 팀은 높은 위치에서 프레싱을 한다."고 일반화하여 말할 수는 없다는 뜻이다.

하지만 포메이션이란 결국 공간을 점유하는 방식이기 때문에 어느 정도는 일반화할 수 있다. 필드의 특정 지역에서 수적 우위를 점하는 팀은 다른 지역에서 수적 열세에 처하는 상황을 감수해야 한다. 모든 포메이션은 자연스럽게 팀을 어떤 지역에서는 우위, 어떤 지역에서는 열세가 되도록 만든다. 이러한 장점과 단점은 감독의 전술적 계획을 통해 상쇄될 수 있으며 실제로는 나타나지 않을 수도 있다. 그럼에도 불구하고 팀의 전술적 특성을 알아보려면 포메이션을 염두에 두어야 한다.

이런 이유 때문에 현대 축구 감독들은 포메이션을 자주 변경한다. 포메이션을 바꾸면 팀의 경기 운영 방식은 유지하면서 공간 점유를 변화시킬 수 있기 때문이다. 이를 통해 상대 팀의 움직임에 대응할 수 있다. 예를 들어 특정 지역에서 상대 팀이 수적 우위를 차지하면 포메이션을 바꿔 선수의 수를 보강해 이를 중화시킬 수 있다는 것이다. 따라서 오늘날 프로 축구 선수들은 다양한 포지션에서, 다양한 포메이션에 따라 경기할 수 있도록 훈련받는다.

이 책에서 방어 전술 위주의 포메이션을 전부 철저히 분석하기란 어렵다. 그래서 지난 몇 년 동안 프로 축구 경기에서 가장 자주 목격된 포메이션 몇 가지를 골랐다. 하지만 주의할 점이 있다. 축구계의 시간은 멈추지 않는다. 현명한 감독이 벌써 새로운 아이디어를 떠올렸을지도 모를 일이다.

4-4-2 포메이션

4-4-2 포메이션은 오랜 시간 동안 황금 비율의 포메이션이자 포메이션의 기준이었다. 사키가 1989년과 1990년에 AC 밀란을 이끌고 유럽 챔피언이 된 이후 4-4-2 포메이션은 전 세계로 퍼졌으며 아직도 현대 축구에서 널리 쓰이고 있다.

4-4-2 포메이션의 장점은 무엇일까? 4-4-2 포메이션을 선택한 팀은 우선 필드를 명확하게 나눈다. 선수들이 세 줄로 나란히 서는 대형이기 때문에 수비수 넷,

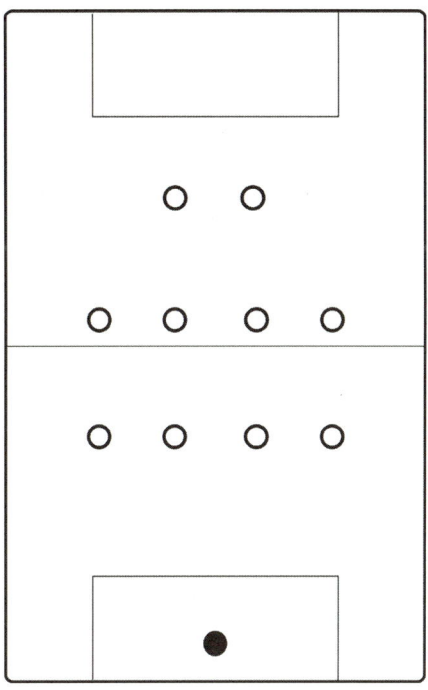

41. 4-4-2 포메이션.

미드필더 넷, 공격수 둘이 정확히 구분된다. 수비수와 미드필더가 서로 좁은 간격으로 서고, 공격수 둘도 비교적 가깝게 서서 상대 팀이 자유롭게 움직일 수 있는 공간이 넓지 않다.

또한 4-4-2 포메이션은 변화무쌍하다. 미드필드에서 압박을 높이고 싶다면 미드필더가 앞으로 나가면 된다. 최후방 수비를 보완할 수도 있어 수비수 네 명이 금방 다섯 명, 혹은 여섯 명으로 늘어나기도 한다. 이처럼 4-4-2 포메이션은 실전에서 빠르게 다른 포메이션으로 변할 수 있다.

그런데 이처럼 균형이 잘 잡히고, 쉽고 빠르게 변할 수 있다는 장점이 곧 단점이기도 하다. 4-4-2 포메이션은 매우 안정적이고 균일한 형태이기 때문에 수비할 때는 필드 어디에서도 압도적인 우위를 점할 수 없다. 즉, 다른 포메이션처럼 미드필드나 후방 수비 라인에서 상대 팀보다 수적으로 우세해지기 어렵다. 수비수를 다섯 명 세우는 포메이션이 필드를 넓게 수비하기에는 더 낫다.

또 다른 문제는 라인이 너무 명확하다는 점이다. 수비할 때 주의하지 않으면 상대 팀이 미드필더와 수비 라인 사이 공간, 공격수와 미드필더 라인 사이 공간으로 쉽게 침투할 수 있다. 따라서 각 라인 사이의 간격이 너무 벌어지지 않도록 조심해야 한다.

4-4-1-1 포메이션

지난 몇 년 동안 4-4-2 포메이션에서 파생된 포메이션이 축구계에 정착했다. 나란히 서던 두 공격수를 앞뒤로 한 명씩 배치하는 4-4-1-1 포메이션도 그중 하나다.

이 포메이션의 장점은 무엇일까? 두 공격수가 앞뒤로 서면서, 공격수와 미드필더 사이의 공간을 더 효율적으로 커버할 수 있다. 또한 공격수 중 한 명이 프레싱에 나서면 다른 한 명이 미드필드로 이어지는 패스 길목을 차단할 수 있어 전통적인 4-4-2 포메이션보다 중앙을 더 순조롭게 통제할 수 있다. 이 포메이션은 4-2-3-1로 표기되기도 하는데, 이때 중앙에 서는 미드필더 두 명을 '더블 식스'라 부른

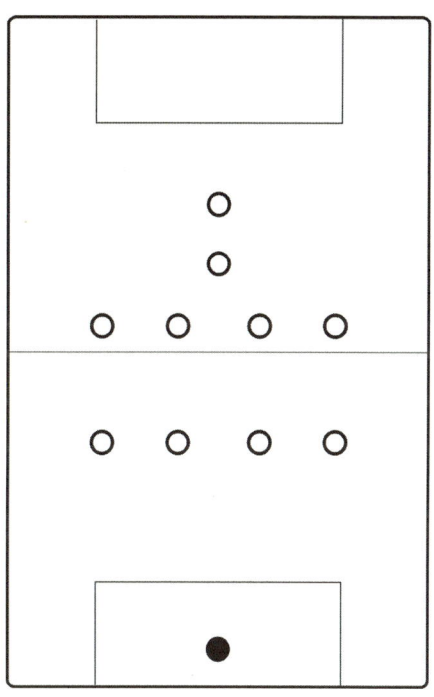

42. 4-4-1-1 포메이션.

다. 실전에서는 측면 공격수가 더블 식스와 일렬로 서는 경우가 있기 때문에 여기서는 이 포메이션을 4-4-1-1로 표기했다.

> 팀이 중앙 미드필더로 두 명을 기용했을 때, 그 미드필더들을 **더블 식스**라 부른다.

이 포메이션의 장단점은 4-4-2 포메이션과 비슷하다. 4-4-2에서 파생된 이 포메이션 또한 변화무쌍하다. 네 명이 나란히 선 두 수비 라인은 진영 안쪽과 미드필드를 굳게 지킨다. 그러나 수비 라인에

다섯 명을 세우는 포메이션에 비해 넓은 필드의 측면을 지키기에 불리하다. 게다가 미드필드 라인과 수비 라인 사이로 볼이 이동할 가능성도 있다. 또한 전방 공격수 한 명이 처진 위치로 내려와 있는 형태이기 때문에 4-4-2 포메이션과 달리 아군 팀이 역습을 시도할 때 빠르게 대처하기가 어렵다. 4-4-2 포메이션은 역습할 때 두 명의 공격수가 공격 루트를 두 개로 만들 수 있는 반면 4-4-1-1 포메이션일 때는 최전방 공격수가 혼자 움직여야 한다.

4-1-4-1 포메이션

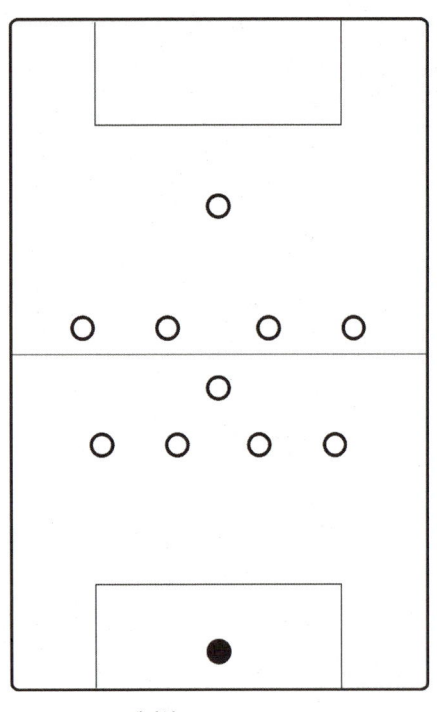

43. 4-1-4-1 포메이션.

4-1-4-1 포메이션은 앞서 언급한 두 포메이션에서 빈 공간을 보완한 형태다. 미드필드에 소위 6번이라고 불리는 선수를 한 명 추가해 미드필드 라인과 수비 라인 사이의 빈 공간을 채운다. 그러면 더 이상 빈틈이 발생하지 않는다. 4-1-4-1 포메이션은 필드의 넓은 공간을 수비하는 데 더 유리하다. 6번이 미드필드 라인에 합류하기 때문이다. 그러면 4-5-1 포메이션이 형성되므로 미

드필드를 더 넓게 커버할 수 있다. 즉, 4-1-4-1 포메이션과 4-5-1 포메이션은 미드필드 통제력을 높이는 작전이다. 수비하는 팀으로서는 다섯 명으로 미드필드에서 수적 우위를 점할 수 있다.

다만 4-1-4-1 포메이션의 단점은 공격수가 부족하다는 것이다. 이 포메이션은 공격수가 혼자 앞으로 나가 있기 때문에 상대에게 강도 높은 프레싱을 할 수가 없다. 게다가 4-4-1-1보다 역습하기도 더 어렵다. 더 많은 선수들이 앞으로 달려나가야 하기 때문이다. 만약 그렇게 움직인다면 결국 포메이션이 무너져 4-1-4-1 형태가 아니게 될뿐더러 미드필드에서 수적 우위를 점한다는 장점도 사라진다.

4-3-3 포메이션

4-3-3 포메이션은 더 정확히 표현하자면 4-1-2-3 포메이션이라고 할 수 있다. 4-3-3 포메이션은 4-1-4-1 포메이션에서 빠르게 만들어질 수 있는데, 측면에 있던 미드필더들이 살짝만 앞으로 나가 공격수와 합류하면 된다. 다만 4-3-3 포메이션은 4-1-4-1 포메이션과는 다르다. 4-3-3 포메이션의 중점은 가장 앞에 있

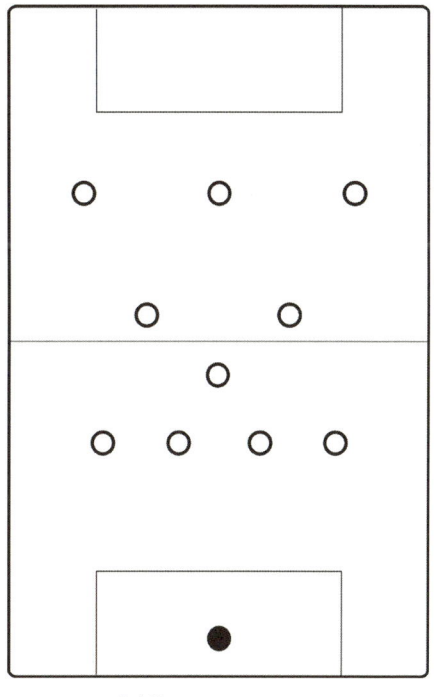

44. 4-3-3 포메이션.

는 선수 세 명이다. 이 세 명은 상대 팀에 높은 압박을 가할 수 있고, 그 뒤로 미드필더 세 명이 중앙을 지킨다. 그렇기 때문에 이 책에서는 4-3-3과 4-1-4-1을 구분했다.

4-3-3 포메이션은 수비 시 리스크가 커질 수도 있다는 단점이 있다. 상대가 세 명의 공격수로 공격해 들어올 때 미드필드 영역에서 상대가 우세해질 수 있다. 특히 수비할 때 측면을 지킬 선수가 부족하여 미드필더들이 넓은 범위를 뛰어다니며 수비해야 하기 때문에 금방 지치게 된다. 따라서 4-3-3 포메이션으로 수비하는 많은 팀이 상대가 골문으로 접근하면 4-1-4-1로 포메이션을 바꾼다.

4-3-2-1 포메이션

4-3-2-1 포메이션은 크리스마스 트리 포메이션이라고도 불린다. 이 포메이션을 작전 보드에 표시하면 그 모양이 크리스마스 트리와 비슷하기 때문이다(그림 45).

이 포메이션의 장점은 중앙이 두텁다는 것이다. 6번이 세 명, 10번이 두 명, 공격수가 한 명이다. 이 포메이션을 중앙 돌파로 뚫기란 매우 어렵다. 또한 측면 수비에도 효

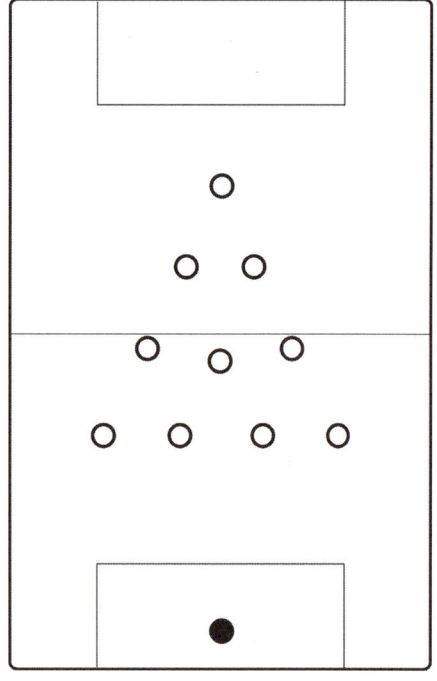

45. 4-3-2-1 포메이션 혹은 크리스마스 트리 포메이션.

율적이다. 측면에 있는 6번들이 측면 수비수를 지원할 수 있기 때문이다.

하지만 이 포메이션은 중앙 수비를 우선하는 형태다. 또한 공격수가 혼자 앞으로 나가 있어 상대 진영 측면이 빈 공간으로 남아있기 때문에 강도 높은 프레싱이 거의 불가능하다. 상대 팀 입장에서는 측면으로 돌파하면 쉽게 프레싱에서 벗어날 수 있다.

다이아몬드 포메이션(4-3-1-2, 4-1-3-2)

4-3-1-2(혹은 4-1-3-2) 포메이션은 미드필드 다이아몬드 포메이션으로 알려져 있다. 미드필더들이 다이아몬드(마름모꼴)로 서는 형태이기 때문이다. 6번 한 명이 수비수들 앞에 서고, 8번 두 명이 중앙, 10번 한 명이 두 명의 공격수 뒤에 선다(선수들을 6번, 8번, 10번이라고 부르는 이유를 알려면 그림 61을 참고하자). 이렇게 하면 미드필더 네 명으로 효율적인 수비를 할 수 있다. 이 포메이션은 중앙 미드필드 지역에서

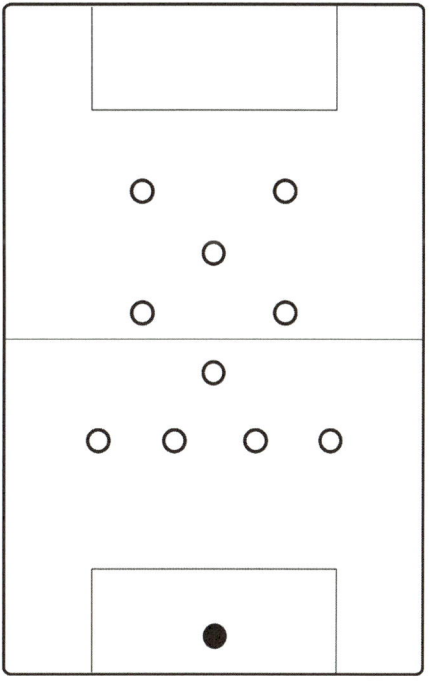

46. 4-1-2-1-2 혹은 다이아몬드 포메이션.

수적 우위를 점할 수 있고, 상대 팀에 강도 높은 프레싱을 가할 수 있다. 또한 10번 선수가 공격수와 같은 위치까지 올라가 재빠르게 4-3-3 포메이션으로 변할 수도 있다.

이 포메이션의 단점은 측면이 약하다는 것이다. 측면에서 공격에 나설 선수가 없다. 그래서 상대 팀 측면 수비수를 '자연스럽게' 상대할 선수가 없다. 미드필더 혹은 공격수가 멀리까지 움직여야 하는데, 만약 그렇게 움직이면 대형에 커다란 빈틈이 생기게 된다. 이처럼 다이아몬드 포메이션으로 서면 미드필드를 넓게 커버하기가 어렵다. 그래서 팀이 수비할 때는 다이아몬드 포메이션을 4-4-2 같은 변화형 포메이션으로 바꾼다.

6-3-1 포메이션

6-3-1 포메이션은 엄밀히 말하자면 앞서 언급한 여러 포메이션의 변화형이다. 측면 미드필더 두 명이 수비 라인으로 물러선 형태라고 할 수 있다. 수비 라인에 가담한 미드필더들이 측면을 지키고, 나머지 수비수들은 간격을 좁혀 선다. 이 포메이션은 4-1-4-1이나 4-4-1-1로 변하기도 한다.

6-3-1 포메이션은 명확한 장점이 있다. 수비 라인이 수적으로 우세하며 매우 견고하다는 것이다. 수비 라인에 여섯 명이 서면 넓은 범위를 커버할 수 있을 뿐만 아니라 수비수들 사이의 간격도 좁아진다. 그래서 6인 수비 체제로 자기 팀 페널티 에어리어를 굳건하게 지킬 수 있다.

한편 단점도 명백하다. 필드 나머지 지역에서는 수적으로 열세가 되기 십상이다. 미드필더의 지원을 받는다 하더라도 공격수가 상대 선수를 제대로 프레싱하기가 거의 불가능하다. 또한 미드필더 세 명이 이리저리 동분서주하며 넓은 필드를 커버해야 한다. 즉, 이 포메이션은 자기 진영을 수동적으로 수비하기 위한 대형이다. SV 다름슈타트 같은 작은 팀은 분데스리가에서 이 포메이션을 활용하여 개별 선수의 능력이 더 뛰어난 강팀을 상대했다.

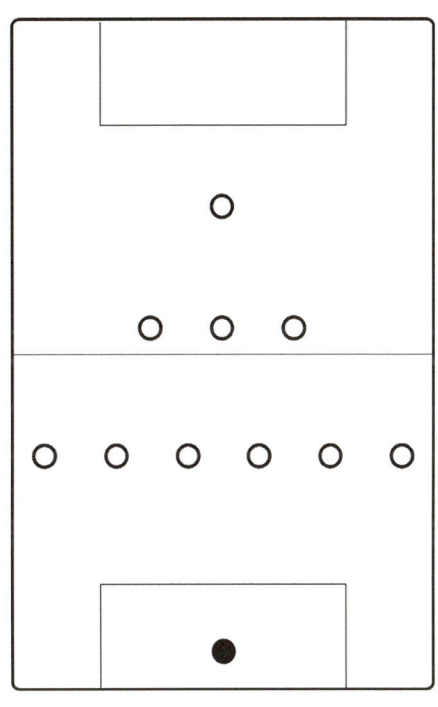

47. 6-3-1 포메이션

5-4-1 포메이션

6-3-1 포메이션처럼 극단적이지는 않지만 역시 수비에 치중하는 포메이션이다. 다섯 명이 나란히 선 수비 라인은 진영 깊은 곳을 넓게 지킬 수 있고 가운뎃줄의 네 명이 미드필드를 지배한다.

 다만 이 포메이션 또한 공격수가 혼자 서야 한다는 단점이 있기에 상대 팀 수비수에 대한 프레싱이 거의 불가능하다. 미드필더 중 누군가가 앞으로 나와 지원해야 프레싱이 가능해지므로 측면에 있던 선수들이 앞으로 이동하여 5-3-2 포메이션이나 5-2-3 포메이션으로 형태가 바뀌기도 한다. 하지만 이 경우에는 미드필드를 어느 정도 포기해야 한다. 따라서 5-4-1 포메이션 또한 자기 진영을 수동적으로 지키는 포메이션이라 할 수 있다.

5-3-2 포메이션

5-3-2 포메이션은 최근 몇 년 동안 프로 축구계에서 인기를 얻은 포메이션으로 중앙을 안전하게 지킬 수 있다는 장점이 있다. 미드필더 세 명

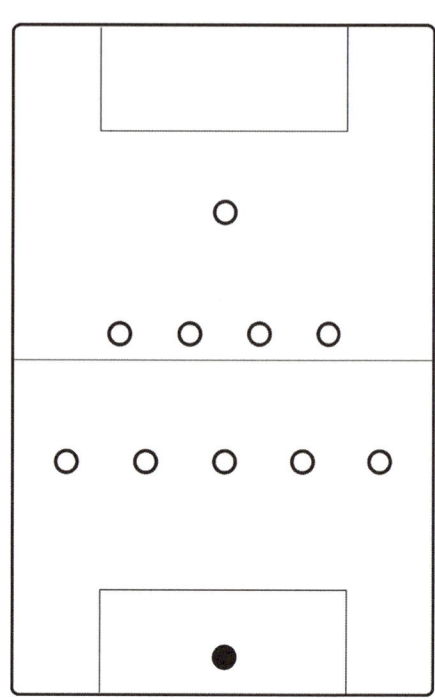

48. 5-4-1 포메이션.

과 공격수 두 명이 중앙에서 수적 우위를 점하고, 상대 팀을 측면으로 밀어낼 수 있다. 또한 수비수 다섯 명은 진영 깊은 곳의 측면까지 수비할 수 있고, 수비수 중 누군가가 앞으로 이동해 미드필더들을 지원할 수 있다.

단점은 측면이 약하다는 것이다. 측면 수비수와 미드필더들이 꽤나 먼 거리를 뛰어다니며 측면에 발생한 빈 공간을 메워야 한다. 또 상대 팀 최후방 측면에 있는 선수를 프레싱하기란 거의 불가능하다. 이 포메이션은 상대 진영에서 강한 프레싱을 시도할 때 주의해야 한다. 미드필드에 있던 선수들이 앞으로 이동하면 미드필드가 텅 비어버리기 때문이다. 그러면 5-2-3이나 5-1-4 포메이션 같은 불안정

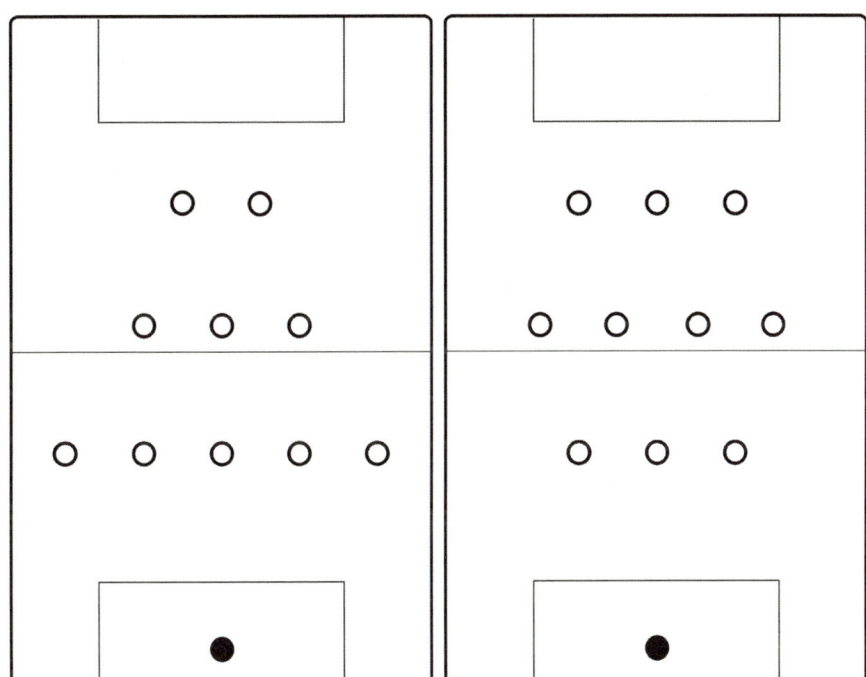

49. 5-3-2 포메이션.　　　　　50. 3-4-3 포메이션

한 형태가 만들어진다. 이런 포메이션은 공격적인 프레싱에 그다지 좋지 않다. 따라서 대부분의 팀은 중앙을 지키거나 미드필드 프레싱을 할 때만 5-3-2 포메이션을 활용한다.

5-2-3/3-4-3 포메이션

5-2-3 포메이션은 공격수 세 명을 앞세워 상대 팀을 방해하는 방법이다. 그러나 미드필드가 다소 약하기 때문에 공략당하기 쉽다. 그래서 많은 팀이 5-2-3 포메이션을 3-4-3 포메이션으로 변형하여

사용한다. 이는 5-2-3 포메이션에서 후방 수비 라인에 있던 측면 수비수 두 명이 미드필드 라인에 합류한 형태다. 그러면 미드필드를 꽉 채우고 측면까지 수비할 수 있다. 그 결과 공격적인 프레싱이 가능하며 상대 팀에 대한 압박을 높일 수 있다. 또한 수비할 때는 최전방과 미드필드 라인에서 수적 우위를 점할 수 있다.

그러나 최종 수비 라인이 수적으로 열세하다는 위험이 있다. 수비수가 겨우 세 명이기 때문에 필드 가장자리까지 수비하기가 어렵다. 따라서 이 포메이션을 활용하는 팀은 되도록 자기 진영으로부터 먼 곳에서 볼을 차지하려고 한다. 3-4-3 포메이션은 대부분의 경우 공격적인 프레싱으로 연결된다. 아디 휘터Adi Hütter 감독이 이끈 SG 아인트라흐트 프랑크푸르트가 이 포메이션을 활용해 2018/19 시즌 유로파 리그 준결승까지 올라간 적이 있다.

자유자재로 변하는 포메이션

축구는 정적인 스포츠가 아니다. 선수들은 테이블 축구 게임의 피규어처럼 정해진 자리에 고정되어 가만히 있지 않는다. 군사 용어로 표현하자면 포메이션은 장군이 부대에 지시하는 전투 대형이다. 대형은 정해져 있지만, 일단 전투가 시작되면 병사들은 대열을 유지하며 머물지 아니면 대열에서 이탈해 다른 곳으로 이동할지 각자 판단한다. 따라서 축구에서 어떤 팀이 오직 한 가지 포메이션만으로 경기하는 경우는 드물다. 포메이션은 시시각각 물 흐르듯이 바뀌고, 선수들은 다양한 이유로 자신의 위치를 수시로 변경한다.

어떤 팀의 수비수가 세 명인지, 네 명인지, 혹은 다섯 명인지 정확히 말할 수 없는 경우가 자주 있다. 수비수들이 원래 위치에서 벗어나 이동하면서 수비하기 때문이다. 사실 이것은 수비수가 다섯 명인 포메이션의 장점이다. 후방 수비 라인의 빈 공간을 크게 만들지 않으면서 수비수가 앞으로 이동할 수 있기 때문이다. 다섯 명으로 수비하는 팀은 수비수 중 한 명이 앞으로 이동하면 삼각 대형을 만들고, 후방에 남은 나머지 수비수 네 명은 간격을 벌려 공간을 커버한다.

이것은 한 가지 예시일 뿐, 포메이션은 얼마든지 변할 수 있다. 수비수가 미드필드 라인까지 올라가 상대 팀을 막을 수도 있고, 측면 공격수가 미드필드 라인까지 내려와 수비를 지원할 수도 있다. 이처럼 계속 포메이션을 바꾸는 것은 전술적으로 의도된 움직임이다. 따라서 포메이션이란 대략적인 지침이며, 필드에서 고정적으로 명확하게 드러나는 일은 흔치 않다.

수비 혹은 공격 포메이션

어떤 팀이 수비수 다섯 명을 세운 포메이션을 활용하면 해설자가 이렇게 말한다. "5인 체제와 3인 체제를 혼합하여 경기하고 있습니다." 즉, 온전히 수비 포메이션만 언급하는 경우는 거의 없다(SG 아인트라흐트 프랑크푸르트가 5-2-3 포메이션과 3-4-3 포메이션을 섞어 사용한 것은 예외다). 이 책에서 말하는 수비 포메이션과 공격 포메이션의 차이는 상대 팀이 볼을 점유하고 있느냐 아니면 아군 팀이 볼을 점유하고 있느냐의 차이다. 아군 팀이 볼을 점유하고 있을 때와 상대 팀이 볼을 점유하고 있을 때 같은 포메이션으로 서는 팀은 거의 없다.

3인 체제와 5인 체제를 혼합하여 사용한다는 말은, 아군 팀이 볼을 점유할 경우 후방에 있던 다섯 명의 수비수 중 측면 수비수 두 명이 미드필드로, 심지어는 공격수 자리까지 올라간다는 뜻이다. 즉, 아군 팀이 볼을 점유하면 수비수를 세 명으로 줄이고, 상대 팀이 볼을 점유하면 수비수를 다섯 명으로 늘리는 것이다. 수비 포메이션과 공격 포메이션의 차이에 대해서는 2장(아군이 볼을 점유한 단계)에서 다시 언급하겠다.

예외: 대인 지향 수비

포메이션을 언급할 때 예외로 두어야 하는 것이 극단적으로 대인 지향 수비를 하는 팀이다. 수비수들이 대인 지향 수비를 하는 경우에는 공간을 지키기보다 상대 선수를 마크하는 데 집중한다. 모든 수비수들이 상대 선수 한 명씩을 맡아 수비하는 팀도 있다. 이때 포메이션은 부차적인 문제가 된다. 명확한 수비 라인이 나뉘지 않고, 수비수와 미드필더, 공격수의 구분이 애매모호해진다. 대신 팀의 모든 선수들이 상대 선수의 움직임에 따라 공간을 이동한다. 그래서 대인 지향 수비를 하는 팀은 포메이션보다 각 선수의 포지션에 따른 번호로 설명하는 편이 좋다.

그런데 특수한 경우가 있다. 대인 지향 수비에 집중하는 팀에서도 확연히 눈에 띄는 수비 포메이션이 나타나기도 한다. 어떤 팀은 특정 상황에서만 대인 지향 수비로 전환한다. 디터 헤킹Dieter Hecking 감독이 이끄는 팀이 좋은 예다. 헤킹의 팀은 주로 4-4-1-1 포메이션이나 4-1-4-1 포메이션으로 수비한다. 그러다 볼이 미드필드에 도달하면 선수들은 대인 지향 수비로 전환하여 모든 미드필더들이 각자 상대 선수를 한 명씩 맡아 수비한다.

거울 포메이션

거울 포메이션이란 수비하는 팀이 오로지 상대 팀의 움직임에만 반응하여 대형을 구성하는 방식이다. 마누엘 바움Manuel Baum 감독과 안드레 브라이텐라이터André Breitenreiter 감독의 팀이 거울 포메이션을 자주 활용한다. 그들은 모든 미드필더와 공격수들이 언제 어디서든 상대 선수를 마크하는 대인 지향적인 팀을 만들고자 했다. 수비에서는 수적 우위를 차지하기 위해 한 선수가 대인 지향 수비를 하고 있으면 동료 선수 한두 명이 그 뒤쪽에서 커버에 들어가도록 했다.

> 수비하는 팀이 공격하는 팀의 포메이션을 마치 거울로 비추듯이 따라하는 것을 **거울 포메이션**이라고 한다.

두 감독은 경기 전에 미리 상대 팀의 공격 포메이션이 어떤 형태인지 분석한 다음 그 포메이션을 거울로 비추듯이 따라한다. 예를 들어 상대 팀이 측면 선수들을 활용하면 바움과 브라이텐라이터의 팀 또한 측면 선수들이 나서서 수비하는 식이다. 상대 팀이 선수 두 명을 측면으로 보내면 수비하는 팀도 마찬가지로 두 명을 측면으로 보낸다. 즉, 상대 팀의 포메이션에 따라 수비 포메이션이 정해지는 것이다. 따라서 거울 포메이션은 대인 지향 수비 방식과 어울린다.

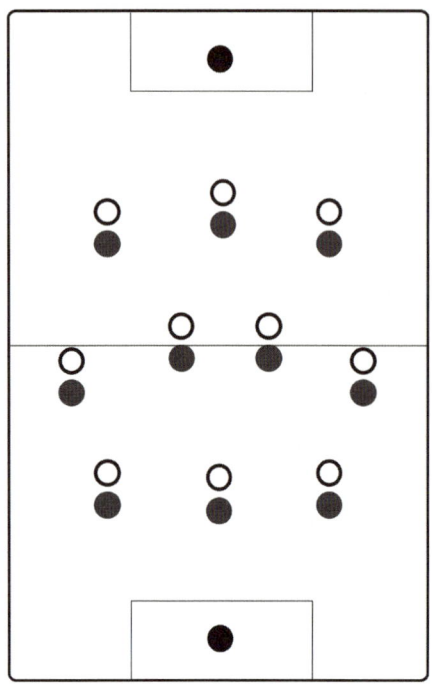

51. 거울 포메이션.

구체적인 예를 들어보자. 상대 팀이 3-4-3 포메이션으로 공격을 전개한다. 그러면 수비하는 팀은 그 포메이션을 거울로 비추듯이 똑같이 따라해 3-4-3 포메이션으로 서서 대인 지향 수비를 한다(그림 51). 혹은 진영 안쪽을 지키는 수비수를 늘리고, 필드 나머지 지역에서는 대인 지향 수비를 할 수도 있다. 이때 프레싱을 하지 않을 생각이라면 5-2-3이나 5-4-1 포메이션으로 서는 편이 좋다. 어떤 경우든 수비하는 팀은 대인 지향 수비를 할 수 있다. 이처럼 포메이션은 순환하며 변화한다.

상대 팀에 맞춘 수비 형식

프로 축구에서는 앞으로 맞붙을 상대 팀을 분석하는 일이 매우 중요하다. 감독들은 영상 분석가들과 함께 상대 팀의 이전 경기 영상을 돌려보고 강점과 약점을 찾아낸다. 상대 팀은 경기를 어떻게 운영하는가? 중앙에서 돌파하는 편인가, 아니면 측면을 활용하는 편인가? 누가 중요한 역할을 하는 선수인가? 주로 어느 위치에서 슛을 쏘는가? 현대 축구의 주요 도전 과제 중 하나는 아군 팀의 수비 형식을 상대 팀에 맞추는 것이라고 할 수 있다.

포메이션은 상대 팀에 맞춰 수비하는 방법 중 하나다. 그렇다고 무조건 상대 팀의 포메이션을 거울처럼 비춰야 한다는 뜻은 아니다. 약간 변형하여 새로운 포메이션을 만들 수도 있다. 상대 팀이 개인 기량이 가장 뛰어난 선수들을 미드필드 중앙에 배치하고 공격수를 많이 둔다면 수비하는 팀 또한 중앙 미드필더의 수를 늘리는 편이 좋다. 상대 팀이 측면에 선수들을 많이 배치한다면 이에 반응해 측면을 단단히 지켜야 한다. 혹은 크로스를 특히 경계하여 수비 대형을 갖출 수도 있다.

상대 팀에 맞춰 수비한다는 것은 포메이션에만 국한된 말이 아니라 모든 전술적 수단에도 해당하는 말이다. 상대 팀 수비수들이 기술적으로 미숙한 선수들이라면 공격 프레싱이 효과적일 것이다. 하지만 이는 기술이 뛰어난 팀을 상대할 때는 좋지 않은 전술이다. 매 경기마다 다른 아이디어와 수비 전술을 준비하는 감독들은 이러한 위험과 기회를 잘 저울질하며 경기를 준비한다.

그럼에도 불구하고 대부분 팀의 수비 형식에는 반복적으로 나타나는 패턴이 있다. 감독들이 팀에 영향을 미칠 수 있는 시간이 한정적이기 때문이다. 감독들은 영상 분석과 팀 훈련을 통해 자신의 아이디어를 선수들에게 주입한다. 수비 전술은 한편으로 항상 반복되는 굳건한 원칙이 있다. 예를 들어 아군 진영에 상대 선수들이 밀고 들어오면 그들을 측면으로 몰고 가는 것은 확고한 원칙이다. 다른 한편으로는 경기마다 달라지는 전술적 세부 사항이 있다. 어떤 팀을 분석할 때는 이런 두 가지 측면을 모두 고려해야 한다.

상대 팀이 볼을 점유한 단계의 수비 전술 요약

지금까지 상대 팀이 볼을 점유하고 있을 때 어떻게 움직여야 하는지를 알아보았다. 수비하는 팀은 매우 긴장한 채로 움직이게 된다. 한편으로는 상대 팀의 득점을 막아야 하고, 다른 한편으로는 볼을 가로채야 하기 때문이다. 이런 긴장 상태를 완화하는 것이 이 단계의 핵심이다.

- **감독은 전략과 전술을 짠다.** 팀은 언제 수동적으로 수비해야 하는지, 언제 상대 팀의 득점을 막는 것을 최우선 과제로 삼아야 하는지, 그리고 언제 적극적으로 볼을 빼앗으려고 해야 하는지 알아야 한다.
- 필드에 나갈 때 선수들은 네 가지 사항을 염두에 두어야 한다. **자신의 위치, 동료 선수의 위치, 상대 선수의 위치, 그리고 볼의 위치다.**
- 상대가 득점하기 어렵게 만들려면 우선 아군 진영 깊숙한 곳으로 들어오는 패스를 막아야 한다. 상대 팀이 볼을 점유한 단계에서는 **진영 깊은 곳을 수비하는 것이 매우 중요하다.**
- **측면 수비보다 중앙 수비가 우선이다.** 중앙에서는 상대 팀이 모든 방향으로 전진할 수 있지만, 측면에서는 터치라인 때문에 움직임과 선택지가 제한된다.
- **수비하는 팀은 상대 팀이 움직일 수 있는 공간을 좁게 만들어야 한다.** 이는 간격이 좁은 수비 포메이션을 형성하면 도움이 된다. 또한 수비 라인을 높이 올리는 것도 중요하다.
- **수비에서 가장 중요한 것은 확실하게 정해진 루틴이다.** 선수들은 각 상황에 어떻게 움직여야 하는지 정확히 알아야 한다. 수비의 삼각형 같은 전술 도구는 선수들이 확고한 수비 루틴으로 움직일 수 있게 한다.

- 프레싱을 시도하려면 준비를 철저히 해야 한다. **프레싱할 장소를 현명하게 선택하고, 볼 근처에서 수적 우위를 점하면 상대방을 압박하고 선택지를 제한할 수 있다. 또한 모든 선수들이 알고 있는 프레싱 시그널이 있으면 프레싱을 시도하기가 좋다.** 예를 들면 상대 팀의 특정한 패스 등과 같은 것이다. 이와 같은 시그널을 정해서 동료 선수들이 한 마음 한 뜻으로 프레싱을 하면 볼을 빼앗을 확률을 높일 수 있다.
- 경기에 대한 철학이 시스템을 결정하고 시스템은 전술 원칙을 결정한다. **포메이션은 그 하위 요소일 뿐이다.** 포메이션은 선수들이 위치를 잡는 기준점 역할을 하며, 원하는 위치에서 수적 우위를 점하거나 공간을 점유할 때 도움이 된다.

제2장

팀이 볼을 점유한 단계

볼 점유에 연연하는 축구는 죽었다. 2018년 월드컵 때 독일 대표팀이 일찌감치 탈락한 모습을 본 해설자들이 대부분 비슷하게 말했다. 독일은 볼 점유율은 높았으나 슛을 쏘지 못했다. 축구에서는 매우 중요한 일이다. 이미 몇 년 전에도 적지 않은 팬들이 스페인을 보고 배운 이른바 '티키타카' 전술을 두고 독일 대표팀을 비난한 바 있었다. 아무런 의미도 목적도 없이, 그다지 빠르지도 않은 속도로 그저 볼을 주고받을 뿐이라는 것이었다.

여기서 말하는 볼 점유는 경기 철학적인 관점에서 본 것이다. 목표는 최대한 오래 볼을 점유하면서 아군 선수들끼리 패스하여 상대 팀을 꼼짝 못하게 만드는 일이다. 볼 점유를 위한 볼 점유라 할 수 있다. 바로 그것이 2018년 월드컵 때 독일 대표팀이 한 일이고 그렇게 독일은 고배를 마셨다.

하지만 이것으로 볼 점유에 연연하는 축구 스타일이 죽었다라고 추론하는 것은 잘못된 것이다. 볼 점유에는 또 다른 측면이 있다. 바로 목적을 위한 수단이라는 점이다. 그 어떤 팀도 볼 점유를 완전히 포기할 수는 없다. 앞서 설명한 4단계 논리에 따르면 현재 수비하지 않는 팀은 볼을 점유한 상태다. 볼을 점유한 팀은 수비하는 팀을 제압해야 하는데, 그러려면 현재 점유하고 있는 볼을 현명하게 활용해야 한다. 경기 철학적인 측면에서만 본다면, 볼 점유라는 개념은 2018년에 독일과 스페인 팀이 보여주었듯이 과대평가되었는지도 모른다. 하지만 목적을 위한 수단으로서의 볼 점유는 축구에서 아주 중요한 요소다. 팀이 볼을 점유했을 때 어떻게 움직여야 하는지 선수들에게 아무런 계획도 알려주지 않는 감독은 어디에도 없다.

독일에서는 팀이 볼을 점유하고 있을 때의 전술, 즉 공격 전술이 종종 무시당한다. '전술 덕후' 중에는 오로지 수비 전술만을 훌륭한 전술이라고 생각하는 사람이 많다. 볼 점유는 팀의 전술이라기보다 선수 개개인의 천재성과 능력에 따라 해내는 일이라고 생각하는 사람도 적지 않다. 공격 시의 전술 지침은 선수 개인의 움직임을 제한할 뿐이라는 것이다. 그러나 프로 축구에서는 그 어떤 것도 우연에 맡겨서는 안 된다. 특히 슛을 쏘는 중요한 임무는 더더욱 그렇다. 그래서 최근 몇 년 동안 선수들에게 부여되는 공격 전술 과제가 다양해졌다. 감독들은 선수들이 서는 위치, 공격하는 방법 등을 치밀하게 설계하고, 팀이 볼을 점유했을 때의 경기 운영 방식도 체계적으로 구상한다.

이번 장에서는 볼 점유 시의 경기 운영에 대한 다양한 개념을 알아본다. 다른 단계와 마찬가지로 목표에 도달할 가능성을 높이는 것이 중요하다. 팀이 볼을 점유했을 때 공격하는 방식에 왕도는 없다. 그렇기 때문에 이번 장 또한 복잡해질 것이다. 수비진이 공격수에게 높은 패스를 하는 전술과 땅볼 패스를 하는 전술이 혼재하기 때문이다.

볼을 점유하는 경기 방식의 목표

팀이 볼을 점유하고 있을 때 달성하고자 하는 목표는 무엇일까? 답은 명백하다. 공격하는 팀으로서 득점하는 것이다. 그러려면 공격수가 슛을 쏠 수 있는 위치까지 볼을 옮겨야 한다. 공격수는 볼이 골문에 가까울수록 골을 노릴 기회가 커진다. 또한 슛을 쏘려면 상대 팀 수비 라인을 제쳐야 한다.

그러나 이는 말처럼 간단한 일이 아니다. 상대 팀이 볼을 점유한 단계처럼 아군 팀이 볼을 점유한 단계에서도 갈등이 발생한다. 축구계에는 '공격은 최고의 수비다'라는 오래 전부터 이어져 내려온 지혜가 있다. 아군 팀이 볼을 점유하고 있으면 상대 팀이 골을 넣을 가능성은 없으므로 실점할 위험이 없다는 것이다(자책골을 넣는 경우는 제외하자). 이를 보면 골을 넣을 직접적인 경로를 찾는 대신 팀이 계속해서 볼을 점유하는 편이 합리적일 수 있다.

볼 점유는 한편으로 공격 기능을 가지고 있다. 볼을 점유한 팀은 볼을 몰고 상대 팀 골대 앞으로 가서 슛을 노릴 수 있기 때문이다. 다른 한편으로 볼 점유는 수비 기능을 가지고 있기도 하다. 볼을 계속 점유함으로써 아군 팀 골문을 지킬 수 있기 때문이다.

결국 기회와 위험은 동전의 양면이다. 볼을 일직선 앞으로 패스하는 것은 상대 팀 골문으로 향하는 가장 직접적인 경로가 될 수 있지만, 이는 수비수들이 쉽게 빼앗을 수 있기 때문에 볼 점유에 있어 좋은 방법은 아니다. 반면 백패스는 볼을 오래 점유하는 데는 좋은 작전이지만, 팀이 득점하는 데는 도움이 되지 않는다. 그렇다면 언제 위험을 무릅쓰고 앞쪽으로 패스해야 할까? 또 언제 볼을 안전하게 점유해야 할까?

다른 모든 단계가 그렇듯이 볼 점유 단계에서도 위험을 정확히 판단하는 일이 중요한데, 이는 두 가지 관점에서 생각해야 한다. 우선 볼을 빼앗기면 상대 팀은 역습할 기회를 잡는다. 만약 아군 팀이 골문 근처에서 볼을 빼앗긴다면 상대 팀이 빠르게 역습하여 실점으로 이어질 수도 있다. 많은 팀들이 프레싱할 때 이처럼 역습하기 쉬운 지점에서 볼을 빼앗고자 한다. 따라서 볼을 점유하고 있는 팀은 볼 점유와 볼 상실을 함께 생각해야 한다. 즉, 볼을 빼앗긴 다음 어떻게 대처해야 하는지 뿐만 아니라 되도록 볼을 빼앗기지 않는 것, 그리고 볼을 빼앗기더라도 최대한 아군 팀 골문에서 먼 곳에서 빼앗기는 것을 염두에 두어야 한다. 볼을 빼앗아 점유하는 순간뿐만 아니라 상대 팀 골문을 공격하는 순간에도 이러한 측면을 생각해야 한다.

패킹

상대 팀이 볼을 점유했을 때는 프레싱을 시도할 수 있다. 프레싱을 두 가지 주요한 역할로 나누면, 하나는 상대 팀의 득점을 저지하는 것이고 다른 하나는 볼을 빼앗는 것이다. 한편 팀이 볼을 점유하고 있을 때 중요한 것은 패킹이다.

2016년 유로피언 챔피언십 당시 패킹이라는 개념이 독일에서 유명해졌다. 축구 데이터를 수집 및 분석하는 회사 임펙트Impect가 패킹이라는 개념을 만들었고, 언론사 ARD가 축구 분석 방송에서 그 개념을 사용했다. 수백만 축구 팬들이 순식간에 패킹이라는 개념을 접하게 된 것이다. 패킹은 당시 유로피언 챔피언십의 중심 화제였지만, 비평지 포스티용은 패킹이라는 개념을 비평하기도 했다.

패킹이라는 단어가 어색하게 들릴지도 모르겠다. 하지만 그 단어 뒤에 숨은 내용은 매우 흥미진진하다. 특히 볼 점유를 중시하는 경기를 분석할 때는 이 개념이 도움이 된다. 패킹이란 말하자면 계산법이나 마찬가지다. 패킹은 한 선수가 얼마나 효율적인 공격을 시도했는지를 데이터로 나타낸 것

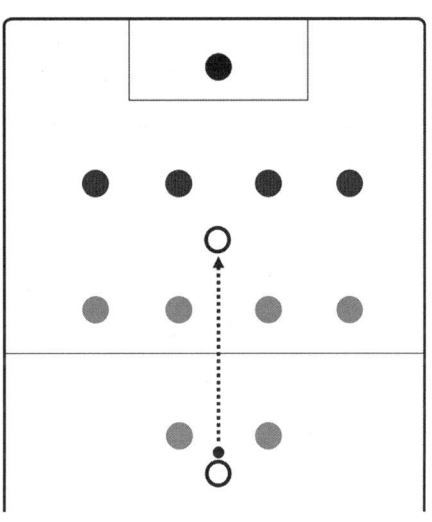

52. 패킹 패스.

이다. 예를 들어보자. 볼을 가진 공격수와 상대 팀 골대 사이에 상대 팀 선수 열 명이 있다. 공격수가 상대 팀 진영 안쪽에 서 있는 동료 선수에게 패스한다(그림 52). 패스된 볼은 상대 선수 여섯 명을 제치고 동료 선수에게 도달했다. 이때 패스의 패킹 지수는 6이다. 해당 패스가 상대 선수 여섯 명을 제칠 만큼 효율적이었다는 뜻이다. 패스는 상대 선수를 제칠 여러 선택지 중 하나일 뿐이다. 볼을 드리블해서 상대 선수를 제칠 수도 있다. 공격수가 볼을 드리블하여 상대 선수 두 명을 제치면 패킹 지수는 2다. 크로스, 긴 패스, 슛과 같은 행동들도 상대 수비수를 제치고 효율적으로 공격할 수 있는 선택지다.

여기서 통계값 자체는 그리 중요하지 않다. 그보다 더 중요한 것은 숫자 뒤에 숨은 의미, 즉 질적인 가치다. 임펙트는 통계를 통해 선수들의 활동을 두 가지로 분류했다. 하나는 '패킹 행동'이다. 즉, 상대 선수를 제치는 모든 움직임을 말한다. 다른 하나는 상대 선수를 제

치지 않는 모든 행동이다. 예를 들어 같은 팀 수비수끼리 주고받는 패스나, 상대 팀 골대로부터 멀리 떨어지는 드리블 등이다.

이런 분류법을 보면 볼을 점유했을 때 발생하는 갈등을 이해할 수 있다. 상대 선수를 '패킹'하지 못하는 행동은 잠재적인 위험이 적지만, 더 많은 공간을 차지할 수 있는 것도 아니다. 또한 한 선수가 볼을 몰고 상대 팀 진영으로 올라간다고 해서 골을 넣을 확률이 자동으로 상승하는 것이 아니다. 상대 팀이 모든 수비수를 자기 진영 페널티 에어리어어에 배치할 수도 있기 때문이다. 결국 골을 넣기 위해 달성해야할 목표는 상대 수비수를 제치는 것이다. 패킹은 볼을 그저 점유하는 것과 상대 수비를 제치고 골문으로 들어가는 것의 차이를 나타낸다. 따라서 공격하는 팀으로서는 득점하기 위해 패킹 지수가 높은 플레이를 해야 한다.

볼을 점유하고 있을 때 발생하는 위험은 얼마나 과감하게 패킹을 시도하느냐에 대한 것과 관련이 있다. 팀이 득점하는 것을 우선시하여 선수들을 상대 팀 골문 앞에 많이 배치할 수도 있다. 그러면 상대 선수를 패킹할 선택지가 많아질 것이다. 하지만 상대 팀 진영에 아군 선수가 많다는 것은 아군 팀 진영에 선수가 적다는 뜻이기 때문에 볼을 빼앗겼을 때 위험해질 수 있다는 단점이 있다. 반면 팀이 최대한 오래 볼을 점유하는 것을 우선시하여 선수를 배치할 수도 있다. 이 경우 팀은 상대 팀의 수비 포메이션을 둘러싸고 플레이하지만, 섣불리 상대의 포메이션 안으로 들어가지는 않는다.

포지션 플레이

과르디올라는 볼 점유를 중시하는 축구에서 **빼놓을 수 없는** 중요한 인물이다. 그는 바르셀로나를 이끌고 국내 및 국제 리그에서 여러 차례 우승을 거두었으며 바이에른 뮌헨을 이끌고는 분데스리가의 득점 기록을 갈아치웠다. 또한 2018년과 2019년에는 맨체스터 시티를 이끌고 프리미어 리그에서 우승했다. 그 2년 동안 맨체스터 시티가 76번의 리그 경기 중 패배한 횟수는 고작 6번이었고, 팀은 두 시즌 동안 승점 228점 중 198점을 쓸어 담았다. 축구 종주국인 잉글랜드에서도 과르디올라의 볼 점유 스타일이 빛을 발한 것이다.

그렇지만 축구 팬들 사이에서 과르디올라의 스타일은 언제나 논쟁의 대상이다. 볼 점유에 중점을 두는 과르디올라의 전술을 모든 팬이 좋아하는 것은 아니기 때문이다. 어떤 비평가들은 과르디올라의 전술이 선수들의 능력에 크게 의존한다고 말한다. 즉, 바르셀로나 바이에른 뮌헨, 맨체스터 시티 같은 팀은 선수들의 능력이 뛰어나기 때문에 어느 감독이 맡아도 우승할 수 있다는 것이다.

그러나 과르디올라의 팀이 볼을 안전하게 점유하고 수없이 많이 패스하는 전술로 성공할 수 있었던 이유는 선수 개인의 역량이 뛰어났기 때문만은 아니다. 과르디올라는 선수들에게 어느 위치에 서야 하는지 정확하게 지시한다. 그것이 과르디올라가 일으킨 진정한 혁명이다. 각 선수의 능력과 역량은 부차적인 문제다. 그보다 더 중요한 것은 정확한 계획을 세우고 전개하는 일이다. 이처럼 선수들의 위치를 중시하는 경기 철학을 '포지션 플레이'라고 한다. 선수들은 볼을 가졌을 때 정확히 어느 위치에 있어야 하는지 감독으로부터 전달받는다.

> **포지션 플레이**는 팀이 볼을 점유했을 때 선수들을 배치하는 방식을 설명한다. 필드에 선수들을 배치할 때는 모든 포지션이 항상 채워져 있도록 해야 한다. 감독이라면 누구나 어떤 포지션(더 정확히 말하자면 어느 위치)에 어떤 선수를 배치해야 하는지 자신만의 생각이 있다.

지난 몇 년 동안 포지션 플레이라는 아이디어가 많은 감독들 사이에 정착했다. 과르디올라의 포지션 플레이를 경험해보지 못한 감독들도 포지션 플레이의 원칙을 여럿 알고 있다. 이러한 원칙은 감독 교육 및 훈련 프로그램을 통해 배우기 때문이다. 그 원칙이란 무엇인가? 그리고 어떻게 작용하여 경기에서 우수한 결과로 나타나는가?

포지션 플레이는 상대 팀에 따라 다르다

축구 전술이란 결국 필드의 공간을 최적으로 활용한다는 원칙을 실천하는 것이다. 팀이 볼을 점유할 때도 최적의 공간을 어떻게 차지할지 탐구하는 것이 선수와 감독이 가장 먼저 하는 일이다.

앞에서 이미 언급한 바 있지만 어떤 팀이 무조건 우위를 점할 수 있는 마법의 포메이션은 존재하지 않는다. 이번 장 역시 완벽한 포지션 플레이에 대한 내용이 아니다. 중요한 것은 공격하는 팀이 수비하는 팀보다 우위를 점하는 것이다. 다시 말해 수비하는 팀이 달성하고자 하는 모든 목표를 공격하는 팀이 방해하는 것이다.

- 수비하는 팀은 골대를 지키고 볼을 빼앗으려고 한다. 공격하는 팀은 상

대 팀 골문을 노리고 볼을 빼앗기지 않으려고 한다.

- 수비하는 팀은 공간을 통제하려고 한다. 공격하는 팀도 마찬가지다. 보로노이 다이어그램을 기억하는가? 양 팀 모두 상대 팀보다 많은 지역에서 볼을 소유하려고 한다.
- 수비하는 팀은 상대 팀이 공간을 차지하지 못하도록 방해한다. 공격하는 팀은 공간 차지를 목표로 움직인다.
- 수비하는 팀은 볼을 가진 상대 선수의 선택지를 최대한 줄이려고 한다. 공격하는 팀은 어떻게든 선택지를 늘리려고 한다. 볼을 가진 선수는 항상 상대 선수가 발견한 것보다 더 많은 선택지를 갖고 있어야 한다. 그래야 상대 선수를 당황하게끔 할 수 있다.
- 수비하는 팀은 프레싱으로 상대에게 압박을 가하고 상대의 선택지를 줄이려고 한다. 공격하는 팀은 압박에서 벗어나려고 한다. 혹은 더 나아가 오히려 상대의 압박을 역이용하려 한다.
- 수비하는 팀은 진영 깊숙한 곳을 지키려고 한다. 공격하는 팀은 볼을 최대한 상대 진영 깊숙이 가져가려고 한다. 즉, 최후방 수비 라인 뒤쪽이자 상대 팀 골문 바로 앞으로 볼을 옮기려고 한다. 수비 라인을 뚫고 골키퍼와 1대1 상황을 만드는 것만큼 공격수가 득점할 확률을 높이는 일은 없다.
- 수비하는 팀은 중앙을 차지하고 상대 팀 선수들을 측면으로 몰아내려고 한다. 그래야 자기 팀 골문에서 상대 선수들이 멀어지기 때문이다. 공격하는 팀은 어떻게든 중앙으로 이동하려고 한다.
- 수비하는 팀은 상대 팀이 움직일 수 있는 범위를 최대한 작게 만들려고 한다. 그래서 동료 선수들끼리 간격을 좁혀 수비한다. 공격하는 팀은 수비하는 팀이 지키는 공간에서 벗어나 자유롭게 움직일 수 있는 범위를 최대한 확장하려고 한다. 수비하는 팀이 간격이 넓은 포메이션으로 서면 공

격하는 팀이 활용할 수 있는 빈틈이 많아지므로 공격하는 팀에 유리하다.
- 수비하는 팀은 프레싱 트랩을 통해 상대를 함정에 빠트리려 한다. 공격하는 팀은 프레싱 트랩을 피해 볼을 지키고자 한다.

포지션 플레이에서 가장 중요한 것은 '축구는 항상 두 팀이 겨루는 경기다'라는 것이다. 볼을 점유한 팀의 포지션 플레이는 수비하는 상대 팀이 그들의 목적을 달성하지 못하도록 해야 성공적이라고 할 수 있다. 따라서 포지션 플레이의 원칙은 절대적인 지침이 아니라 상대 팀 선수들의 위치에 맞춰 기능하는 것이라 할 수 있다.

포지션 플레이의 토대가 되는 패스 길목 확보

경기가 시작되면 모든 선수들은 각자의 위치를 찾아 이동한다. 선수들이 각자의 위치를 잡는 기준은 공격하는 팀이든 수비하는 팀이든 동일하다. 앞서 언급한 네 가지 기본 사항, 즉 자신의 위치, 동료 선수의 위치, 상대 선수의 위치, 볼의 위치다.

공격하는 팀과 수비하는 팀의 포지션 간에는 항상 특정한 연관성이 있다. 그래서 동료 선수의 위치와 상대 선수의 위치는 각 선수들의 포지션에 따라 기준점이 다르다.

물론 공격하는 팀과 수비하는 팀 사이에는 아주 큰 차이가 있다. 두 팀 중 한 팀만이 볼을 통제한다는 것이다. 볼을 점유한 팀은 볼의 위치를 결정한다. 볼을 가로채려고 하는 상대 팀은 볼을 빼앗을 때까지는 직접적으로 볼을 통제하지 못한다.

따라서 패스는 공격하는 팀의 가장 강력한 무기가 된다. 수비하는 팀이 고려해야 할 네 가지 기본 사항을 한꺼번에 바꾸는 가장 간단한 방법이기 때문이다. 한 선수가 다른 선수에게 볼을 패스하면, 근처에 있던 상대 선수 여러 명이 반응하게 된다. 공격하는 팀은 계속해서 상대 팀의 이러한 반응을 이끌어내야 한다. 공격하는 팀의 중앙 수비수가 측면 수비수에게 패스하고, 측면 수비수가 다시 중앙 수비수에게 패스하는 모습은 아마 축구 팬들에겐 익숙한 장면일 것이다. 그럴 때마다 상대 팀은 패스에 반응하여 수비 방식을 조정한다.

1954년 월드컵 우승 당시 독일 축구 국가대표팀 감독이었던 제프 헤르베르거는 이에 대해 이미 알고 있었다. 그는 "속도를 결정하는 것은 빠르게 움직이는 선수가 아니라 볼이다"라고 말했다. 볼은 선수들이 달리는 속도보다 더 빠르게 움직이기 때문이다. 그는 또한 "볼은 항상 최상의 컨디션이다."라고 말하기도 했다. 애매한 상황에는 선수들이 직접 달리는 대신 언제든지 볼을 먼저 '움직이게' 할 수 있다는 것이다.

패스에는 또 다른 장점이 있다. 선수가 볼을 점유하고 있는 시간이 짧을수록 상대 선수 입장에서는 그 선수를 압박하기가 어렵다는 점이다. 볼을 점유하고 있는 시간이 길어지면 상대 선수가 다가와 프레싱을 시도할 수 있을 것이다. 최대한 빈번하게, 최대한 빠르게 동료 선수들과 패스를 주고받아야 상대 팀이 수비하기 어려워진다.

필드의 공간 점유

포지션 플레이의 기본은 팀의 패스 플레이를 완벽하게 만드는 것이다. 아군이 볼을 패스하면 상대 선수는 반응할 수밖에 없다. 볼의 위치에 따라 수비 방식을 계속 조정해야 하기 때문이다. 따라서 볼을 더 빨리 이곳저곳으로 보낼수록 상대 팀 선수들은 볼을 쫓아 더 많이 달리고 움직이게 된다. 이러한 논리에 따라 공격할 때 활용할 수 있는 오랜 지혜가 탄생했다. '공격하는 팀은 볼을 이동시켜 상대 팀 선수들을 달리게 해야 한다.'

이를 가능하게 하려면 볼을 가진 선수가 볼을 이동시킬 선택지를 최대한 많이 지녀야 한다. 볼을 가진 선수가 패스 길목을 한 군데 확보하는 것만으로는 부족하다. 상대 선수 또한 쉽게 파악할 수 있는 정보이기 때문이다. 볼을 패스하기도 전에 이미 상대 선수가 볼이 어디로 갈지 알면 금방 반응할 수 있을 것이다. 그러므로 볼을 가진 선수는 패스할 선택지를 여러 개 가질 수 있어야 한다. 패스를 받는 선수도 다른 선수에게 패스할 선택지가 많아야 한다. 그렇지 않으면 상대가 볼을 가진 선수를 압박해 그가 패스할 선택지가 많지 않은 다른 동료에게 패스하도록 유도할 것이고, 그렇게 볼을 받은 동료 선수는 쉽게 압박을 받게될 것이다. 훌륭한 포지션 플레이는 필드에서 모든 선수들이 여러 패스 선택지를 가질 수 있는 구조를 만든다.

이때 선수들이 서로의 진로를 방해하지 않는 것이 중요하다. 예를 하나 들어보겠다. 그림 53을 보면 세 방향으로 선수가 일렬로 늘어서 있는 걸 알 수 있다. 볼을 가진 선수는 뒤쪽에 있는 선수들에게 직접 패스를 보낼 수 없다. 중간에 끼어 있는 선수들에 가려지기 때문이다. 즉, 중간에 끼어 있는 선수들이 볼을 가진 선수의 선택지를 줄이는 셈이다. 선수들은 자신의 위치를 지키거나 이동할 때 이처럼 동료 선수의 패스 길목을 막지 않도록 주의해야 한다. 이런 경우에는 선수들이 일렬로 서지 말고 삼각 대형을 이루어 서야 한다.

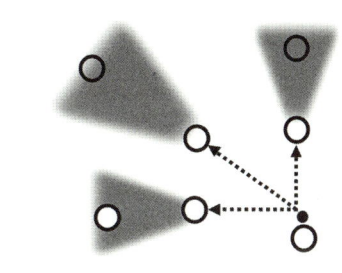

53. 패스 길목 방해.

패스 선택지를 최대한 늘릴 수 있는 대형은 마름모꼴이다. 동료 선수들이 마름모꼴로 서 있으면 볼을 가진 선수가 패스할 수 있는 선택지가 셋으로 늘어나고, 누구도 동료 선수의 패스 길목을 막지 않는다. 또한 아군 진영 가장 가까이 있는 선수는 동료 선수 중 누구에게 패스하든 상대 팀 골대 방향으로 패스하게 된다.

공간을 제대로 점유하려면 마름모꼴 대형을 형성하는 데서 그쳐선 안 된다. 포지션 플레이의 중요한 원칙은 모든 선수들이 패스 플레이에 가담하는 것이다. 선수들은 서로 연결되는 패스 길목을 최대한 많이 확보해야 하고, 공간을 최적으로 활용해야 한다. 모든 선수가 센터 서클 근처에 좁게 포진한다면 수비하는 상대 팀은 아주 작은 공간만 방어하면 될 것이다. 또한 선수들이 필드 전체에 너무 넓게 퍼져있다면 각 선수 사이

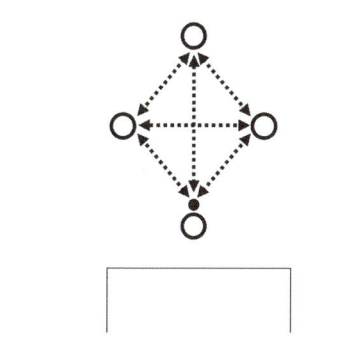

54. 마름모꼴을 형성한 패스 플레이.

의 패스해야 할 거리가 늘어나기 때문에 연결성이 약해져 금방 볼을 빼앗길 것이다. 5미터 거리에서 패스하기는 간단하지만, 50미터가 넘는 거리에서 패스하기는 매우 어렵다.

그렇다면 공간을 최적으로 활용하기 위해서는 선수들이 어느 위치에 서야 할까? 다음에 소개할 과르디올라의 포지션 플레이를 살펴보자.

펩 과르디올라의 실전 예시

과르디올라가 맨체스터 시티 감독으로 부임했을 때 모든 팬들이 그를 환영했던 건 아니었다. 물론 과르디올라는 바르셀로나와 바이에른 뮌헨을 이끌고 스무 차례 이상 우승 타이틀을 거머쥐었다. 하지만 그의 전술이 축구 종주국에서도 효력을 발휘할 수 있을까? 몇몇 영국 언론은 회의적인 반응을 보였다. 프리미어 리그는 신체 능력이 훨씬 더 좋고 움직임이 빠른 선수들이 즐비하다. 실제로 과르디올라가 부임한 첫 시즌에 맨체스터 시티의 성적은 리그 3위에 그쳤다. 맨체스터 시티는 첼시와의 경기에서 패배를 인정해야 했고, 첼시는 압도적인 차이로 우승을 차지했다.

하지만 그 다음 시즌 일곱 번째 경기에서 디펜딩 챔피언을 상대로 원정 경기를 하게 된 맨체스터 시티는 과르디올라의 스타일이 프리미어 리그에서도 통한다는 점을 비평가들에게 똑똑히 보여주었다. 맨체스터 시티는 시작과 동시에 경기를 지배했다. 첼시는 그저 5-4-1 포메이션으로 자기 진영에 서 있는 것밖에 할 수 없었다. 과르디올라가 이끄는 맨체스터 시티의 경기력은 압도적이었고, 선수들은 매우 빠르게 볼을 움직이며 점유했다.

맨체스터 시티가 경기를 지배할 수 있었던 이유는 팀이 아주 영리한 구조를 만들었기 때문이다. 맨체스터 시티의 포메이션을 전술 보드에 그려보면 과르디올라가 포지션 플레이를 얼마나 중요하게 생각했는지 알 수 있다. 기본적인 구조는 필드 곳곳에 패스할 거점을 마련하도록 설계되었다. 모든 선수들은 볼을 받았을 때 패스할 수 있는 선택지가 여러 개 있었고, 그 누구도 동료 선수들 사이의 패스 길목을 방해하지 않았다(그림 55).

아무리 연결성이 뛰어나더라도 모든 선수가 패스 플레이에 참여하지 않으면 아무런 의미가 없다. 또한 모든 선수들이 패스 플레이에 참여할 수 있도록 서로 연결되어야 한다. 이런 관점에서 맨체스터 시티의 공간 분배는 매우 모범적이었다. 모든 선수들이 볼을 가졌을 때 최소 두 군데 이상 패스할 곳이 있었다(그림 56, 57). 첼시 입장에서는 맨체스터 시티의 모든 선수들이 잠재적인 위협이나 마찬가지였다. 어떤 선수든 볼을 받을 수 있기 때문이다.

맨체스터 시티는 볼을 가진 선수가 어떤 선택을 하든, 경기를 팀에 유리하게

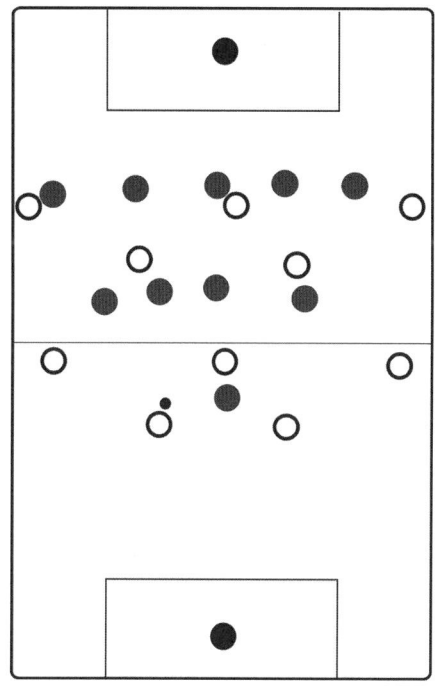

55. 첼시와의 경기에서 맨체스터 시티의 포지션.

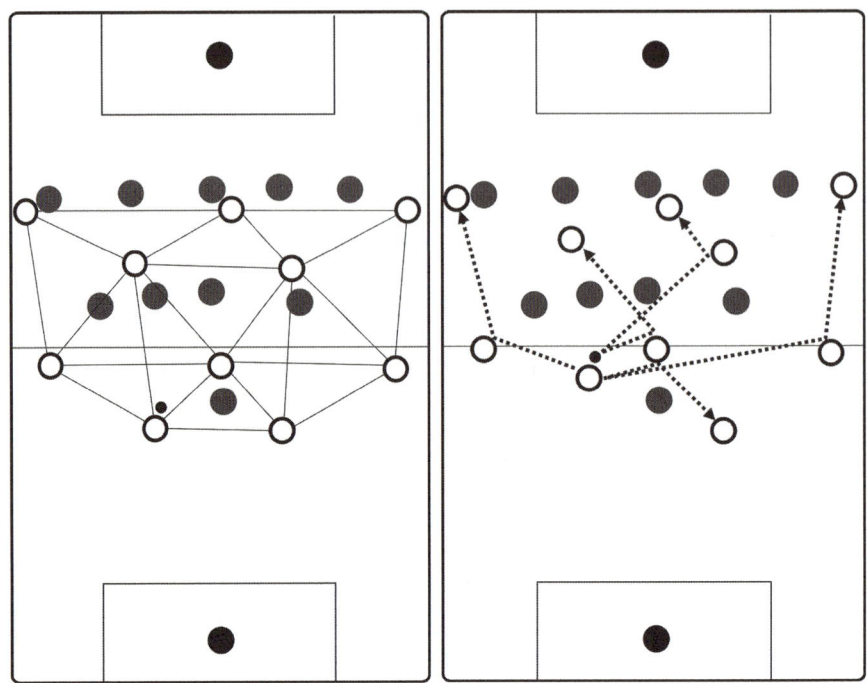

56. 맨체스터 시티 선수들 사이의 연결성.

57. 맨체스터 시티의 모든 선수들은 볼을 잡았을 때 적어도 두 군데 이상 패스할 곳이 있었다.

이끌어갈 선택지가 존재했다. 맨체스터 시티는 이런 구조 덕분에 경기를 온전히 지배할 수 있었다.

포지션 플레이의 원칙

이 예시는 패스할 선택지를 많이 갖는 것이 왜 포지션 플레이의 기초인지를 잘 보여준다. 짧은 시간 내에 여러 차례 패스하면 수비수가 신경 써야 할 기본 요소인 볼의 위치가 빈번하게 바뀌기 때문이다. 그렇다면 맨체스터 시티 선수들은 왜 정확히 그림에 표시된 위치에

섰을까? 측면에 선 선수가 조금 더 중앙으로 들어와도, 수비수가 좀 더 진영 깊숙한 곳에 서도 별다를 바가 없었을 텐데 말이다. 하지만 맨체스터 시티 선수들이 바로 그 위치에 선 것도 다 이유가 있다.

맨체스터 시티의 포지션 플레이에는 명확한 원칙이 숨어 있다. 공격하는 선수들과 수비하는 선수들의 포지션 사이에는 상호작용이 발생한다. 공격수는 상대 수비수가 원하는 것을 내주지 않으려고 한다. 또한 수비 포메이션을 무너뜨려 빈틈을 만들고, 그 빈틈을 활용하려고 한다. 이때 어떤 원칙을 명심해야 할까?

상대 진영 깊은 곳 공략하기

공격하는 팀은 상대 진영 깊은 곳을 공략해야 한다. 진영 깊숙한 곳으로 들어가는 패스가 아군 공격수에게 연결되는 것은 공격하는 팀 입장에서 최상의 시나리오다. 상대 팀 수비 라인 뒤쪽에서 볼을 잡은 공격수는 아무런 방해도 받지 않고 골대로 돌진하여 슛을 쏠 수 있기 때문이다. 그러한 기회를 만들려면 어떻게 해서든 수비수들 뒤쪽을 공략할 길을 만들어야 한다.

상대 진영 깊은 곳을 공략하는 것은 또 다른 효과가 있다. 맨체스터 시티가 맨 앞에 공격수 세 명을 세우지 않았다고 가정해보자. 그러면 상대 팀은 진영 깊은 곳을 지킬 필요가 없기 때문에 미드필드와 수비 라인을 위로 올려 공격하는 맨체스터 시티의 공간을 압박했을 것이다. 따라서 공격수들은 상대 진영 깊은 곳을 항상 위협해야 한다. 그래야 상대 수비 라인을 뒤로 밀어낼 수 있고, 미드필드와 수비 라인 사이에 공간을 만들어낼 수 있다.

한편 수비하는 팀은 오프사이드 트랩을 활용할 수 있다. 위협이 발생할라치면 수비수들이 재빨리 이동해 공격수를 오프사이드로 만드는 것이다. 그러나 오프사이드는 위험 요소를 줄일 뿐, 완전히 없애지는 못한다. 공격수들은 수비수들이 앞을 보고 있을 때 그들과 같은 높이에서 얼마든지 진영 깊숙한 곳을 위협할 수 있다.

수비수들은 진영 깊이 들어오는 패스를 두려워한다. 따라서 공격하는 팀은 계속해서 진영 깊은 곳을 노리고, 상대 수비 뒷공간을 파고들어야 한다. 그러다가 수비 라인 뒤쪽에서 볼을 잡으면 '잭팟'이나 마찬가지다. 혹은 상대 수비수들을 압박하여 수비 라인을 뒤로 물러나게 하고, 수비 라인 앞쪽에 생긴 빈공간을 활용한다. 이는 아무리 강조해도 지나치지 않은 원칙이다. 상대 진영 깊은 곳을 공략하는 것은 공격에서 가장 중요한 핵심이다. 어쩌면 포지션 플레이에서 가장 중요한 원칙일지도 모른다.

중앙 차지하기

수비하는 팀이 진영 깊은 곳만큼이나 우선시하여 수비해야 할 곳이 바로 중앙이다. 맨체스터 시티의 포지션과 공간 분배를 보면 그 이유를 알 수 있다. 맨체스터 시티의 포메이션에서 중앙에 선 선수는 어떤 방향으로든 나아갈 수 있고, 무려 여섯 명이나 되는 동료 선수와 연결된다. 수비하는 입장에서는 악몽이다. 다음 순간 어떤 움직임이 발생할지 예측하기 어렵기 때문이다. 공격하는 팀으로서는 중앙을 차지하면 이러한 이점을 얻을 수 있다.

중앙에 위치한 선수는 다른 관점에서도 중요하다. 수비하는 팀은 볼을 가진 선수를 측면으로 몰아 고립시키려 한다. 이때 공격하는 팀은 중앙에 위치한 선수들이 움직여 볼을 가진 선수를 지원해야 한다. 그러면 볼을 가진 선수가 측면으로 몰리더라도 금방 중앙에 있는 동료에게 패스할 수 있다. 따라서 공격하는 팀은 중앙을 차지하는 것이 중요하다.

측면 차지하기

이번에 알아볼 원칙은 조금 모순적으로 들릴지도 모른다. 1장에서 수비하는 팀은 상대 팀을 측면으로 이동하도록 유도해야 한다고 설명한 바 있다. 측면에서는 골문까지의 거리가 멀고, 터치라인 때문에 선택할 수 있는 움직임도 제한되기 때문이다.

그럼에도 공격하는 팀이 폭을 통제하지 않는 것, 즉 측면 공간을 차지하지 않는 것은 잘못된 경기 방식이다. 맨체스터 시티가 측면에 선수를 배치하지 않았다고 가정해보자. 그러면 상대 팀인 첼시 또한 측면에 선수를 배치할 필요가 없어 수비 라인이 중앙에 밀집할 것이고, 파이브백 수비 라인을 형성할 필요도 없을 것이다. 공격하는 팀이 측면에 선수를 배치하는 것은 상대 수비를 분산시키는 효과가 있다. 즉, 측면을 노림으로써 상대 팀 수비수들을 측면으로 유도하고, 수비수 사이의 공간을 만들 수 있다는 것이다.

과르디올라는 이 원칙을 활용하여 상대 팀 측면을 노리는 전술을 구상했다. 그는 자신의 전술에 대해 다음과 같이 말했다. "모든 경기의 핵심은 측면에서 경기하여 상대 팀을 흐트러뜨리는 데 있다. 상대 팀을 한쪽 측면으로 몰아 반대쪽 측면을 비우게 하고 우리는 그 빈 공간을 차지해야 한다." 맨체스터 시티는 두 명의 선수가 각각 양쪽 측면에 자리를 잡아 경기 운영의 중심을 한쪽 측면에서 반대쪽 측면으로 이동시켰고, 필드를 넓게 활용했다. 이처럼 공격하는 팀이 필드의 측면을 활용하는 것은 상대를 강제로 이동하게 만들 수 있는 좋은 방법이다.

수비 라인 사이의 공간 차지하기

상대 진영 깊은 곳과 측면을 활용하면 상대 팀을 분산시키는 효과를 얻을 수 있다. 공격하는 팀은 수비하는 팀이 커버해야 할 공간을 좁게 만들어서는 안 된다. 그러면 패스할 공간을 확보하기 어려울 뿐만 아니라 공격을 전개하기도 어렵기 때문이다.

또한 아무리 상대 진영 깊은 곳과 측면을 공략했다 하더라도 그 이점을 제대로 활용하지 못하면 무용지물이다. 상대 선수들이 움직여서 발생하는 빈틈 또한 공략해야 한다. 특히 상대 수비 라인 사이 공간을 차지하는 것이 중요하다. 그 위치에서 볼을 받은 공격수는 몸을 돌려 상대 팀 골문까지 달릴 수도 있다. 맨체스터 시티는 바로 그 상대 수비 라인 사이 공간을 정확히 통제했다.

> 볼을 가진 공격수는 상대 팀 골문을 등지고 있다가 방향을 전환해 돌파하기도 한다. **턴 기술**은 볼을 가진 선수가 상대 팀 골대로 방향을 전환할 때 중요한 역할을 한다.

수비수들 사이의 공간도 공략 대상이다. 동료 선수로부터 패스를 받은 공격수가 두 수비수 사이 공간에 위치해 있다면, 두 수비수는 누가 공격수를 막을 것인지 결정해야 한다. 공격하는 입장에서는 이처럼 상대방이 계속해서 결정을 내려야 하는 상황을 만들어 압박감을 주는 것이 중요하다. 따라서 공격수는 늘 두 명의 수비수 사이에 자리잡는 편이 좋다.

중간 점검

포지션 플레이를 할 때는 다음 원칙이 중요하다.

- 공격하는 팀 선수들은 나란히 서기보다는 삼각 대형을 구성하는 편이 좋다.
- 공격하는 팀은 상대 진영 깊은 곳을 공략해야 한다.
- 공격하는 팀은 중앙을 차지해야 한다.
- 공격하는 팀은 측면을 통제해야 한다.
- 공격하는 팀은 상대 팀 포메이션의 빈틈을 노려야 한다.
- 공격하는 팀은 모든 선수들이 패스 플레이에 가담해야 한다.

필드를 존으로 나누기

선수 입장에서 앞서 설명한 원칙을 읽으면 상당히 부담스럽고 어렵게 느껴질 것이다. 공격수는 패스 길목을 막지 않도록 동료 선수들의 위치를 시종일관 파악하고 있어야 한다. 또한 상대 진영 깊은 곳과 측면을 통제하기 위해 공간과 상대 선수의 위치를 파악해야 한다. 그러면서 상대 팀 포메이션의 빈틈을 찾아내야 하고, 볼이 어디로 향하는지 보고 그에 맞춰 움직여야 한다. 그리고 마지막으로 볼을 잡았을 때 자신이 내린 결정을 기술적으로 실현해야 한다. 이 모든 일을 어떻게 해낼 수 있을까? 아무리 축구 선수라 하더라도 눈은 두 개, 다리도 두 개, 머리는 하나인데 말이다.

선수들이 각자 서야 하는 위치를 파악하는 데 도움을 주기 위해 필드를 존으로 나누는 방법이 고안되었다. 선수들이 필드의 존을 잘 점유하면 포지션 플레이의 원칙을 자동으로 실현하는 셈이다. 선수들은 오로지 자신에게 할당된 존을 채우는 데만 집중하면 된다.

필드를 존으로 분할하는 방법을 고안한 사람은 요한 크루이프 Johan Cruyff다. 1990년대 바르셀로나 감독이던 시절 크루이프는 존 플레이를 개발했다. 그는 필드를 30개의 존으로 나누었다. 세로로 여섯 칸, 가로로 다섯 칸이다(그림 58).

당시 선수로서 크루이프 감독의 지시와 훈련을 받았던 과르디올라는 이후 크루이프의 존 분할을 더욱 발전시켰다. 팀이 볼을 점유하고 있을 때 과르디올라는 필드를 어떻게 나누었을까? 그는 필드를 20개의 존으로 분할했다(그림 59). 양쪽 측면을 여섯 칸으로 나눈 것은 크루이프와 같았으나 중앙부를 분할하는 방식이 달랐다. 과르디올라는 중앙을 크게 네 지역으로 나누었는데, 우선 페널티 에어리어

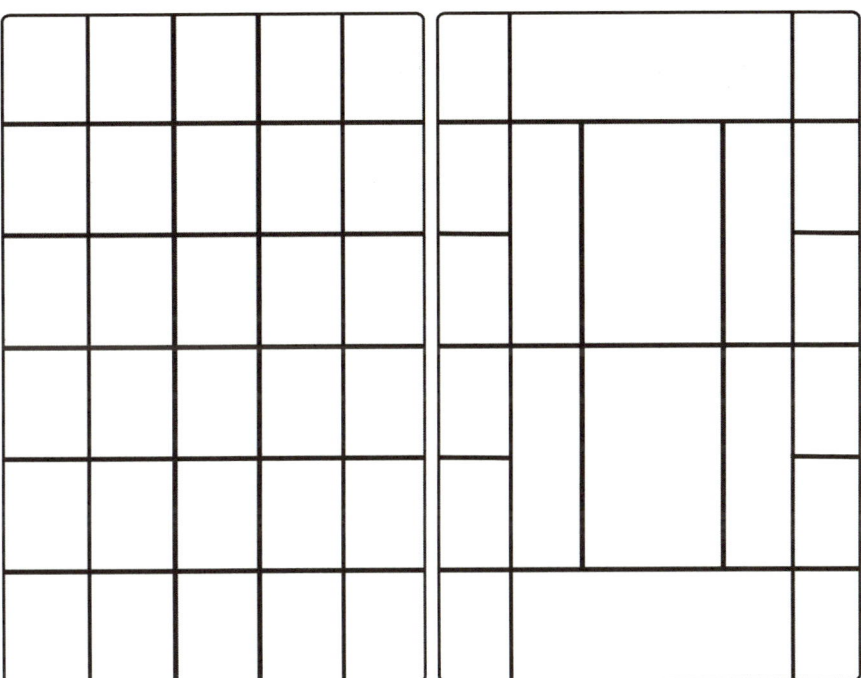

58. 크루이프의 존 분할.　　　59. 과르디올라의 존 분할.

를 구분하고, 중앙부와 하프 스페이스를 구분했다.

> **하프 스페이스**란 측면과 중앙 사이의 공간을 말한다. 필드는 다섯 지역으로 나눌 수 있다. 양쪽 측면, 필드 중앙과 왼쪽 및 오른쪽 하프 스페이스다.

　이렇게 존을 분할한 필드를 첼시와 경기한 맨체스터 시티의 그림 위에 덧씌우면 과르디올라의 존 분할이 실전에서 어떻게 작동했는지 알 수 있다(그림 60). 맨체스터 시티는 최대한 많은 존에 선수가 한 명씩 설 수 있도록 하여 포지션 플레이를 최적화했다. 이 경우 선수들은 자신에게 할당된 존만 정확하게 지키면 신경 써야 할 기본 요소가 크게 줄어든다. 선수들은 자신이 있어야 할 존과 자신의 포지션만 알면 된다(결국 '존 플레이'라는 단어는 확실한 '포지션 플레이'의 상위호환이나 마찬가지다).

존 점유에 도움 주기

과르디올라는 존 점유와 관련하여 여러 원칙을 지니고 있었다. 우선 어떤 경우에도 두 선수가 같은 존에 있어서는 안 된다. 그렇지 않으면 선수 간의 거리를 최적화 한다는 근본적인 원칙이 흔들린다. 만약 두 선수가 같은 존에 있으면 간격이 너무 좁고, 공간을 넓게 점유하기 어려우며 동료 선수들의 패스 선택지도 줄어들게 된다.

또한 두 명 이상의 선수가 한 줄로 나란히 있어서도 안 된다. 그러면 동료 선수 간의 패스 길목을 방해하게 될 것이다. 따라서 서로 인접해 있는 존을 각각 차지하는 두 선수는 일렬이 아닌 엇갈리는 위치에 있어야 한다. 맨체스

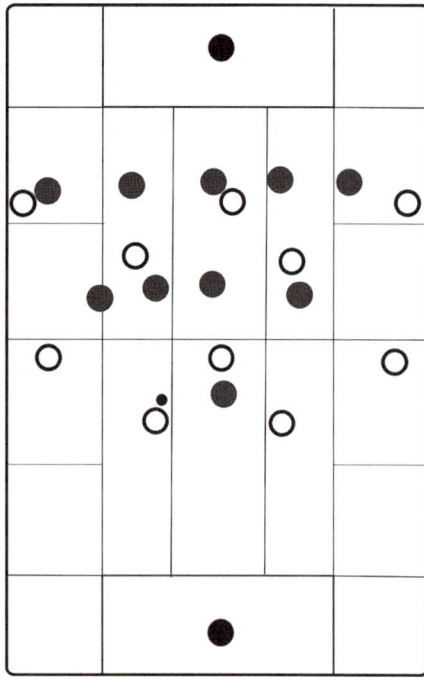

60. 과르디올라의 존 분할 예시.

터 시티는 이 원칙을 훌륭하게 지켰다.

각 존 내에서 선수들은 상대 팀 선수와 거리를 두어야 한다. 특히 상대 수비 라인 사이 공간에 있는 선수들에게는 중요한 임무다. 이런 이유 때문에 각 존의 길이와 너비가 넉넉해야 한다. 선수들이 움직일 수 있는 범위는 명확하게 구분되어 있어야 하지만 그렇다고 움직일 자유가 제한되어서는 안 된다. 그래야 선수들이 상대 수비수들의 위치에 대응할 수 있기 때문이다.

존 분할: 어떤 방식으로든 가능하다

과르디올라의 존 분할은 한 가지 예시일 뿐이다. 그의 존 분할 구조를 그대로 받아들인 감독도 적지 않지만, 이론적으로는 필드를 어떤 방식으로든 존으로 나눌 수 있다. 모든 감독은 저마다의 방식대로 경기를 운영하기 위해 필드를 존으로 분할한다.

여기서 중요한 것은 존 분할이 포지션 플레이의 원칙을 고수하면서 선수들이 실제로 이행할 수 있는 수준이어야 한다는 점이다. 필드를 존으로 분할하는 목적은 선수들의 공간 점유를 돕기 위해서다. 맨체스터 시티의 예시에서 알 수 있듯이 존을 분할하면 각 선수가 신경 써야 하는 기본 요소가 크게 줄어든다. 모든 동료 선수를 시야에 넣을 필요가 없기 때문이다. 가장 기본적인 요소에만 집중하면 된다. 즉, 상대 선수와 거리를 두고, 근처 존에 있는 동료 선수와 엇갈리게 서서 자신의 존을 차지하면 된다. 볼을 이동시키고 상대 선수를 계속 달리게 만드는 데에 있어 더 이상의 것은 필요하지 않다.

포지션 플레이의 원칙은 볼을 점유하는 팀이 최적화된 공간을 확보할 수 있도록 돕는다. 이로 인해 팀은 두 가지 문제를 해결할 수 있다. 볼을 점유하면서 자기 팀에 맞는 속도와 움직임으로 상대 팀 골대까지 도달할 수 있다. 이를 제대로 보여준 팀이 바로 맨체스터 시티다. 지난 3년 동안 맨체스터 시티보다 땅볼 패스를 많이 한 팀은 없었고, 땅볼 패스를 더 많이 성공한 팀도 없었다. 그 결과 과르디올라는 두 번이나 우승을 거머쥐었고 프리미어 리그의 득점 기록을 새롭게 갈아치웠다.

동료를 커버하는 포지션 플레이

이번 장의 주제는 팀의 볼 점유 단계다. 설명을 이어가기 전에 잠시 볼을 잃은 직후의 단계에 대해 언급하고자 한다. 이 책의 처음 부분에 언급했듯이 경기의 모든 단계는 서로 연결되어 있으므로 하나만 따로 뚝 떼어 살펴볼 수는 없다. 그러므로 포지션 플레이를 완벽하게 이해하려면 그것이 볼을 잃은 직후에도 어떤 이점을 발생시키는지 알아야 한다.

존 분할은 선수들이 볼을 잃었을 때 재빨리 추격하기 쉽게 만드는 효과도 있다. 어느 위치에서 볼을 잃든, 선수들이 서로 연결되어 있기 때문에 볼 근처에는 항상 동료 선수가 있게 된다. 따라서 맨체스터 시티가 볼을 잃으면 선수들은 곧바로 볼을 다시 빼앗기 위해 자신이 지키던 존에서 벗어나 상대 팀 선수들을 압박했다. 볼을 빼앗을 때 중요한 원칙에 대해서는 3장(볼을 빼앗은 후 전환 단계)에서 다시 설명하도록 하겠다.

이처럼 팀이 볼을 점유하고 있을 때 효율적인 구조를 구축해둔다면 볼을 잃더라도 금방 수비 태세를 갖출 수 있다. 포지션 플레이의 가장 큰 장점은 명확한 존 분할 덕분에 선수들이 각 상황에 어떤 공간을 점유하고 있어야 하는지 정확히 알 수 있다는 점이다. 그래서 공격 포지션과 수비 포지션을 빠르게 전환할 수 있다. 선수들이 훈련을 통해 이런 움직임과 이동 경로가 몸에 익으면 아주 이상적이다.

균형 수비

경기 중 발생하는 4단계 모델이 모두 연결되어 있다는 것을 알면 맨체스터 시티가 왜 앞선 예시에서 많은 선수들을 전방에 배치하지 않았는지도 알 수 있다. 필드의 구조를 보면 맨체스터 시티의 존 분할이 매우 주의 깊다는 사실을 알 수 있다. 선수들은 2-3-2-3 포메이션으로 서 있다. 맨체스터 시티 진영에 있는 선수 다섯 명을 상대하는 첼시 선수는 오직 한 명뿐이다.

그렇다면 맨체스터 시티는 왜 자기 진영에 선수를 다섯 명이나 두었을까? 이는 볼 점유와 볼 상실을 동시에 고려했기 때문이다. 자기 진영에 서 있는 선수들은 공격할 때 볼을 패스할 거점이 될 뿐만 아니라 수비할 때 골문을 지키는 역할도 한다. 이와 같은 수비 및 커버 방식을 균형 수비라고 한다.

> 대부분의 선수들을 상대 진영으로 보내지 않고 자기 진영에 남겨두어 상대 공격수가 볼을 점유했을 때 수비하는 방식을 **균형 수비**라고 한다.

견고한 균형 수비를 위해서는 몇 명을 자기 진영에 남겨두어야 할까? 과르디올라가 내놓은 답은 다섯 명이다. 많은 감독들이 자기 팀이 볼을 점유했을 때 공격수를 다섯 명 정도 배치하기 때문이다. 물론 다른 축구 전술과 마찬가지로 이 방식에 대해서도 의견이 분분하다. 수비를 중시하는 감독들은 공격을 위해 앞으로 보내는 선수의 수가 더 적을 것이고, 균형 수비를 위해 진영에 남겨 놓는 선수의 수는 다섯 명보다 많을 것이다. 공격을 중시하는 감독이라면 균형 수비를 위해 진영에 남기는 선수의 수를 최소화하고, 상대의 역습을 허용하지 않거나 애초에 싹을 자르는 데 집중할 수도 있다.

대부분의 감독들은 역습 상황에서 '상대 선수+1' 전략을 쓴다. 즉, 역습하는 상대 팀 선수들보다 한 명 더 많은 선수를 배치해 수적 우위를 점하는 것이다. 만약 상대 팀이 전방에 선수 세 명을 배치해 빠르고 위험한 역습 기회를 만든다면 균형 수비를 위해 선수 네 명을 배치한다. 일부 팀은 '상대 선수+2'라는 더 유연한 전략을 쓰기도 한다. 상대 팀이 전방에 배치한 선수들의 수보다 두 명 더 많은 선수들을 균형 수비를 위해 배치하는 작전이다. 이 경우 잉여 선수 중 적어도 한 명은 팀이 공격할 때 앞으로 나가 공격을 지원할 수 있어야 한다. 어느 방식이든, 팀의 포지션 플레이 구조는 누가 팀의 공격을 커버할 것인지 항상 확실하게 정한 상태여야 한다.

포지션 플레이에서의 포지션

지금까지는 주로 포지션 플레이 원칙에 대해 알아보았다. 여기까지 읽었다면 이런 의문이 들 것이다. 이런 원칙을 실전에서 어떻게 구현할 수 있을까? 어떤 선수를 어느 위치에 배치해야 상대 진영 깊은 곳과 측면, 중앙 공간을 점유할 수 있을까?

공격 대형을 형성하는 것은 수비 대형을 형성하는 것보다 원칙과 실질적 공간 점유를 잘 접목해야 한다. 공간을 점유하는 이유는 상대 팀의 수비를 흔들기 위해서다. 공격하는 팀은 상대 팀 진영 깊은 곳을 공략하고, 빈틈을 만들어야 한다는 원칙을 다시 떠올려보자. 선수들은 상대 수비 포메이션에서 빈틈을 찾고, 빈공간을 점유해야 한다.

따라서 포메이션은 아군 팀이 볼을 점유하고 있을 때(공격할 때)보다 상대 팀이 볼을 점유하고 있을 때(수비할 때) 더 중요하다. 공격할 때 중요한 것은 팀이 어떤 포메이션을 선택하느냐가 아니라 포지션 플레이의 원칙을 어떻게 구현하느냐. 이는 선수 개개인이 특히 중요시해야 할 문제다. 선수들은 자신이 포지션 플레이에서 어떤 역할을 해야 하는지, 수비에서 공격으로 전환되었을 때 자신의 포지션이 어떻게 변하는지를 알고 있어야 한다.

포지션 플레이의 원칙을 구현하기 위해 각 선수들을 어떻게 배치하는시 알아보자. 팀마다 너 중점을 두는 공간과 전술 요소가 다르다. 따라서 여기서는 포지션 플레이의 원칙을 실전에서 이행하기 위해 필요한 기본 사항을 살펴보겠다.

시스템과 개인, 둘 다 중요하다

팀을 이끄는 위치에 있는 사람으로서, '선수 관리에 실패한 지도자'라는 평판을 듣고 싶은 감독은 없을 것이다. 프로 감독들은 축구가 선수들의 스포츠임을 몇 번이고 강조한다. 선수들의 강점과 약점이 팀의 경기 방식을 결정한다. "시스템이 선수를 결정하는 게 아니라, 선수가 시스템을 결정한다!"

듣기 좋은 말이다. 실전에서는 거의 실현되지 않는 말이지만… 이 세상 그 어떤 감독도 열한 명의 선수를 모두 안성맞춤인 포지션에 세울 수는 없다. 팀에 월드 클래스 공격수가 네 명이 있다고 해도 끊임없이 득점할 수 있는 게 아니다. 애초에 공격수 네 명이 같은 시간 동안 경기를 뛸 일도 거의 없다. 서로의 강점을 보완할 수 없기 때문이다. 만약 기량이 뛰어난 공격수 네 명이 상대 팀 페널티 에어리어 안에 진입했다 하더라도 그들에게 좋은 패스를 보내줄 선수가 없다면 아무 일도 일어나지 않는다. 상대 팀 페널티 에어리어에 있는 공격수 네 명을 모두 연결하는 포지션 플레이 구조를 만드는 것은 사실상 불가능하다.

또한 수비수인 마츠 훔멜스Mats Hummels가 갑자기 측면 공격수로 나서야 한다면 좋은 공격 상황이라고 할 수 없다. 아무리 드리블이 뛰어나고 속도가 빠르더라도 훔멜스는 원래 그 포지션을 맡는 선수만큼 측면 공격수 역할을 잘 해낼 수 없을 것이다. 훔멜스의 장점은 다른 포지션에서 더 빛난다. 빈 공간을 정확히 찾아 찔러 넣는 그의 패스 능력은 상대 수비 라인을 뚫는 데 적합하다.

중요한 것은 균형이다. 선수들은 각각 자신에게 맞는 역할을 해야 한다. 그리고 각자 맡은 역할이 동료 선수들과 잘 조화되어야 한다.

가능한 많은 선수가 자신에게 맞는 역할을 맡아 서로의 강점을 강화하고, 단점을 보완할 수 있다면 이상적이다. 결국 시스템과 선수들은 떨어져 있는 것이 아니라 함께 연결되어 있는 것이다.

포지션 플레이의 원칙을 실행하기 위해 선수들을 배치하는 방법은 여러 가지가 있는데, 이는 선수들의 특성과도 연관이 있다. 같은 공격수라 하더라도 리오넬 메시Lionel Messi와 로베르트 레

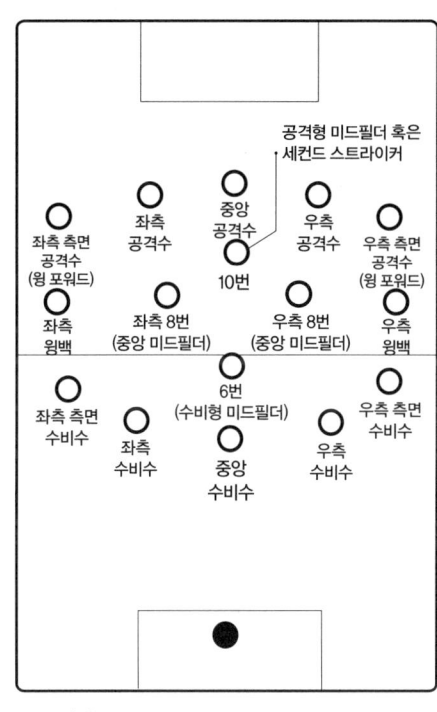

61. 포지션.

반도프스키Robert Lewandowski는 자신의 역할을 다르게 해석할 것이기 때문이다. 이처럼 모든 선수는 각자의 방법으로 포지션 플레이 구조에 기여한다.

오늘날 전술 분야에서 기준이 되는 포지션이 존재하는 건 사실이다. 하지만 중요한 것은 이 책에서 설명하는 선수들의 역할이 절대적이지 않다는 점이다. 축구는 복잡한 스포츠다. 이론적으로 선수들의 역할을 설명한다 하더라도, 앞서 말했듯이 그것을 필드에서 실행하는 방법은 천차만별이다. 그리고 감독들은 항상 포지션 플레이의 원칙을 실현하는 새로운 방법을 찾아내 상대 팀을 당황시킨다. 이 책에서 설명하는 내용은 그중 일부분일 뿐이다.

상대 진영 파고들기

포지션 플레이에서 가장 중요한 원칙은 공격할 때 상대 진영 깊은 곳을 파고드는 것이다. 이 역할은 공격수들이 맡는다. 공격수들은 가장 앞에 서서 상대 팀 선수들을 압박하여 뒤로 물러나게 만들고, 상대 수비 라인을 공략할 준비가 되어 있어야 한다. 이때 공격수의 포지션에 따라 세부적인 역할이 달라진다. 중앙 공격수는 중심부에 자리를 잡고, 상대 선수를 뒤로 물러나게 만들거나 수비수 뒤쪽으로 파고들어 상대 팀 페널티 에어리어를 점유한다. 좌측과 우측 공격수는 하프 스페이스에 자리를 잡고, 상대 팀 측면 수비수와 중앙 수비수 사이에 발생하는 빈틈을 노린다. 또한 중앙 공격수가 상대 진영 깊숙이 파고들면 좌우측 공격수들은 상대 수비 라인 바로 앞까지 다가가 수비수들이 앞으로 밀고 나오지 못하도록 막는다.

미드필더들도 상대 진영 깊숙한 곳을 공략하는데 도움을 준다. 특히 8번과 10번이라 불리는 포지션의 선수들은 공격이 시작될 때 미드필드 쪽에서 자리잡고 있다가 빠르게 움직여 상대 팀 골대 쪽으로 올라가는데, 이들의 움직임 덕분에 공격에 추진력이 발생한다. 아주 빠른 속도로 상대 수비 라인 근처에 도달할 수 있기 때문이다. 타이밍이 좋다면 상대 수비수보다 유리한 위치를 선점할 수도 있다.

가장 앞쪽 측면 점유하기

포지션 플레이의 원칙 중 하나는 측면을 지배하여 상대 팀 최후방 라인을 흐트러뜨리는 것이다. 좌우측 측면에 공격수를 배치하면 상대 팀 최후방 라인을 공략할 수 있다. 맨체스터 시티의 경우 르로이 사네Leroy Sané와 라힘 스털링Raheem Sterling을 4-3-3 포메이션의 측면 공격수로 배치했다. 두 선수는 각각 상대 진영에 가까운 양쪽 측면을 담당했다.

측면을 담당하는 선수가 항상 공격수인 것은 아니다. 측면 수비수가 과감하게 앞으로 나가 그 공간을 맡기도 한다. 측면 수비수들은 아군의 공격이 시작될 때 일찌감치 밀고 올라가 상대 진영 측면을 차지할 수 있다.

이러한 움직임 역시 공격에 추진력을 더한다. 이때 측면 수비수는 볼을 가진 선수 뒤에서 달려나간다. 바이에른 뮌헨의 팬이라면 익숙한 광경일 것이다. 아르연 로벤Arjen Robben이 신들린 드리블을 선보이며 우측에서부터 중앙으로 이동할 때 필립 람Philipp Lahm이 측면을 따라 움직인다. 이때 람은 로벤의 '등 뒤에서' 달린다. 이 경우 상대 수비수들은 딜레마에 빠진다. 로벤을 막아야 할 선수가 대신 람을 막아야 할까? 아니면 로벤을 막는 대신 람을 자유롭게 둬서 로벤이 람에게 패스할 위험을 감수해야 할

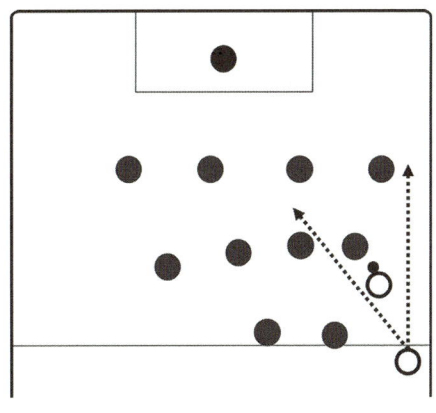

62. 뒤쫓아 달리기.

까? 바이에른 뮌헨은 이처럼 간단하게 달리는 경로를 이용하여 공격에 추진력을 더하고 상대 팀을 압박했다. 또한 로벤이 중앙으로 이동하는 동안 필드의 측면을 차지했다.

> 공격측 선수가 볼을 가진 선수를 지나 열린 공간으로 달려나갈 때는 볼을 가진 선수 **등 뒤에서 달려나간다**. 이때 공격측 선수는 측면으로 달려나갈 수도 있고, 중앙으로 달려나갈 수도 있다.

최후방 측면 점유하기

4인 체제 수비 라인을 형성하는 포메이션에서는 측면 수비수들이 앞으로 나가면 문제가 발생한다. 최후방 수비수가 중앙에 있는 두 명만 남기 때문이다. 그러면 볼을 잃었을 때 수비수 두 명이 최종 수비 라인을 지켜야 하기 때문에 위험이 크다. 상대 팀 공격수 두 명이 돌진해 온다면 더욱 위험하다. 이 경우 균형 수비를 위해 상대보다 한두 명 더 많은 수의 수비수를 배치한다는 원칙이 실현되지 않는다.

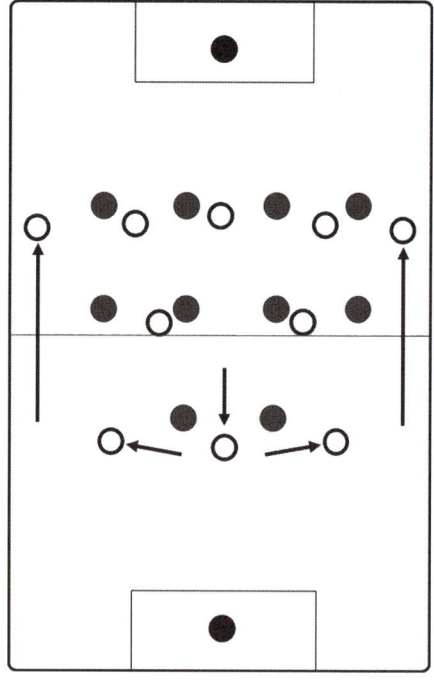

63. 딥 라잉 플레이메이커 혹은 레지스타.

이 문제는 미드필드에 있는 선수 한 명이 뒤로 물러나 최후방 수비 라인의 빈자리를 채움으로써 해결할 수 있다. 이 선수에게는 두 가지 선택지가 있다. 바깥쪽으로 간격을 벌리는 두 명의 중앙 수비수 사이에 서든지, 왼쪽 혹은 오른쪽 측면으로 가서 원래 있던 중앙 수비수들과 함께 움직여 간격을 벌리는 것이다. 그러면 최후방 수비 라인에 세 명의 수비수가 서게 되는 셈이다. 이처럼 다양한 역할을 하는 수비형 미드필더를 '딥 라잉 플레이메이커' 혹은 '레지스타'라 부른다(그림 63).

> 평소에는 미드필드 라인에 있다가 필요한 경우 수비 라인까지 내려가 도움을 주는 역할은 보통 수비형 미드필더 혹은 6번 포지션 선수가 맡는데, 이런 선수를 **딥 라잉 플레이메이커** 혹은 **레지스타**라 부른다. 이 선수가 수비 라인으로 물러날 때는 중앙에 서거나 측면으로 이동할 수 있다.

6번 포지션 선수는 팀이 공격할 때 측면 수비수들이 상대 진영으로 이동할 수 있도록 돕는다. 즉, 측면에 있던 수비수들이 위로 올라가고 6번 선수가 뒤로 물러남으로써 오펜시브 서드뿐만 아니라 디펜시브 서드의 측면 공간까지 점유할 수 있고, 경기 운영의 중심을 한쪽에서 반대쪽으로 이동시킬 수 있다.

미드필더가 중앙에서 똑바로 물러나지 않고, 비스듬하게 측면으로 물러날 수도 있다. 레알 마드리드는 이런 전술 도구를 무기로 사용했다. 그림 64를 보면 플레이메이커 토니 크로스Toni Kroos와 루카 모드리치Luka Modrić가 상대 미드필더들의 압박을 피하기 위해 뒤로 물러나 측면으로 이동했다. 이로써 레알 마드리드는 패스의 마술사들을 왼쪽과 오른쪽으로 보내 자유롭게 만들었고, 두 선수는 상대 팀의 방해를 받지 않고 경기를 운영할 수 있었다. 또한 볼을 잃더라도 레알 마드리드는 최적화된 수비를 펼칠 수 있었다. 이처럼 6번 포지션 선수가 후방 측면으로 이동할 수도 있다.

다소 극단적이기는 하지만 수비 라인을 보충하고 측면 수비수들이 위로 올라갈 수 있도록 하는 또 다른 방법이 있다. 바로 골키퍼 라인을 활용하는 것이다. 조금 오해의 소지가 있는 용어다. 골키퍼 라인이라고 해서 골키퍼가 수비수들과 함께 수비 라인을 형성해 진영을 지키는 것이 아니다. 골키퍼 라인은 대개 팀이 볼을 점유하고 있을 때 활용한다. 골키퍼가 앞으로 나와 중앙 수비수 두 명 사이에 선다. 필드의 중앙 통로를 막고 서는 것이다(그림 65). 이렇게 3인 체

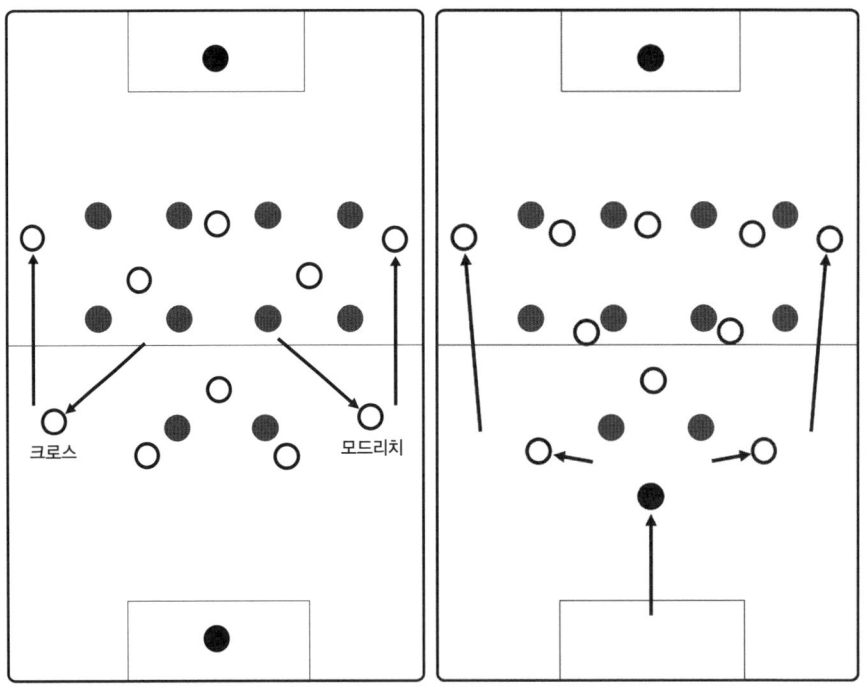

64. 후방 측면으로 이동하는 6번 선수.　　65. 골키퍼 라인.

제의 최후방 수비 라인을 형성하여 골키퍼가 팀의 빌드업에 참여할 수도 있다.

하지만 이 방법은 매우 위험하다. 볼을 잃으면 골키퍼가 자신이 원래 있어야 할 위치에 없기 때문이다. 또한 패스를 한 번이라도 잘못 했다가는 상대 팀이 매우 손쉽게 득점할 우려가 있다. 페널티 에어리어를 벗어나서까지 멀리 나갈 수 있는 골키퍼는 많지 않다. 예전에는 골키퍼가 자기 팀 페널티 에어리어 내에 머무는 경우가 많았다. 그런데 최근 몇 년 동안에는 골키퍼 라인을 활용하는 전술이 점점 더 많이 눈에 띄고 있다. 이때 골키퍼는 빌드업의 중심 선수 역할을 해야 한다.

공격할 때 상대 진영 측면을 점유하기 위해 6번 선수를 뒤로 물러나게 하거나 골키퍼를 앞으로 나오게 하는 것 외에 훨씬 간단한 방법이 있다. 애초에 수비수를 세 명으로 유지하는 것이다. 이렇게 하면 상대 진영 측면을 점유하기 위해 선수를 배치할 수 있다.

중앙 점유하기

중앙, 혹은 중원은 중앙 미드필더들의 영역이다. 미드필더들은 중앙 공간을 점유하고 양옆의 측면을 연결하는 역할을 한다. 이 공간에서는 선수들의 포지션을 6번, 8번, 10번이라고 한다. 이들은 미드필드 공간을 서로 공유한다.

중앙에서도 각 공간을 점유하는 창의적인 방법이 있다. 그중 아주 현대적인 변형이 가짜 풀백을 활용하는 방식이다. 이 경우에는 풀백, 즉 측면 수비수가 측면을 따라 앞으로 이동하지 않고 중앙으로 이동한다. 이들은 아군 팀 수비수들 앞 공간 혹은 상대 수비수 앞 공간을 차지한다(그림 66). 상대 팀이 볼을 점유한 상황에서는 측면을 수비하고, 아군 팀이 볼을 점유한 상황에서는 중앙으로 이동해 미드필더로 변신하는 것이다. 이 방식의 장점은 공격할 때 원래 미드필드에 있던 미드필더들이 앞으로 나가 더욱 역동적인 움직임을 만들어낼 수 있다는 점이다.

이것보다 더 최근에 만들어진 변형이 중앙 수비수가 수비 라인 앞쪽으로 전진하는 방식이다. 이는 아군 선

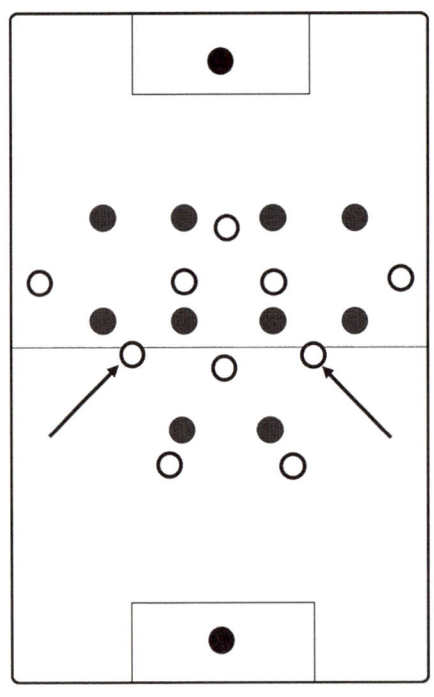

66. 가짜 풀백.

수들이 공간을 더 폭넓게 활용할 때 사용하는 전술이다. 중앙 수비수가 앞으로 나가 수비 라인 앞쪽에 있는 빈 공간을 차지한다. 하지만 중앙 수비수를 이렇게 전진시킬 수 있는 팀은 그리 많지 않다. 수비 라인 중앙에 커다란 빈틈이 발생하는 것을 감수해야 하기 때문이다.

이보다 좀 더 일반적으로 활용되는 전술 도구는 바로 중앙 수비수의 드리블이다. 중앙 수비수가 상대 팀의 움직임을 유도하기 위해 짧게 드리블하는 것이다. 최근에는 중앙 수비수가 볼을 잡고 앞으로 나가 상대 팀 포메이션의 허점을 찌르고 공간을 차지하는 경우도 많다. 중앙 수비수가 드리블하며 아주 약간 앞으로 이동하는 것만으로도 큰 효과를 얻을 수 있지만, 상대 진영으로 더 깊이 치고 들어가 상대의 수비 포메이션을 무너뜨리고, 빈틈을 만들기도 한다.

수비 라인 사이 공간 점유하기

맨체스터 시티는 상대 수비 라인 사이 공간을 어떻게 점유해야 하는지 훌륭하게 보여주었다. 상대 수비의 사각지대인 그 공간을 현명하게 이용한다면 돌진하여 빠르게 골을 노릴 수도 있다. 맨체스터 시티의 미드필더 두 명은 상대의 수비 라인 사이 공간에 자리를 잡았다. 이것은 전형적인 10번 포지션 선수들의 역할이다. 10번 선수는 상대 수비 라인과 미드필드 라인 사이에서 빈틈을 찾는다.

최전방 공격수가 뒤로 물러나면서 상대 수비 라인 사이 공간을 점유할 수도 있다. 상대 팀이 볼을 점유한 상황에는 최전방 위치에 있다가 아군 팀이 볼 소유권을 빼앗아오면 뒤로 물러나 상대 수비

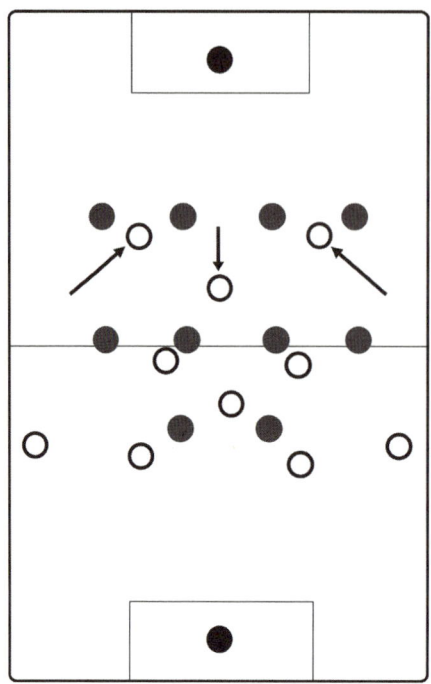

67. 폴스 나인.

라인과 미드필드 라인 중간에 자리를 잡는 것이다. 이때 다른 선수들은 뒤로 더 많이 물러나서 상대 미드필드 라인과 공격수 라인 사이에 자리잡는다. 이렇게 움직이는 선수를 폴스 나인False 9이라고 한다(그림 67). 폴스 나인은 상대 수비를 어지럽히는 좋은 전술 도구다. 상대 팀이 조금만 방심해도 폴스 나인이 수비수를 유인하여 끌어낼 수 있고, 수비 라인에 빈틈을 만들 수 있기 때문이다. 그러면 뒤에서 전진하는 동료 선수가 그 빈틈을 차지한다.

> **폴스 나인**이란 상대 팀이 볼을 점유했을 때는 공격 라인에 있다가 아군 팀이 볼을 점유했을 때는 한두 라인 정도 뒤로 물러나 움직이는 선수를 말한다.

수적 우위와 비대칭 형태 포메이션

아군 팀이 공격할 때 선수들은 원래 수비하던 위치에 머물러 있지 않는다. 선수들이 옆으로 이동하여 한쪽 측면에서 수적 우위를 점할 수도 있다.

이를 약간 응용한 것이 비대칭 형태의 포메이션이다. 한쪽 측면에 있던 선수가 앞으로 나가면 나머지 선수들이 빈공간으로 조금씩 이동하여 커버하는 것이다. 측면 수비수가 비대칭 포메이션으로 설 경우, 측면 수비수 중 한 명이 앞으로 멀찌감치 나가면 나머지 수비수들은 최후방에 그대로 머물면서 간격을 넓힌다. 이러면 상대 팀은 마크해야 할 선수가 갑자기 한 명 더 늘어나는 셈이므로 당황할 수 있다(그림 68).

많은 팀이 양쪽 측면 중 어느 쪽이 자신들에게 '차려진 밥상'인지, 어느 쪽에서 주로 상대 팀을 공략해야 하는지 잘 알고 있다. 상대 팀의 약점인 측면에서는 공격에 총력을 기울이고, 반대쪽 측면에서는 간격을 벌려 빈공간을 커버한다.

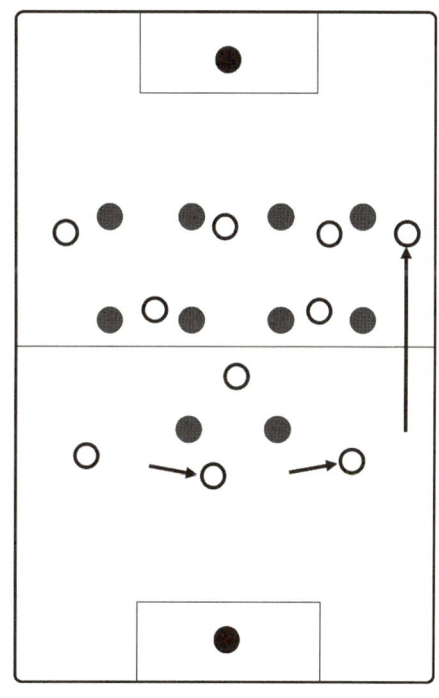

68. 비대칭 형태 포메이션. 왼쪽 측면 수비수는 그대로 머물고, 오른쪽 측면 수비수는 앞으로 돌진한다.

리버풀의 예시로 보는 선수들의 역할 조합

선수들의 역할을 제대로 조합하는 것 또한 포지션 플레이의 원칙을 실전에서 구현하는 방법 중 하나다. 모든 팀은 볼을 점유했을 때 득점 성공률을 높이기 위해 선수들에게 각기 다른 역할을 맡긴다. 중요한 것은 각 선수들의 역할이 서로를 보완하고, 선수 개인에게 잘 맞아야 한다는 점이다.

각 선수들이 팀의 전체 구조에 어떤 영향을 미치는지 알고 싶다면 맨체스터 시티와 리버풀의 구조를 비교해보면 된다. 맨체스터 시티가 채택한 포지션 플레이 구조의 목표가 무엇인지는 이미 예시에서 확인했다. 그들은 패스 플레이를 통해 상대 팀 진영을 어지럽혀서 빈 공간을 만들어내고자 했다. 만약 상대 팀이 큰 덩어리처럼 단단하게 뭉쳐 있다면 사네나 스털링처럼 드리블 실력이 뛰어난 측면 공격수가 나선다. 상대 팀이 서로 멀리 떨어져 넓게 퍼져 있다면 중앙에 빈 공간이 생기기 쉽다. 그러면 더 브라위너 같은 선수가 상대 팀 수비 라인 사이 공간에서 볼을 잡고 컨트롤하거나 상대 골대 쪽으로 돌진한다.

지난 몇 년 동안 맨체스터 시티가 프리미어 리그에서 상대한 강적 중 한 팀이 바로 리버풀이다. 위르겐 클롭 감독의 지도 아래 리버풀은 프레싱 기계로 변신했다. 클롭 또한 상대 진영 깊숙한 곳을 공략할 수 있는 명확한 포지션 플레이 구조를 만들어 팀을 한층 더 성장시켰다. 리버풀과 맨체스터 시티의 포메이션 자체는 크게 다르지 않다. 양 팀 모두 수비할 때는 4-3-3 포메이션으로 서고, 공격할 때 공격수 세 명을 배치한다는 점도 똑같다.

다만 리버풀은 맨체스터 시티와 완전히 다른 유형의 선수들을 배치했다. 리버풀의 공격수는 사네처럼 전형적인 드리블러가 아니다. 리버풀의 골잡이는 모하메드 살라Mohamed Salah와 사디오 마네Sadio Mané다. 이들은 하프 스페이스에 위치해 상대 중앙 수비수와 측면 수비수 사이의 빈틈을 찾아내 파고든다. 리버풀의 포지션 플레이는 상대 수비 라인 뒤쪽으로 파고드는 살라와 마네에게 볼을 연결하는 데 맞춰져 있다. 또한 그들이 하프 스페이스에서 상대 골대를 위협할 수

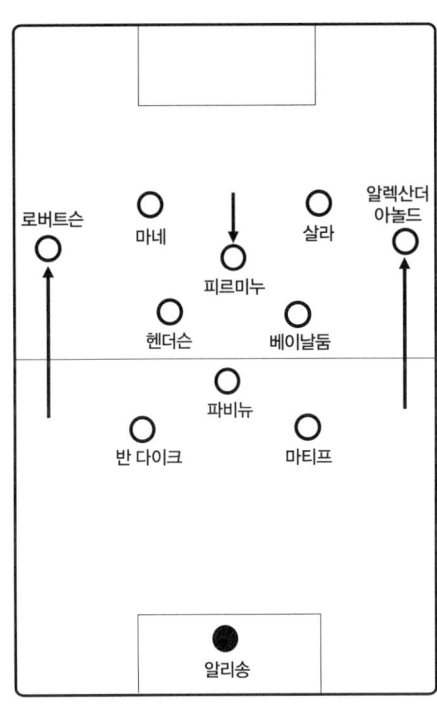

69. 리버풀의 포지션 플레이.

있는 상황을 만들려고 한다. 리버풀과 맨체스터 시티는 상대 팀 선수들을 둘러싸고 압박하는 방식에도 차이를 보인다.

    이는 선수들의 역할에도 영향을 미친다. 리버풀의 경우 상대 진영 깊숙한 곳에 위치한 최전방 공격수가 없다. 왜일까? 이미 마네와 살라가 상대 진영 깊은 곳까지 들어가 있기 때문이다. 한편 중앙 공격수인 피르미누는 폴스 나인처럼 활약하여 뒤로 물러나 상대 수비 라인 사이 공간을 노린다. 양옆 측면은 앞으로 나가 있는 측면 수비수들이 책임진다(그림 69). 이들은 맨체스터 시티 선수들보다 훨씬 공격적으로 움직이며 상대 선수들을 분산시킨다. 그렇게 하여 마네와 살라가 파고들 수비 라인 사이의 빈틈을 넓히는 것이다.

이는 간략한 예시일 뿐이지만 모든 포지션 플레이 구조가 각 선수의 강점과 약점을 적절히 조합해야 한다는 점을 보여준다. 상대 팀 수비 라인 사이 공간을 능숙하게 활용할 선수가 없는데 굳이 그 공간을 노리는 것은 유용한 전술이 아니다. 상대 팀의 압박을 뚫고 볼을 몰아 골대로 정면 돌파할 수 있는 공격수를 가진 팀은 작고 민첩한 공격수를 가진 팀과 경기 운영 방식이 다르다. 후자는 상대 수비진 뒤로 파고들어 볼을 받는 것이 좋다.

모든 감독들의 고민은 비슷하다. 어떻게 하면 선수들의 능력을 최대로 이끌어내고 최적으로 조합하여 상대 팀보다 유리해질 수 있을까? 이 의문에 대한 답은 일반화할 수 없다. 클롭이 이끈 리버풀은 팀이 어떻게 기능하는지 한 가지 예시를 보여주었다. 그는 포지션 플레이의 원칙을 실전에 그대로 적용하면서도 각 선수의 강점을 최대한 살리는 구조를 만들었다.

볼 키핑부터 슈팅까지

TV 애니메이션 〈심슨 가족〉에 나오는 유명한 장면이 있다. 스프링필드 주민들이 포르투갈과 멕시코의 축구 경기를 관전하기 위해 경기장에 모였다. 그 경기를 홍보하는 TV 광고에서는 "빠른 슛, 적은 골."이라는 문구가 흘러나왔다. 축구를 자주 접하지 않은 미국인 관중으로서는 그 광고를 보고 경기가 무진장 지루할 것이라고 예측할 수밖에 없다. 흥분한 해설자가 다음과 같이 말한다. "중앙으로 볼을 찹니다. 다시 오른쪽 측면으로 보냅니다. 다시 중앙으로 찹니다. 볼을 잡았습니다. 계속 볼을 잡고 있습니다. 여전히 볼을 잡고 있습니다." 계속되는 볼 키핑이 너무 지루했던 나머지 결국 관중들은 난투를 벌이게 된다. 이 장면을 보면 미국인들이 축구를 어떻게 생각하는지 알 수 있다. 그들에게 축구란 역동적이지 않고, 볼을 이리저리 이동시키기만 하며, 관중들 사이에서 난투극이 발생하는 스포츠다.

〈심슨 가족〉의 한 장면처럼 축구 경기를 관전하다 보면 공격하는 팀이 볼을 그저 갖고 있을 뿐, 좀처럼 슈팅을 하지 않는 것 같다고 느낄 때가 많다. 그런데 볼을 그저 점유하고 있는 것 또한 아군이 실점하지 않기 위한 전술 도구다. 아군이 볼을 점유하고 있으면 상대 팀이 골을 노릴 가능성은 없기 때문이다.

그렇다고 선수들이 90분 동안 볼을 돌리고 백패스만 한다면 아무도 축구를 보러 경기장에 가지 않을 것이다. 공격하는 팀은 어느 시점이 되면 볼 키핑을 중단하고 골을 넣으려고 해야 한다. 이는 상대 수비를 뚫고, 속도를 높여 공격을 마무리하는 것을 의미한다. 이런 과정을 거쳐야만 볼 점유 상태에서 골을 노릴 수 있다.

볼 키핑에서 패킹으로

앞서 패킹이라는 개념을 언급한 바 있다. 바로 그 패킹에 대해 좀 더 자세히 설명하도록 하겠다. 공격하는 팀이 볼 키핑을 중단하고, 골을 넣으려고 시도하려면 상대 선수를 패킹하는 플레이를 해야 한다. 즉, 상대 수비 포메이션 주위에서 플레이하는 것이 아니라 그 안쪽이나 뒤로 파고들어 플레이해야 한다는 것이다.

패킹이 쉽다면 모든 팀이 곧바로 상대 팀 골대를 노리는 방법을 찾을 것이다. 하지만 공격은 늘 위험과 연결되어 있다. 패스를 잘못하거나 패스된 볼을 제대로 잡지 못하면 상대에게 볼을 빼앗길 가능성이 높다. 상대 팀 골대까지 도달하려면 패스, 드리블, 슈팅이라는 연계 행동이 정확히 이루어져야 한다. 선수들이 모든 상황을 올바르게 인식하고, 적절한 결정을 내린 다음 그것을 실현해야만 상대 수비를 허물고 앞으로 나갈 수 있다. 잘못된 결정을 내리거나 결정한 것을 실현하지 못하면 공격은 실패한다. 그 전까지 팀이 열 가지 올바른 결정을 내렸다 한들 소용없다. 그만큼 상대 팀 골대까지 도달하는 과정은 힘들다.

수비하는 팀은 공격하는 팀이 어떻게든 실수하도록 만들기 위해 수동적인 수비를 펼치며 공간을 철저히 점유하거나 공격적인 프레싱을 펼칠 것이다. 공격할 때 중요한 것은 골을 넣을 수 있는 결정적인 상황과 순간을 정확히 인식하는 일이다. 그 순간을 제대로 예측해야 볼 점유가 골로 이어질 가능성이 커진다.

상대 팀보다 유리해지기

이번 장의 앞부분에서 이미 설명했듯이, 오로지 볼을 점유하기 위한 볼 점유는 좋은 포지션 플레이의 목표라고 할 수 없다. 필드를 적절한 존으로 나눠 경기를 운영하는 것은 좋은 기회를 창출한다. 공격하는 팀의 목표는 동료 선수가 상대 팀 포메이션을 뚫거나 수비 라인 뒤쪽으로 들어가는 동안 어떻게든 볼을 정확하고 안전하게 옮기는 것이다. 그러려면 포지션 플레이를 활용해 상대 팀보다 유리한 위치를 선점해야 하고, 유리한 고지를 점령했다면 이를 활용해 상대 팀 골대를 노려야 한다.

공격하는 팀이 공간을 잘 점유하면 어떤 이점을 얻을 수 있을까?

- **구조적인 이점: 상대 팀보다 더 유리한 공간을 차지할 수 있다.** 여기서 각 선수의 포지션 플레이가 중요한 역할을 한다. 상대 수비를 무너뜨려서 빈틈을 차지한 선수는 상대 팀이 막기 어려운 상황을 만들어낼 수 있다. 즉, 구조적 이점은 공격하는 팀이 포지션 플레이를 펼쳐 상대 골문을 향해 달려갈 수 있는 빈공간을 확보할 수 있다는 것이다.
- **역동적인 이점: 상대 팀보다 훨씬 역동적으로 움직일 수 있다.** 아군 선수가 움직이는 속도를 높이면 상대 선수들이 부담을 느끼도록 강요할 수 있다. 수비하는 팀은 공격하는 팀의 행동에 반응해야 하므로 한발 늦게 움직일 수밖에 없다. 여기서 중요한 요소는 스피드다.
- **양적인 이점: 볼 주변에서 수적 우위를 점할 수 있다.** 이로 인해 상대 팀 수비수들이 감당할 수 있는 것보다 더 많은 선택지를 만들 수 있다.
- **질적인 이점:** 이는 선수의 실력에 관한 것이다. **선수 개인이 고를 수 있는 선택지가 많을수록 득점 가능성이 높아진다.** 예를 들어 리오넬 메시 같

은 선수는 앞에 상대 팀 선수가 세 명이 있더라도 모두 제치고 골을 넣을 수 있는 선택지를 가지고 있다. 포지션 플레이는 이처럼 선수가 스스로 지배할 수 있는 상황을 조성한다.

이런 이점은 대개 서로 연결되어 있다. 볼 근처에서 수적 우위를 점하면 움직이는 속도를 높일 수 있고, 역동적인 이점도 얻게 된다. 즉, 동시에 여러 이점을 얻을 수 있다.

다만 이론적으로 상대 팀보다 유리해졌다고 해서 공격이 일사천리로 진행되는 것은 아니다. 이러한 여러 이점에 숨겨진 개념과 아이디어를 알아야 실전에 적용할 수 있다.

맨체스터 시티의 예시로 보는 구조적인 이점

맨체스터 시티의 포지션 플레이 구조는 이미 첼시와의 경기를 예로 들어 여러 차례 설명했다. 그렇다면 맨체스터 시티가 포지션 플레이를 활용해 볼을 이리저리 움직인 다음에는 어떤 일이 벌어졌을까? 맨체스터 시티는 볼과 상대 선수들을 이동시키는 데 그치지 않았다. 그들은 이후 패킹으로 넘어갔다.

맨체스터 시티의 중앙 수비수 니콜라스 오타멘디Nicolas Otamendi는 볼을 몰고 빈 공간으로 나가기 위해 첼시 진영 깊숙한 곳을 노렸다. 첼시 선수들보다 오타멘디에게 선택지가 많고 유리한 상황이었다. 볼을 받을 수 있는 선수들이 주변 동료들과 함께 삼각 대형을 이루었고, 앞서 분석한 구조가 아직도 잘 작동하고 있었다.

이때 오타멘디에게는 수많은 선택지가 있었다. 그는 〈심슨 가족〉에 나온 장면처럼 패스를 돌리면서 팀이 계속 볼을 점유하도록 할 수도 있었지만, 그렇게 하지 않았다. 맨체스터 시티는 자신들만의 경기 운영 스타일로 구조적인 이점을 얻었다. 상대 팀 선수들을 분산시켜 수비 라인에 빈틈을 만들어낸 것이다. 오타멘디는 그 틈을 놓치지 않고, 더 브라위너에게 대각선으로 패스했다. 상대 팀 수비 라인 사이 빈 공간으로 가는 아주 좋은 패스였다(그림 70).

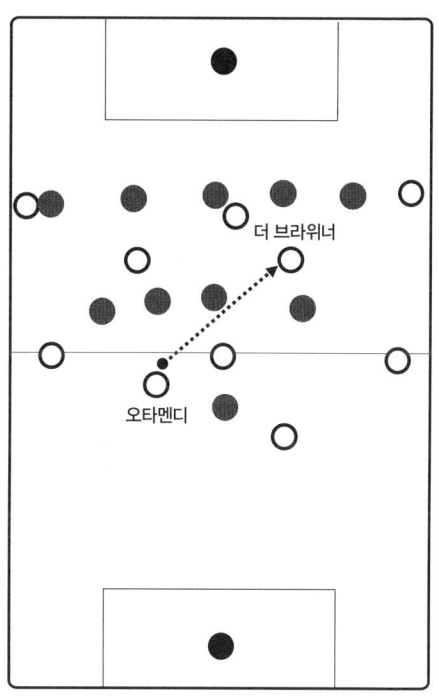

70. 첼시를 상대로 패킹하는 맨체스터 시티, 첫 번째.

이렇게 본격적인 공격 플레이의 시작을 알리는 것이 패킹 패스다. 오타멘디는 이 패스로 상대 팀 필드 선수 열 명 중 다섯 명을 제쳤을 뿐만 아니라 상대 팀 수비 라인도 무너뜨렸다. 이는 볼을 점유한 채 기회를 노리던 움직임이 역동적인 공격 상황으로 변한다는 신호다. 더 브라위너는 볼을 받자마자 곧바로 공격수 가브리엘 제수스 Gabriel Jesus에게 볼을 넘겼고(그림 71), 뒤이어 제수스와 더 브라위너 사이에 리턴 패스가 이어졌다(그림 72).

더 브라위너가 볼을 잡았을 때 맨체스터 시티는 명백하게 볼 점유 상황을 역동적인 공격 상황으로 전환했다. 움직이는 속도를 높인 것이다. 만약 이 상황에서 더 브라위너가 우물쭈물했다면 첼시 선수

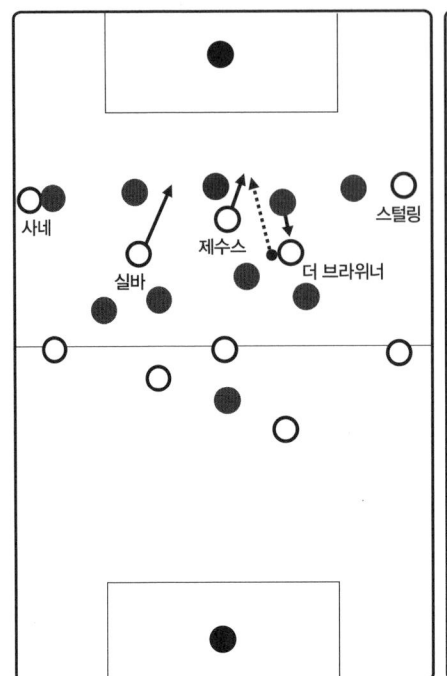
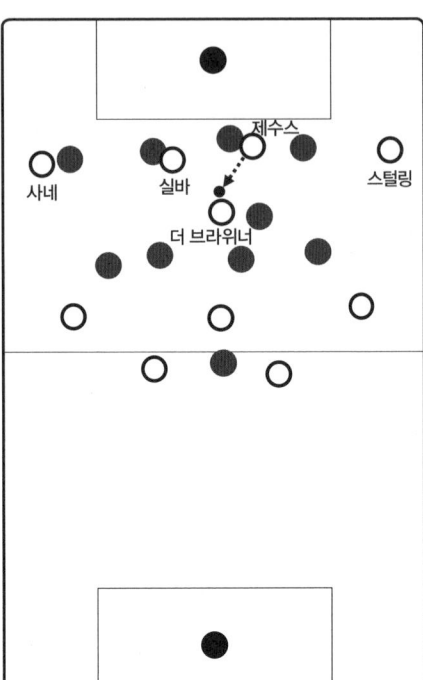

71. 첼시를 상대로 패킹하는 맨체스터 시티, 두 번째.   72. 첼시를 상대로 패킹하는 맨체스터 시티, 세 번째.

들이 볼을 막을 수 있는 위치로 물러났을 것이다. 그랬다면 모든 수비수들이 볼과 골대 사이에 자리를 잡아 다시 처음부터 공격을 전개해야 하는 상황이 되고 말았을 테다. 맨체스터 시티는 그렇게 되지 않기 위해 속도를 높이고 공격을 완결하고자 했다.

더 브라위너와 제수스 사이의 원투 패스만이 공격에 역동성을 높인 것이 아니다. 동료 선수들 또한 그 상황을 예측했다. 다비드 실바 David Silva와 제수스는 오타멘디가 상대 팀 골대 방향으로 패스했을 때부터 이미 움직이기 시작했고, 이후에는 측면에 있던 공격수 스털링과 사네까지 앞으로 치고 나갔다. 팀의 역동성에 추진력을 가하려고 한 것이다. 공격수들이 진영 깊숙이 침투하면 첼시가 반응할 터였다. 이때 첼시의 수비수들은 결정해야 한다. 진영 깊은 곳을 지킬 것인가, 아니면 더 브라위너 쪽으로 돌진할 것인가? 수비수들은 이론적으로 올바른 선택지를 골랐다. 수비수 중 더 브라위너에게 직접적인 압박을 가하기 위해 움직일 수 있는 선수가 없었고, 맨체스터 시티의 공격수들이 최후방 수비 라인의 빈틈을 파고들었기 때문에 첼시의 수비 라인은 뒤로 물러날 수밖에 없었다. 하지만 더 브라위너는 그 기회 또한 놓치지 않았다. 페널티 에어리어 바로 앞에서 슛을 쏜 것이다. 볼은 골키퍼의 손이 닿지 않는 각도로 떨어졌고, 이는 1:0 승리를 결정짓는 골이었다.

맨체스터 시티의 이 공격 방식은 다양한 측면에서 모범적인 예시가 된다. 초반에는 선수들이 각자의 존을 차지하고 있었다. 이미 그 구조 자체가 상대보다 유리한 상태였다. 팀의 포지션 플레이는 상대 팀 수비 라인 사이에 있는 더 브라위너를 자유롭게 만들었다. 이것은 구조적인 이점이다. 이어서 제수스와 더 브라위너 사이의 빠른 원투 패스로 역동성을 더했다. 원투 패스가 성공한 후에도 볼과 골대 사이에는 상대 수비수가 네 명이 있었지만, 같은 공간에 맨체스터 시티의 공격수는 더 브라위너를 포함해 다섯 명이었다. 이것은 양적인 이점이다. 또한 맨체스터 시티는 각 선수의 능력이 뛰어나다는 질적인 이점도 취할 수 있었다. 강력한 슈팅 능력을 겸비한 더 브라위너가 상대 팀에게는 엄청난 위협이 되었기 때문이다. 이처럼 맨체스터 시티는 상대 팀보다 유리한 위치를 선점하고, 이를 잘 활용했다.

보루시아 도르트문트의 예시로 보는 역동적인 이점

오늘날 프로축구팀이 볼 점유를 역동적인 공격으로 전환하는 타이밍은 가히 예술의 경지다. 이상적으로 실행하면 역습과 비슷한 상황을 연출할 수 있다. 그러나 이것이 항상 가능한 것은 아니다. 때로는 적당한 때가 올 때까지 기다릴 인내심이 필요하다.

인내심은 보루시아 도르트문트의 트레이드마크다. 다음 예시는 보루시아 도르트문트와 바이에른 뮌헨이 2018년 가을에 경기한 내용을 바탕으로 한다. 당시 독일 축구계에는 정상이 바뀔지도 모른다는 기대가 감돌았다. 리그 초반 보루시아 도르트문트가 앞서고, 바이에른 뮌헨이 그 뒤를 바짝 추격하는 상황이었다. 두 팀의 경기에서는 바이에른 뮌헨이 앞섰다가 약자처럼 자기 진영으로 후퇴하는 방식으로 전개되었다. 경기의 주도권을 쥔 보루시아 도르트문트는 공격을 이어갔고, 0:1의 열세를 3:2 승리로 뒤집었다.

보루시아 도르트문트는 우선 페널티 킥을 얻어내 성공시키고 1:1 스코어를 만들어냈는데, 이는 도르트문트의 오랜 볼 점유로부터 시작되었다. 도르트문트는 1분 이상 볼을 점유하면서 자신들만의 포지션 플레이 구조를 만들어갔다. 앞서 맨체스터 시티와 같이 그들은 필드의 존을 고르게 차지했다(다만 볼을 가진 마누엘 아칸지 Manuel Akanji 만이 필요 이상으로 중앙에 들어와 있었다. 그림 73). 보루시아 도르트문트는 자신들에게 유리한 구조를 만들고, 한쪽 측면에서 반대쪽 측면으로 볼을 옮기며 기회를 만들었다. 핵심은 팀이 볼을 점유하는 것이었다.

그러나 단순히 볼을 지키기 위해 이동시키는 것만이 목적은 아니었다. 도르트문트는 바이에른 선수들의 움직임을 유도해 페이스를

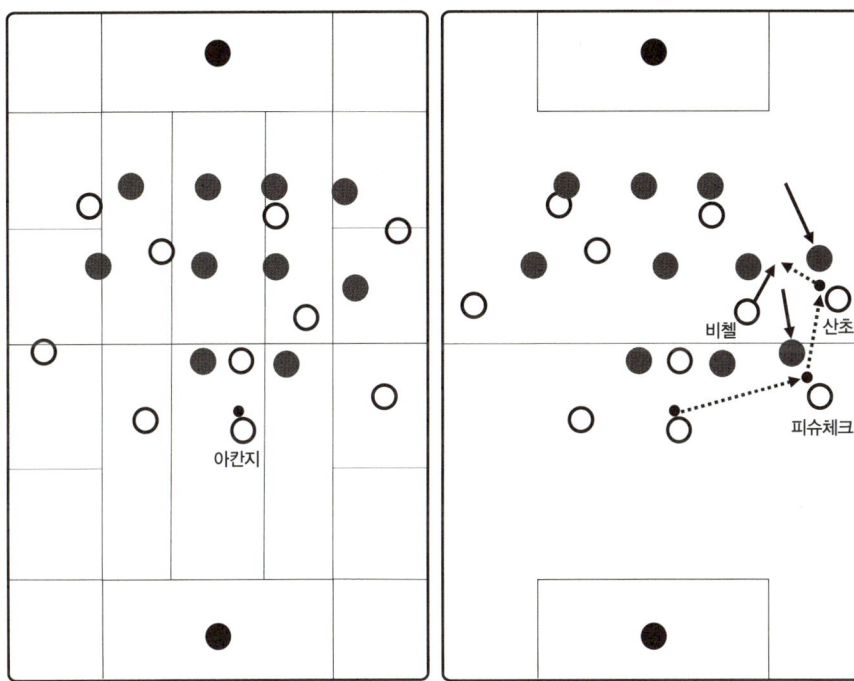

73. 보루시아 도르트문트가 바이에른 뮌헨과의 경기에서 보인 인내심, 첫 번째.

74. 보루시아 도르트문트가 바이에른 뮌헨과의 경기에서 보인 인내심, 두 번째.

잃게 만들고 빈틈을 노려 파고들었다. 도르트문트의 우카시 피슈체크Łukasz Piszczek가 오른쪽에서 볼을 잡자 바이에른 선수들이 프레싱을 시도했다. 이는 1장에서 소개한 전형적인 사키식 프레싱이었다 (그림 74).

하지만 도르트문트는 상대의 프레싱에 겁먹지 않았다. 오히려 그 반대였다. 그들은 애초에 상대 팀 수비 라인 뒤쪽을 파고들 틈을 만들기 위해 프레싱 상황을 유도했던 것이다. 즉, 도르트문트 선수들에게는 상대 팀의 프레싱이 공격으로 전환하는 신호였다. 피슈체크는 제이든 산초Jadon Sancho에게 볼을 보냈다. 산초는 1초의 망설임도 없이 악셀 비첼Axel Witsel과 짧은 원투 패스로 공간을 열었고, 상

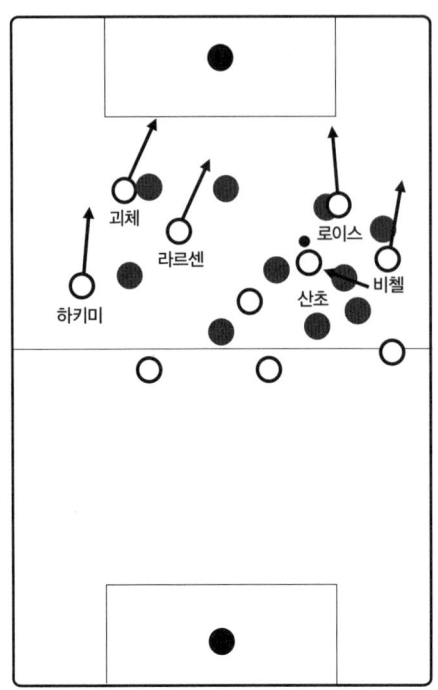

75. 보루시아 도르트문트가 바이에른 뮌헨과의 경기에서 보인 인내심, 세 번째.

대 수비수를 제치며 위협적인 상황을 연출했다. 산초는 한 번의 움직임으로 상대 수비수 네 명을 압도했다. 매우 모범적인 패킹이라고 할 수 있다. 이로써 도르트문트는 역동적인 상황을 만들었다(그림 75).

동료 선수들은 산초의 드리블을 상대 진영으로 깊이 파고드는 기회로 삼았다. 도르트문트 선수 네 명이 상대 수비 라인을 공략했고, 왼쪽 수비수인 아쉬라프 하키미Achraf Hakimi도 앞으로 돌진해 상대 선수를 한 명 더 유인했다. 이로 인해 도르트문트는 상대 진영에서 수적 우위를 점할 수 있었다. 도르트문트는 1분가량 볼을 점유하고 있다가 공격을 개시했지만, 마치 볼을 잡자마자 역습한 것과 비슷한 상황을 만들어냈다. 게다가 상대 페널티 에어리어 안에서도 수적 우위를 점해 대단히 유리했다. 산초가 깊이 찔러준 패스는 페널티 에어리어 안으로 들어가는 마르코 로이스Marco Reus에게 연결됐다. 바이에른 뮌헨의 골키퍼 마누엘 노이어가 볼을 잡으려는 로이스를 막으려고 다리 쪽으로 손을 뻗자 페널티 킥이 선언되었고, 로이스가 직접 키커로 나섰다.

도르트문트는 일부러 상대 팀이 프레싱에 나서야 하는 상황을 만들었고, 그것을 역이용하여 자신들에게 유리하게 만들었다. 나는 이를 '살을 주고 뼈를 취하는 방법'이라 부른다. 그들은 바이에른 선수들이 전진한 상황을 이용하여 속도를 올렸고, 이로 인해 역동적인 이점을 만들어냈다.

상대 팀의 프레싱에서 벗어나는 것은 실전에서 해내기가 쉽지 않다. 볼을 잡은 선수는 어떤 압박을 느껴도 차분해야 하고, 모든 터치가 정확해야 하기 때문이다. 하지만 이론적으로만 본다면 프레싱 상황은 상대 팀을 제압할 좋은 기회이기도 하다. 상대가 어떻게든 볼을 빼앗으려고 하는 상황이므로 수비수까지도 원래 위치보다 앞으로 나와 있을 것이기 때문이다. 당시 볼 주변에는 바이에른 선수 네 명이 있었지만, 도르트문트는 단 한 번의 패스로 그 네 명을 모두 따돌렸다.

> 볼을 가진 선수가 상대의 프레싱에도 볼을 잃지 않고 벗어난다면 **프레싱에 대한 저항력이 높다**고 말한다. 그러려면 볼 키핑 능력뿐만 아니라 공간 인식, 정확한 판단 등 여러 가지 능력을 갖춰야 한다.

이처럼 상대의 프레싱을 오히려 도화선처럼 활용할 수 있다면 공격적으로 전진할 수 있다. 위기 상황에 또 다른 위협으로 대응하는 것이다. 이 방식은 성공하면 빠른 속도로 상대 선수 여러 명을 제칠 수 있지만, 실패하면 팀이 위험에 처하게 된다. 이미 공격수들이 앞으로 움직이고 있기 때문에 볼을 빼앗겼을 때 수비 대열을 재빨리 가다듬기가 어렵다. 그래서 이런 공격 방식에는 항상 위험이 뒤따른다. 다만 도르트문트 선수들은 그것을 수용할 수 있을 정도로 훈련이 되어 있었다. 이 경기에서 그들은 높은 압박 속에서도 버틸 수 있는 기술적, 정신적 힘을 보여주었다.

또한 그들은 단순히 볼을 오래 점유하기만 하는 것이 아니라는 것을 증명했다. 그들은 역동적인 공격을 전개하기 위해 볼을 점유하며 기회를 엿보고 있었던 것이다.

역동성 만들기

포지션 플레이와 역동성은 얼핏 보기에는 서로 어울리는 단어가 아니다. 포지션 플레이란 어디까지나 각 선수가 한 존씩 맡아 책임지는 것을 말하기 때문이다. 자신이 맡은 존을 지키면서 어떻게 빠른 속도로 움직여 추진력을 만들어낼 수 있단 말인가?

실전에서 융통성 없이 고정된 방식으로 존을 지키고 있으면 역동적으로 경기를 운영할 수 없다. 이를 잘 보여주는 전형적인 예가 바로 2018년 월드컵 당시 독일 대표팀이다. 선수들은 포지션 플레이를 완벽에 가까울 정도로 잘 해냈다. 각자가 정해진 존을 맡아 지킨다는 명확한 과제를 철저히 수행했고, 세 차례의 조별 예선 경기 때도 볼 점유율이 상대 팀에 비해 월등히 높았다. 그러나 좀처럼 골을 넣지는 못했다. 골을 넣을 기회와 상황을 만들어내지 못한 것이다.

잘 훈련된 팀이었다면 포지션 플레이 구조에서 기회를 만들어낼 수 있었을 것이다. 하지만 수비수가 당황할만한 상황이 발생하지 않는다면 상대 팀으로서는 공격하는 팀의 공간 점유에 반응하기가 쉬워진다. 그들이 아무리 공간 점유 능력이 좋다 하더라도 말이다. 그렇다면 역동성을 만들어내려면 어떻게 해야 할까?

여기서 역동성이란 결국 속도를 말한다. 선수들이 피치를 올리고 빠르게 움직이면 속도가 높아진다. 자신이 맡은 존에서 벗어나는 선수들의 움직임이 모여 역동성을 만든다. 물론 선수들이 항상 그렇게 움직일 수 있는 것은 아니다. 모든 선수들이 늘 자유롭게 움직인다면 좋은 포지션 플레이의 장점이 사라질 것이다. 또한 공격수들이 상대 골대 방향으로 달려가기만 한다면 볼을 잃었을 때 수비로 전환하기가 매우 어려울 것이다. 따라서 선수들은 언제 자신의 존에서 벗어나 자유로운 위치나 빈 공간으로 이동할지 미리 기준을 정해두어야 한다.

포지션 체인지

팀의 포지션 플레이 구조를 무너뜨리지 않으면서 역동성을 만들어 내는 방법이 바로 포지션 체인지다. 예를 들어 공격에 가담하는 선수가 자신의 존을 벗어나면 다른 선수가 와서 그 존을 채우는 것이다. 그 선수가 벗어난 존은 또 다른 선수가 와서 채우고, 이런 식으로 계속 움직이는 것이 포지션 체인지다. 이처럼 공격하는 팀은 포지션을 순환하면서 속도를 올려 상대 팀 골대 방향으로 움직일 수 있다.

특히 상대 팀이 대인 지향 수비에 집중한다면 포지션 체인지를 활용하기 쉽다. 상대 수비수가 자신이 맡은 공격수를 따라 이동할 것이기 때문이다. 그러면 다른 공격수가 파고들 수 있는 빈 공간이 생긴다(그림 76, 77).

그림을 보면 빈공간으로 달려가는 것이 항상 볼을 얻기 위해서만은 아니라는 사실을 알 수 있다. 공격수가 달려나가면서 상대 선수

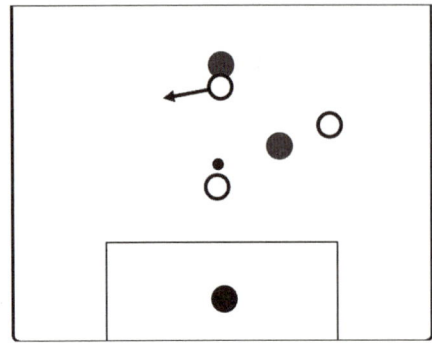 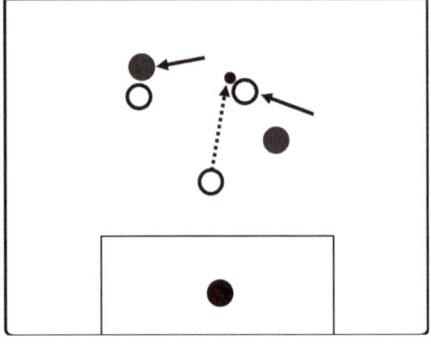

76. 포지션 체인지, 첫 번째.　　　　　77. 포지션 체인지, 두 번째.

들의 주의를 끈다면 그만큼 동료 선수들이 자유로워진다. 이처럼 팀의 포지션 플레이를 유지하면서 속도를 높이고 싶다면 빈 공간으로 돌진해 포지션 체인지를 하면 된다. 때로는 공격수 한 명이 달려나가려는 페인트 모션을 취해 상대 수비수를 뒤로 물러나게 만들기도 한다. 그런 다음 빈 공간을 차지하고 역동적으로 공격을 전개하는 것이다.

　팀원 전체가 이런 상황을 가정하고 포지션이 순환하도록 한다. 그러면 팀의 포지션 플레이 구조를 무너뜨리지 않으면서 자신이 맡은 존에서 벗어날 수 있다. 이는 이론적으로 견고한 포지션 플레이에 속도를 더할 수 있는 방법이지만, 실전에 적용하기는 쉽지 않다. 선수들끼리 합이 잘 맞고 올바른 타이밍을 찾아야 하기 때문이다.

패스와 내주기

포지션 체인지와 비슷하면서도 좀 더 간단하게 역동성을 만들어낼 수 있는 방법은 바로 패스와 내주기를 활용하는 것이다. 이 전술 도구는 원투 패스와 비슷한 형태로 나타난다. 물론 몇 명의 선수가 가담했느냐에 따라 조금씩 차이가 있다. 이 전술 도구를 사용할 때 볼을 가진 선수는 대개 상대 팀 골대를 등지고 있다. 그 상태에서 좋은 위치에 있는(상대 팀 골대를 바라보고 있는) 동료 선수에게 볼을 내주고 이동한다. 볼을 넘겨받은 동료 선수는 상대 팀 골대 방향으로 움직인다.

> **패스와 내주기**는 항상 상대 팀 골대를 향한 패스로부터 시작된다. 상대 팀 골대를 등지고 있거나 측면에 두고 있는 선수가 패스를 받으면 근처에 좋은 위치에 있는 동료 선수에게 볼을 넘겨주고 이동한다.

내주기를 하는 이유는 팀이 공격하기 좋은 위치를 차지하기 위해서다. 상대 팀 골대를 등진 공격수에게 패스하면 우선 공간을 확보할 수 있다. 이때 공격수가 뒤로 돌아 볼을 몰고 이동하기보다 좋은 위치에 있는 동료 선수에게 볼을 내주면 공격을 전개하기가 더 쉽다. 상대 골대를 바라보는 방향으로 있는 동료 선수는 볼을 잡고 곧장 상대 팀 골내로 움직일 수 있다. 패스와 내주기는 상대 팀 진영 깊숙이 파고드는 역동적인 움직임과 조합하면 아주 이상적이다. 패스하고, 내준 다음 상대 수비 뒤쪽으로 볼을 몰고 가거나 패스하는 것은 팀이 공격할 때 역동성을 만들어내는 최고의 전술 도구다.

하지만 이 역시도 실전에서 적용하기는 쉽지 않다. 공격하는 팀 선수들이 패스와 내주기를 할 때 수비하는 팀 선수들은 몸싸움을 시도하거나 수비의 그림자를 활용해 어떻게든 막으려고 할 것이기 때문이다. 패스와 내주기가 어떻게 작동하는지는 맨체스터 시티의 예시에서 확인할 수 있다. 아주 좁은 공간에서 일어난 일이기는 하지만 더 브라위너와 제수스 사이의 연결성이 바로 패스와 내주기라고 할 수 있다.

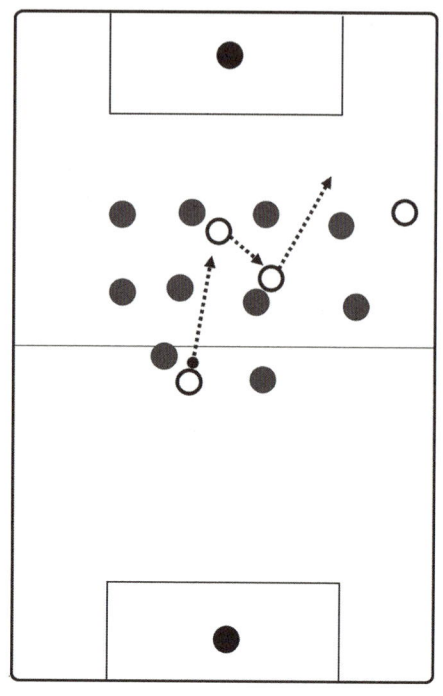

78. 패스와 내주기.

측면 혹은 중앙으로 달려가기

역동성을 만들어내는 또 다른 전술 도구는 측면 혹은 중앙으로 달려나가는 것이다. 이때 선수가 달리기 시작하는 위치는 볼을 가진 선수 뒤쪽이다. 그곳에서부터 볼을 가진 동료 선수를 지나 달려가면 속도가 높아지고 역동성이 발생한다. 이는 볼을 가진 선수를 지나쳐 달린다는 점만 빼면 그냥 열린 공간으로 돌진하는 것과 효과가 비슷하다. 이 전술 도구는 측면 선수들만 사용하는 것이 아니다. 이론적으로는 중앙에 있는 선수도 볼을 가진 선수 뒤에서 달리기 시작해 앞으로 혹은 측면으로 치고 나갈 수 있다. 어쨌든 피치를 올리기 시작하면 역동성이 발생하고, 그 상황을 제대로 활용한다면 공격하는 팀으로서는 유리해질 수 있다. 상대 팀은 측면 혹은 중앙으로 달려가는 선수를 어떻게 대처할지 결정해야 한다. 측면 혹은 중앙으로 달려나가는 것은 잘 정돈된 포지션 플레이에서 역동성을 발생시키는 간단한 방법이다. 다만 선수들은 언제 자신이 맡은 존을 벗어나 달려나가야 하는지 정확히 알아야 한다. 그래야 동료 선수들과 호흡을 맞춰 서로의 움직임에 반응하고, 팀의 포지션 플레이 질서를 무너뜨리지 않을 수 있다.

첼시의 예시로 보는 양적인 이점

수적 우위를 점하는 것은 이 책에서 여러 차례 강조하는 주제다. 수비하는 팀의 목표 중 하나는 볼 근처에서 수적 우위를 차지하는 것이다. 공격하는 팀도 마찬가지다. 이들 또한 볼 근처에서 상대 팀 선수보다 동료 선수가 더 많은 상황을 만들기 위해 노력한다. 그래야 상대 팀이 커버할 수 없을 정도로 다양한 선택지가 발생하기 때문이다. 결국 볼 근처에서 수적 우위를 점하는 것은 상대 팀 골대로 나아갈 수 있는 토대다.

하지만 수적 우위를 점하기만 해서는 아무 소용없다. 즉, 한 지역에 동료 선수를 상대 선수보다 더 많이 배치하는 것만으로는 충분하지 않다는 것이다. 그곳에 모인 선수들 사이에 연결성이 없고 패스할 공간이 없다면, 아무리 숫자가 많아도 공격에 성공할 수 없다. 포지션 플레이의 원칙을 다시 떠올려보자. 팀은 수적 우위를 적절한 공간 분배와 연결하여 이점을 얻어야 한다.

> 공격하는 팀이 필드의 한 지역에서 상대 팀보다 수적 우위를 점한다면 **그 지역으로 치우쳐 있다**고 볼 수 있다. 예를 들어 어떤 팀이 오른쪽 측면에 선수를 일곱 명 배치하고 왼쪽 측면에 겨우 두 명만 배치한다면 오른쪽으로 치우쳐 있는 셈이다.

수적 우위와 포지션 플레이를 적절하게 연결하는 감독이 바로 마우리치오 사리Maurizio Sarri다. 과르디올라와 마찬가지로 사리는 선수들에게 볼 점유 시간을 늘리라고 지시했다. 다만 과르디올라와는 다르게 선수들을 촘촘하게 배치했다. 사리의 팀은 필드를 골고루 점유하지 않고, 볼 근처 지역에서 확실한 수적 우위를 점하고자 했다.

2019년 유로파 리그 결승전 첼시와 아스널의 경기를 예로 들어보겠다. 사리가 이끈 첼시가 볼을 점유한 상황이다. 경기는 지금까지 살펴본 예시와 비슷한 양상으로 진행되었다. 첼시가 볼을 점유한 상황이었으므로 상대 팀인 아스널은 수비 포메이션을 전개했다. 첼시의 중앙 수비수인 안드레아스 크리스텐센Andreas Christensen이 볼을 잡았다. 첼시의 구조는 맨체스터 시티의 구조와는 전혀 달랐는데, 특히 공간 분배 구조에서 차이점이 두드러졌다. 첼시 선수들은 필드를 골고루 점유하지 않았다. 전체 선수 중 여섯 명이 오른쪽 측면에 치우쳐 있었고, 중앙에는 선수가 겨우 세 명, 심지어 왼쪽 측면에는 한 명밖에 없었다(그림 79). 공격을 시도할 때 첼시는 오른쪽 측면에서 6대5 수적 우위를 점했다. 첼시의 포지션 플레이 구조는 명백하게 오른쪽 측면 공간을 차지하는 전술에 맞춰져 있었고, 그 구조는 성공적이었다.

이런 양적인 이점을 취한 덕분에 첼시는 여러 개의 삼각 대형을

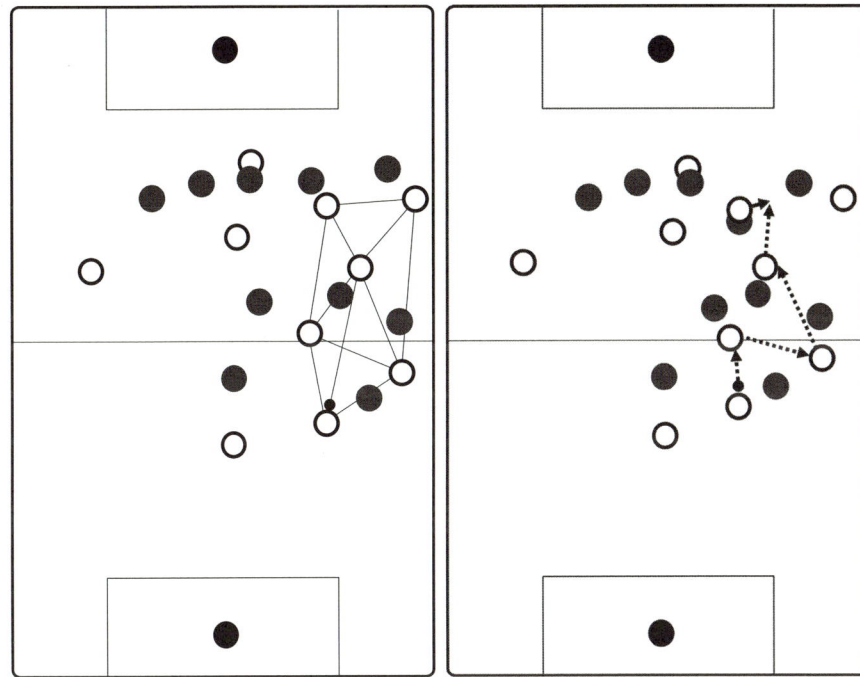

79. 오른쪽 측면으로 치우친 첼시의 구조, 첫 번째.
80. 오른쪽 측면으로 치우친 첼시의 구조, 두 번째.

만들어 동료 선수들에게 볼을 연결할 수 있었다.

　아스널 선수들이 이에 반응하여 측면으로 몰려들었지만, 첼시의 공격은 이미 한참 전부터 시작되고 있었기에 그들의 직접적인 움직임을 막지는 못했다. 첼시의 은골로 캉테N'Golo Kanté가 볼을 잡았을 때, 그는 고개를 들어 주변을 살필 시간이 충분했고, 캉테는 아자르가 중앙에서 거의 노마크 상태로 서 있는 모습을 보았다(그림 81). 아스널은 첼시의 빠른 볼 놀림을 쫓느라 중앙에 신경 쓸 겨를이 없었다. 아자르는 캉테로부터 볼을 넘겨받자마자 피치를 올렸다. 그는 페널티 에어리어 앞에서 조르지뉴Jorginho, 올리비에 지루Olivier Giroud와 함께 삼각 대형을 이루었다(그림 82). 이후 볼을 받은 공격수 지루

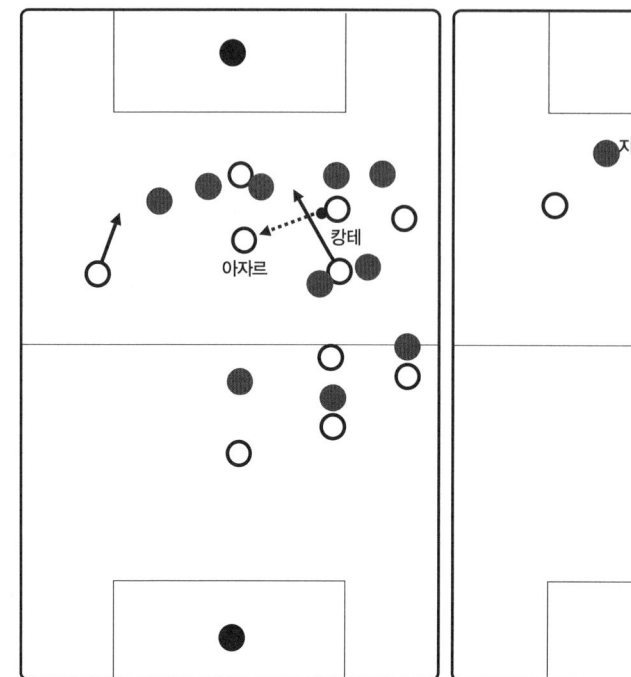

81. 오른쪽 측면으로 치우친 첼시의 구조, 세 번째.   82. 오른쪽 측면으로 치우친 첼시의 구조, 네 번째.

가 슛을 날렸지만, 아스널의 골키퍼 베른트 레노Bernd Leno가 볼을 코너로 쳐냈다.

첼시의 공격이 득점으로 이어지지는 않았지만, 이후에도 거침없는 공격을 이어가 결국 첼시는 4:1로 대승을 거두었다. 첼시 감독으로 임한 마지막 경기였던 사리는 챔피언 타이틀과 함께 팀과 작별했다.

수적 우위를 점해 특정 공간을 압도한다는 아이디어를 실전에서 제대로 활용하는 감독은 많지 않다. 다만 많은 감독들이 다음과 같은 기본 원칙을 참고한다. 의도적으로 선수들을 한쪽 측면에 더 많이 배치해 해당 측면에서 상대를 제압하는 것이다.

수적 우위를 점하면 속도를 높일 수 있다. 볼과 가까운 위치에서 수적 열세에 처한 상대 팀이 고를 수 있는 선택지는 많지 않다. 만약 대응하기 위해 다른 곳에 있던 선수들을 숫자가 부족한 쪽으로 보낸다면 또 빈 공간이 생기게 된다. 첼시는 이 두 가지를 잘 활용했다. 우선 한 지역에서 수적 우위를 차지했고, 아스널이 선수들을 이동시키자 비어버린 중앙을 노린 것이다.

수적 우위를 점하고 이동하기

양적인 이점을 얻기란 축구 경기에서 가장 성공하기 어려운 계획일 것이다. 공격하는 팀이 한쪽 측면에서 명백하게 수적 우위를 점하는 모습을 수비하는 팀이 구경만 하지는 않을 것이기 때문이다. 공격하는 팀이 골대에 가까워질수록 수비하는 팀은 이에 대응하기 위해 더 노력할 것이다. 첼시와 아스널의 경기에서도 아스널 또한 해당 지역에 선수 여섯 명을 배치해 첼시가 더 이상 수적 우위를 점하지 못했다.

 하지만 한쪽 측면으로 치우쳐서 수적 우위를 점하고 양적인 이점을 얻는 전술은 그 자체가 목적이 아니다. 이미 앞서 인용한 적이 있는 과르디올라의 말을 다시 떠올려 보자. "모든 경기의 핵심은 한쪽 측면으로 이동해 상대 팀이 쫓아오도록 만드는 것이다. 상대 팀을 한쪽 측면으로 몰아넣을 수 있다면 반대쪽 측면이 비게 된다."

> 볼을 한쪽 측면에서 반대쪽 측면으로 이동시키면 **경기의 중심 또한 이동**한다. 이때 선수는 볼을 직접 이동시킬 수 있다. 즉, 볼을 우회하지 않고 긴 패스를 통해 곧바로 한쪽 측면에 안착하도록 만들 수 있다. 또한 간접적으로 볼을 이동시킬 수도 있다. 이때는 중앙에 위치한 동료 선수들에게 짧은 패스를 보내 볼을 측면으로 이동시킨다.

볼을 측면으로 이동시키는 전술은 한쪽으로 치우쳐 있는 상대 선수들을 제칠 수 있는 좋은 방법이다. 상대 선수들을 유인해 한쪽 측면에 몰아넣고, 볼을 반대쪽 측면으로 이동시키는 것이다. 한쪽 측면으로 몰린 상대 선수들은 볼이 이동한 장소에서 멀리 떨어져 있기 때문에 재빠르게 대응하기가 어렵다. 공격하는 팀은 이를 통해 양적인 이점을 노리거나 혹은 적어도 역동성을 발생시킬 수 있다.

공격하는 팀은 두 가지 방법으로 볼을 이동시킬 수 있다. 우선 긴 패스를 활용해 볼을 직접 이동시키는 방법이다. 다만 이 경우에는 패스를 보내는 사람도, 받는 사람도 볼을 통제하기 어려울 수 있다. 중앙에 포진한 동료 선수

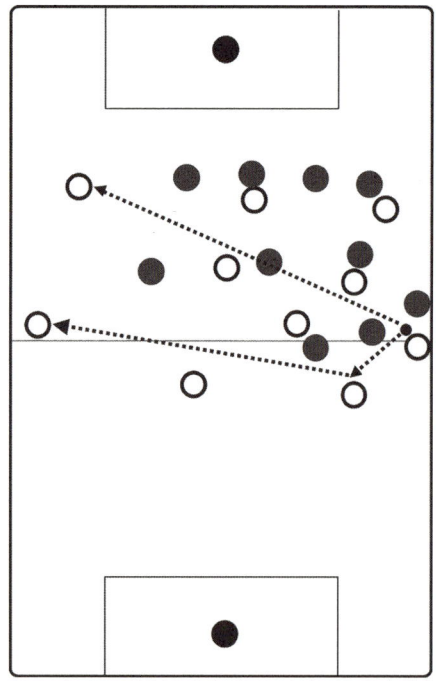

83. 직접적 혹은 간접적인 볼 이동.

들에게 패스를 연결하여 간접적으로 볼을 이동시키는 방법도 있다. 이때는 짧은 패스를 활용하므로 안전성이 높아진다.

   선수들이 한쪽 측면으로 치우쳤을 때는 그 구조를 세 개의 존으로 나눌 수 있다. 첫 번째는 동료 선수들이 수적 우위를 점하고 치우쳐 있는 존이다. 그 반대쪽은 볼을 이동시킬 존이고, 그 사이에 있는 구역은 볼의 이동을 보조하는 존이다. 즉, 가운데에 있는 선수들이 서로 패스를 보내며 양쪽 측면을 연결하는 것이다. 이 구역에서도 아군이 수적 우위를 점하고 있기 때문에 중간에 볼을 빼앗기더라도 선수들이 재빨리 상대 선수를 추격할 수 있다. 볼에서 멀리 떨어진 지역에는 상대 선수들의 수가 적으므로 설사 그곳에서 볼을 잃더라도 상대 팀 공격수가 반응하거나 도움을 줄 가능성은 낮다.

   볼을 반대쪽 측면으로 이동시키면 상대 팀을 물러나게 만드는 효과도 있다. 볼을 가진 선수에게 직접적인 압박을 가하기 어렵기 때문에 일단 뒤로 물러나게 되는 것이다. 공격하는 팀이 볼을 이동시킨 후에 상대 진영으로 침투하지 못하더라도 상대 팀이 뒤로 물러난 만큼 공간을 차지할 수 있다. 그래서 많은 팀이 볼을 점유하고 있을 때 양쪽 측면으로 볼을 이동시킨다.

질적인 이점: 선수를 알고 활용하기

포지션 플레이는 선수들의 강점과 약점을 고려하는 전술이다. 선수들이 빛날 수 있는 상황을 최대한 많이 만들어야 하고, 반대로 선수들이 통제하지 못할 상황은 최대한 적게 만들어야 한다.

   과르디올라는 바르셀로나 감독 시절 감독으로서 자신에게 주어진 과제를 다음과 같이 명쾌하게 요약했다. "간단하다. 팀은 뭐든지 할 수 있는 메시나 이니에스타Andrés Iniesta, 차비 같은 선수들을 위해 공간을 만들어주면 된다. 그러면 그들이 동료를 찾아 패스하거나 드리블로 돌파하여 슛을 쏠 것이다." 즉, 혼자서 골을 넣을 수 있는 선수를 위해 빈틈을 만들어주는 것이 포지션 플레이의 뚜렷한 목표라는 것이다. 이처럼 팀의 구조는 선수 개개인의 특성을 반영한다.

하지만 그것이 가장 어려운 점이기도 하다. 모든 선수에게는 각자 특히 잘 대처할 수 있는 상황이 있다. 선수들이 그런 상황을 자주 마주한다면 팀으로서는 이득이다.

그래서 상대 팀의 경기 영상을 분석해 약점을 찾아내는 것이 중요하다. 상대 팀의 측면 수비수가 느린 편인가? 그러면 달리기가 빠른 선수를 측면 공격수로 배치한다. 상대 팀 중앙 수비수가 헤더 경합에 약한 편인가? 그러면 페널티 에어리어에 키가 큰 공격수를 배치해 크로스를 받도록 한다.

이처럼 감독은 각 선수가 자신의 장점을 살리고 상대 선수보다 유리해질 수 있는 상황에 처하도록 한다. 이는 이번 장에서 소개한 모든 예시에도 적용되어 있다. 맨체스터 시티의 예시에서는 더 브라위너가 스스로 편하다고 느끼는 공간에서 볼을 잡았다. 첼시의 예시에서 본 아자르의 움직임도 마찬가지다. 도르트문트의 예시에서는 비첼이 특유의 프레싱 저항력을 살려 움직였고, 산초는 1대1 경합에서 장점을 발휘했다. 각 상황에서 차이를 만들어내는 요소는 선수 개개인의 능력이다.

좋은 감독이라면 각 선수가 최대한 자신의 강점을 활용할 수 있는 상황에 처하도록 만들 것이다. 그리고 팀은 그런 상황을 인식하고 적절한 순간에 패킹에 나선다.

공격 중일 때: 역동성 이용하기

지금까지는 주로 팀이 볼을 점유한 상황을 득점이나 효과적인 공격으로 이끌어나가는 구조에 대해 서술했다. 하지만 이번 장에서 소개한 모든 예시는 특정 지점까지만 포지션 플레이 구조를 따른다. 맨체스터 시티, 보루시아 도르트문트, 그리고 첼시는 공격을 시작할 때 각 팀의 존 구조를 유지한다. 그러나 공격을 마무리할 때쯤에는 완전히 다른 구조가 만들어진다. 그들은 더 이상 경기장 모든 곳에서 연결을 형성하지 않고, 구역을 명확히 점유하지 않는다.

볼 키핑과 패킹 사이의 두드러지는 차이가 바로 이것이다. 공격하는 팀이 상대 팀을 '패킹'할 때, 선수들은 공격을 마무리짓고자 한다. 이때는 빌드업할 때와 다른 원칙을 적용해야 한다. 공격을 시도할 때 발생하는 역동성을 활용해야 하고, 상대 팀 선수들을 뒤로 물러나게 만들어야 한다. 이제는 볼을 점유하는 것이 아니라 골을 넣는 것이 목적이다.

득점 기회는 창출되는 방식이 매우 다양하다. 하지만 일단 상대 진영으로 볼이 이동하면 공격하는 팀은 기본적인 원칙에 따라 공격을 마무리한다. 이 원칙은 팀이 역습할 때 따라야할 원칙이기도 하다. 이러한 원칙에 대해서는 3장(볼을 빼앗은 후 전환 단계)에서 좀 더 자세히 알아보도록 하고, 여기서는 간단하게 설명하고 넘어가겠다.

- **공격하는 팀은 상대 팀 수비수들을 뒤로 밀어야 한다.** 그러기 위해서는 아군 선수 또는 선수들이 상대 진영 깊숙이 들어가야 한다. 맨체스터 시티의 예시에서 이를 확인할 수 있다. 맨체스터 시티는 네 명의 선수들이 상대 진영으로 깊숙이 들어가 수비수들을 뒤로 물러나도록 만들었다.

- 공격하는 팀은 최대한 빨리 상대 팀 골대에 도달해야 한다. 이를 위해서는 상대 수비 라인 뒤쪽으로 볼을 패스하는 것이 가장 이상적이다. **공격수들은 상대 수비 사이에 있다가 수비 라인 뒤쪽으로 달려들어가 패스를 받을 수 있어야 한다.**
- 필드의 폭은 절대적인 의미에서 중요한 것은 아니다. 공격하는 팀은 상대 수비를 분산시켜야 하지만, 또한 그들은 가능한한 골문과 가까워지고자 하기 때문이다. 즉, **폭은 필요한 만큼만 넓게, 가능한한 좁게 활용하는 것이 좋다**(227p 참고).
- 속도가 빠르고 역동적인 상황에서는 수비수들이 전체 상황을 파악하기가 어렵다. 수비수들은 전속력으로 달려 골대를 지키러 가는 동시에 볼과 상대 선수, 그리고 동료 선수의 위치를 확인해야 한다. 공격하는 팀으로서는 수비수의 실수를 유도하기 좋은 상황이다. 이때 **공격수들이 상대 수비수가 달리는 경로를 가로질러 이동하면 그들이 볼을 갖고 있는 공격수를 막으러 가기 어렵게 만들 수 있다.**
- **공격하는 팀은 상대 수비수들의 이동 방향과 반대 방향으로 플레이해야 한다.** 뒤통수에도 눈이 달린 수비수는 없다. 상대 수비 라인이 왼쪽으로 움직인다면 오른쪽 방향으로 패스해야 한다. 그 반대 경우도 마찬가지다.

이 모든 내용에 대해서는 볼을 빼앗은 후 전환 단계의 전술을 담은 3장에서 자세히 설명하도록 하겠다.

슛에 관한 이론

슛은 공격에 있어서 아주 특별한 기능을 가지고 있다. 팀의 공격을 끝내는 도구이기 때문이다. 가장 이상적인 경우는 당연하게도 슛이 골, 즉 득점으로 연결되는 상황이다. 하지만 슛이 골대 옆을 스쳐 지나가거나 골키퍼에게 막히기도 한다. 분데스리가 경기를 분석한 결과 슛이 골로 연결되는 경우는 10회 당 겨우 한 번이었다.

축구의 다른 많은 부문과 마찬가지로 슛 또한 지난 몇 년 동안 철저한 분석을 거쳐 계획과 전술을 세워야 하는 대상이 되었다. 선수들은 슛이 골로 연결될 가능성이 가장 높은 상황을 만들어내야 하는데, 이때 다음과 같은 여러 요소를 고려해야 한다. 볼을 가진 선수와 골대 사이의 거리는? 볼을 가진 선수에게 압박을 가하는 상대 선수의 수는? 볼을 발로 찰 수 있는 상황인가? 아니면 헤더로 넣어야 하는 상황인가?

통계학자들은 슛을 분석해 기대 득점(Expected Goals, xG) 지수를 내놓았다. 이것은 모든 슛을 과거에 수집한 데이터를 활용해 분석한 수치다. 즉, 정확히 똑같은 위치, 똑같은 상황에서 찬 슛이 어느 정도 확률로 골이 되었는지를 따진 결과다. 스포츠 통계 정보 분석 업체인 옵타Opta가 30만 건에 이르는 슛 데이터를 분석 및 비교한 결과, 페널티 킥의 경우 76퍼센트가 골로 연결되었다. 이때 xG 지수는 0.76이다. 중앙선에서 찬 슛이 골로 연결된 경우는 1퍼센트가 채 되지 않았다. 이때 xG 지수는 0.01이다. 이처럼 필드의 모든 위치에 xG 지수가 부여된다. 슛이 골이 되는 가능성을 평가할 때는 여러 매개변수를 고려해야 한다. 예를 들어 발로 차는 슛은 헤더보다 골이 될 가능성이 높다. 수비수들이 공격수에게 가하는 압박 또한 xG 지수에 영향을 미친다.

감독은 팀의 득점 확률을 높이기 위해 xG 지수를 참고하여 좋은 슈팅 위치를 결정한다. 예를 들어 페널티 에어리어 밖에서 차는 슛은 골대에서 3미터 떨어진 거리에서 차는 슛보다 성공률이 떨어지므로 우선시되지 않는다.

그런데 xG 지수가 그리 높지 않은 위치에서도 슛을 쏴야 하는 경우가 있다. 슛은 공격의 종료를 의미한다. 볼이 필드 밖으로 나가면 플레이를 즉시 재개할 수 없고, 골킥 상황에서는 상대 팀이 볼을 받아 빠르게 역습하기가 어렵다. 반면 패스 미스는 상대 팀에게 빠르게 역습할 기회를 준다. 이처럼 슛은 안전하게 상황을 전환하는 전술적 수단으로도 쓰일 수 있다. 골로 이어질 가능성이 낮은 자리에서 일부러 슛을 하여 상대 팀이 공격에 나서기 전에 얼른 뒤로 물러나 수비 대형을 정렬할 시간을 버는 것이다.

감독들은 선수들에게 되도록 빨리 슛을 쏘라고 지시하기도 하고, 최대한 득점 기회가 높은 위치에 도달할 때까지 슛을 쏘지 말라고 지시하기도 한다. 어느 방식을 택하든 슛은 곧 공격의 끝이다. 그리

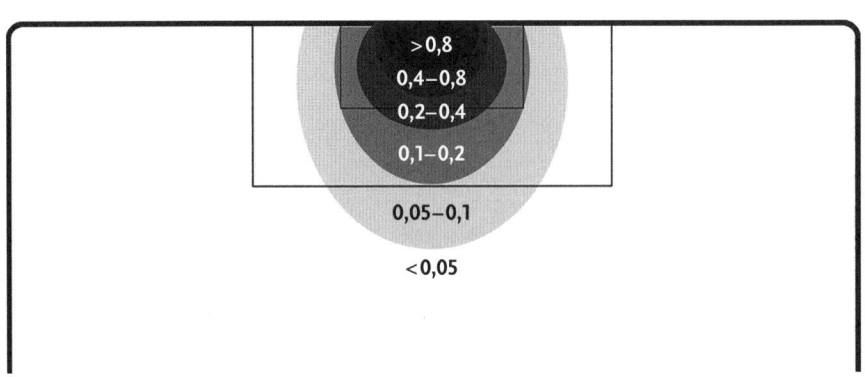

84. Statsbomb.com이 제공한 발로 찬 슛의 xG 지수.

고 슛을 쏘지 않으면 앞선 모든 빌드업이 물거품이 된다. 결국 슛이라는 작은 요소 하나를 위해 수많은 전술과 빌드업이 필요한 것이다. 슛에 관한 전술만으로도 책을 한 권 채울 수 있다(이는 과장이 아니다. xG 지수에 관한 내용만을 다룬 책이 여러 권이다. 이 주제에 관심이 있다면 xG 지수 이론과 그것을 실전에 적용하는 방법을 알아보는 것도 좋다).

긴 패스와 크로스

지금까지는 주로 볼을 점유한 상태에서 빈 공간을 만들고 그곳으로 침투하는 방식에 대해 다루었다. 앞선 예시에서는 땅볼 패스를 연결해 골문 앞까지 볼을 옮기는, 상당한 인내심이 필요한 전술을 살펴보았다. 그러나 모든 팀이 늘 그렇게 인내심 넘치는 경기 운영을 하는 것은 아니다. 상대 수비를 뚫는 가장 간단한 방법이 있는데, 그것은 바로 긴 패스를 활용하는 것이다.

긴 패스는 볼 점유에서 공격으로 상황을 전환하는 가장 쉬운 선택지다. 볼을 높이 띄워 긴 패스를 보내면 필드의 먼 곳까지 단숨에 가로질러 상대 팀 골대 바로 앞에 금방 도달할 수 있다. 하지만 긴 패스는 짧은 패스보다 볼을 통제하기가 훨씬 어렵다. 이는 기술적으로나 전술적으로나 마찬가지다. 높이 떠서 오는 볼은 받기도 어렵고, 긴 패스가 날아가는 사이 상대 팀 선수들이 아군 공격수에게 돌진해 주위를 에워쌀 시간을 벌 수 있다. 따라서 긴 패스는 짧은 땅볼 패스와 공간 점유 요구사항이 완전히 다르다. 짧은 패스를 보낼 때는 볼 주변에 동료 선수들이 많아야 하지만, 긴 패스를 보낼 때는 상대 수비 라인 앞과 옆 공간을 점유해야 한다. 바로 그 위치에 볼이 떨어지기 때문에 그곳에서 자유롭게 움직일 수 있는 선수들이 필요하다. 상대 팀의 가장 앞쪽 공간(상대 팀 골대에서 먼 공간)은 그다지 중요하지 않다.

긴 패스의 실제 예시: 아인트라흐트 프랑크푸르트

긴 패스를 특히 잘 활용한 팀을 꼽으라면 2018/19 시즌의 아인트라흐트 프랑크푸르트를 들 수 있다. 이 팀의 감독 아디 휘터Adi Hütter의 주특기가 바로 긴 패스를 활용하는 것이었다. 그는 팀이 오랜 시간 볼을 점유하기보다는 빠르게 볼을 이동시켜 상대 팀 골대로 나아가길 원했다. 휘터는 이 전략으로 팀을 유로파 리그 준결승까지 이끌었다.

분데스리가에서 아우크스부르크를 상대한 경기를 보면 아인하르트 프랑크푸르트가 긴 패스를 아주 성공적으로 활용한 것을 볼 수 있다. 이 전략은 팀의 포지셔닝에서부터 시작되었다. 프랑크푸르트의 포지션 플레이 구조는 전통적으로 볼 점유를 중시하는 팀의 구조와는 완전히 다르게 짜여 있었다. 이 팀은 필드 선수 중 다섯 명을 아주 높은 곳으로 보내 상대 진영에서 넓고 위협적인 포메이션을 형성했다. 프랑크푸르트는 상대 진영에서 5대5로 경기를 운영하기 위해 미드필드 지역에서는 2대4로 수적 열세가 되는 것을 감수했다. 어찌 보면 당연한 선택이다. 어차피 미드필드는 긴 패스로 그냥 통과하는 지역이니 말이다. 중요한 것은 긴 패스가 도달하는 위치에 되도록 많은 동료 선수들을 배치하는 일이다.

볼을 몰던 하세베 마코토Hasebe Makoto에게는 긴 패스로 상대 수비 라인을 공략할 선택지가 다섯 가지 있었다. 프랑크푸르트는 공격의 최전선에 상대 수비수와 같은 수의 선수를 배치했기 때문에 긴 패스가 성공하면 볼 근처에서 공격수가 여러 선택지를 가질 수 있었다. 긴 패스로 공격을 개시하기 전까지는 볼을 가진 선수가 얼마나 많은 선택지를 갖고 있든 상관없다. 긴 패스를 받은 선수가 행동할

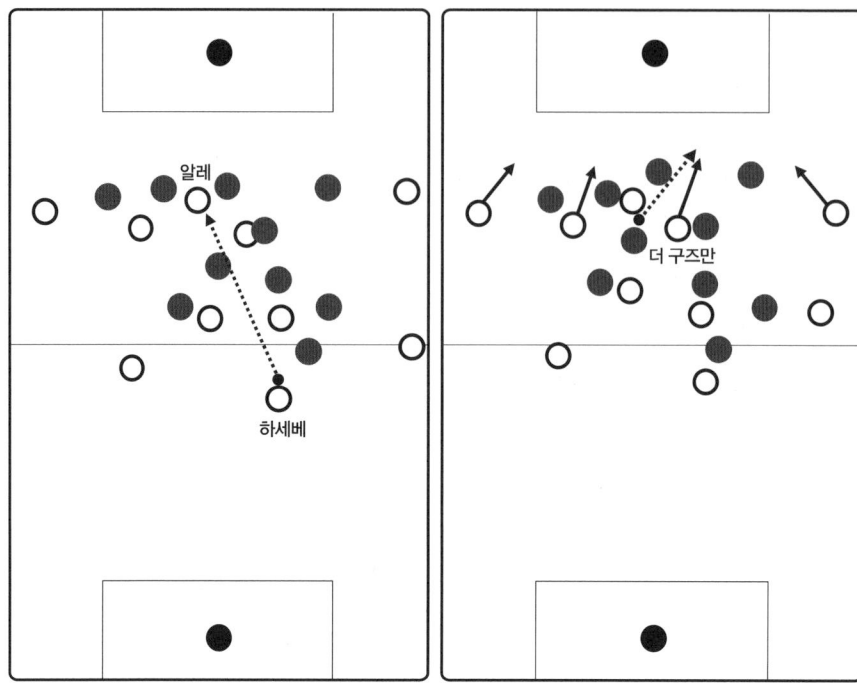

85. 프랑크푸르트의 긴 패스, 첫 번째.   86. 프랑크푸르트의 긴 패스, 두 번째.

선택지가 여러 개 있다는 것이 중요하다.

   하세베는 중앙에 있는 공격수인 세바스티앙 알레Sébastien Haller에게 긴 패스를 보내기로 결정했다. 상대 수비수 두 명 사이에 있는 알레에게 긴 패스가 가자 아우크스부르크 선수 두 명이 알레 쪽으로 이동했다. 아우크스부르크의 수비수들은 삼각 대형을 만들었지만, 진영 깊은 곳까지 철저히 지키지는 못했다(그림 85).

   프랑크푸르트 공격수들은 짧은 패스와 긴 패스를 조합해 경기를 이어나갔다. 알레가 무사히 긴 패스를 받자 동료 공격수들은 곧장 상대 진영 깊숙이 파고들었다. 요나탄 더 구즈만Jonathan de Guzmán과 루카 요비치Luka Jović는 긴 패스가 알레의 발에 닿기 전부터 아우크스부르크 수비수들 사이의 빈틈을 노렸다. 프랑크푸르트의 긴 패스는 역동적인 공격을 개시하는 신호탄이었던 것이다.

이 공격 장면은 프랑크푸르트에 최고의 결과를 안기며 끝났다. 알레는 긴 패스를 잡자마자 곧장 상대 수비수 뒤쪽으로 파고드는 더 구즈만에게 패스했고, 그것은 득점으로 이어졌다(그림 86). 축구는 이렇게 간단할 수도 있다. 프랑크푸르트는 그 경기에서 3:1로 승리를 거뒀다.

두 번째 볼을 둘러싼 경합

프랑크푸르트의 긴 패스는 지나치게 완벽한 예시다. 하세베는 아무런 압박도 느끼지 않은 상태에서 정확하고 긴 패스를 보낼 수 있었다. 알레는 한 번에 볼을 잡아 곧장 패스했고, 동료 선수들의 움직임 또한 흠잡을 데가 없었다. 볼을 잡았을 때 알레에게는 상대 팀 수비수 사이 빈틈으로 패스할 선택지가 두 가지 있었는데, 그는 현명하게도 더 구즈만을 선택했다. 그것이 상대 팀 선수들이 움직이는 방향과 반대 방향으로 가는 패스였기 때문이다. 이에 대해서는 역습의 원칙(230p)을 참고하자. 알레는 상대 수비수 뒤로 파고든 더 구즈만에게 패스를 연결했고, 이는 최고의 결과로 이어졌다.

옵타가 분데스리가 2018/19 시즌을 분석한 결과, 하세베의 긴 패스는 약 4만 개의 긴 패스 중 하나였을 뿐이다. 긴 패스가 득점으로 이어지는 경우는 그리 많지 않다. 만약 다른 위치와 상황에서 긴 패스를 했다면 결과가 완전히 달랐을지도 모른다. 많은 팀이 상대 팀의 프레싱으로부터 벗어나기 위해 긴 패스를 활용한다. 즉, 매우 당

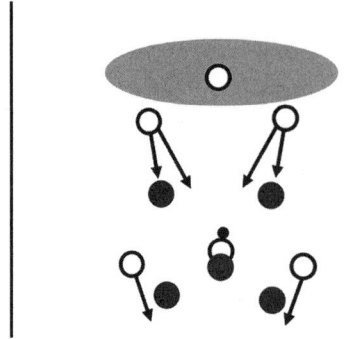

87. 두 번째 볼을 둘러싼 경합.

혹스러운 상태에서 패스하는 것이다. 그렇기 때문에 패스가 정확하지 않은 경우가 많고, 그러면 동료 공격수가 볼을 제대로 받기 어렵다. 대개는 알레처럼 한 번에 볼을 받지 못하므로, 볼이 다른 곳으로 튀게 된다.

이때 공격수가 놓친 리바운드 볼, 즉 두 번째 볼을 둘러싼 경합이 벌어진다. 이 경우 수비수들이 어떤 원칙에 주의해야 하는지, 어느 공간을 선점해야 하는지 등에 대해서는 상대 팀이 볼을 점유한 단계에서 설명한 바 있다 (88p 참고). 공격하는 팀 역시 수비하는 팀과 같은 원칙에 주목해야 한다. 즉, 선수들은 첫 번째 볼 경합이 벌어지는 지역 주변을 차지해야 한다.

공격하는 팀에는 여기에 추가적인 목표가 더 있다. 바로 상대 진영 깊숙이 파고드는 것이다. 그러면 두 가지 효과를 얻을 수 있다. 우선 긴 패스를 받은 동료 선수를 상대 선수로부터 자유롭게 만들 수 있다. 프랑크푸르트의 예시에서 보았듯이 아우크스부르크는 네 명의 수비수가 최종 수비 라인을 지키고 있었지만, 그들은 빈틈이 뚫릴 수도 있다는 우려 때문에 알레에게 온전히 집중하지 못했다. 즉, 아우크스부르크 진영 깊이 돌진한 동료 선수들 덕분에 알레가 자유로울 수 있었던 것이다. 이처럼 상대 진영 깊은 곳을 점령하면 긴 패스를 성공시킬 가능성이 높아진다(아우크스부르크가 알레를 제대로 압박하지 못하고 진영 깊은 곳을 철저히 지키지 못한 것은 프랑크푸르트로

서는 큰 행운이었다).

　미드필드에서 전진하는 선수들도 역동성을 만들어낼 수 있다. 미드필더들이 원래 있던 위치에서부터 상대 진영으로 깊숙이 달려들어가면 두 번째 볼을 잡을 때 속도 면에서 우위를 점할 수 있다. 그래서 많은 팀이 두 번째 볼을 잡을 때 2선 라인을 활용한다. 2선 라인 선수들은 상황에 따라 반응할 수 있고, 두 번째 볼이 골문에서 멀어질 경우에는 볼을 향해 전속력으로 달려갈 수 있다. 프랑크푸르트도 일찌감치 미드필더 두 명을 활용해 두 번째 볼을 차지하고자 했다. 그들은 재빨리 앞으로 나가 볼을 차지하고 상대 진영 깊숙이 들어간 동료 선수에게 패스하려 했다.

　예시를 보면 볼 점유 상태를 성공적인 공격으로 잇는 요소가 반드시 짧은 땅볼 패스인 것만은 아니라는 것을 알 수 있다. 중요한 건 팀이 아주 명료한 전략과 목표를 세우는 일이다. 긴 패스를 활용하고 싶다면 포지션 플레이 구조를 그에 맞게 구성해야 한다. 만약 미드필드 지역에서 수적 우위를 점하고 상대 진영에서는 3대5로 수적 열세에 처한다면 긴 패스가 성공으로 이어질 가능성은 낮을 것이다. 아우크스부르크가 손쉽게 수비하고, 진영 깊은 곳을 안전하게 지킬 수 있을 테니 말이다. 포지션 플레이는 항상 팀이 시도하고자 하는 플레이 스타일과 맞아야 한다. 바로 그것이 프랑크푸르트의 긴 패스가 분데스리가에서 발생한 약 4만 개의 다른 긴 패스와 결정적으로 다를 수 있었던 이유다. 프랑크푸르트는 긴 패스를 철저하게 준비했고 그에 맞춰 선수들을 배치했다.

펩 과르디올라의 바이에른 뮌헨을 예시로 보는
크로스 활용법

축구는 상대를 끈질기게 공략해야 하는 스포츠이기도 하다. 수비는 그럭저럭 잘 해내지만 세계적인 수준의 공격력을 갖추지 못한 팀이 꽤 있다. 땅볼 패스? 상대 수비수가 더 많다면 불가능하다. 긴 패스? 성공률이 낮고 상대 팀이 철저히 수비할 수 있다. 측면으로 볼 이동? 몇 번이나 시도하더라도 상대 팀 측면 수비수를 제치지 못할 수도 있다.

이런 상황에서 확실하게 상대 팀 페널티 에어리어에 진입할 수 있는 방법이 있다. 바로 크로스다. 공격하는 팀은 상대 팀 수비 포메이션을 뚫지 못하더라도 크로스로 볼을 페널티 에어리어까지 옮길 수 있다. 현대 축구에서 크로스는 매우 인기 있는 기술이다. 분데스리가 2018/19 시즌에는 약 3,500개의 크로스가 골문 앞으로 떨어졌다. 물론 크로스가 곧바로 득점으로 연결될 가능성은 매우 낮다. 동료 선수에게 연결된 크로스는 전체의 4분의 1뿐이다. 그리고 평균적으로 모든 크로스의 1~3퍼센트만이 득점으로 이어진다(크로스 이후 몇 번 이동하여 골이 된 경우까지 직접적인 득점으로 집계하느냐에 따라 결과가 달라질 수 있다). 따라서 크로스는 매우 부정확한 방식이다. 놀랍지는 않다. 동료 선수의 발 앞에 정확히 크로스를 보내는 건 매우 어렵기 때문이다. 수비하는 팀 또한 이를 잘 알고 있기 때문에 그에 맞춰 페널티 에어리어를 지킨다. 공격하는 팀은 어떻게든 정확하게 반응하여 크로스로 넘어온 볼을 득점으로 연결하고자 한다.

크로스를 득점으로 연결할 가능성을 높이기 위해 활용할 수 있는 전술 원칙이 있다. 흥미롭게도 여기서 과르디올라의 이름이 다시 등장한다. 2013년부터 2016년까지 과르디올라는 바이에른 뮌헨의 감독으로 일했다. 선수들은 패스를 연결하고 볼을 점유해 상대 팀을 압도하는 식으로 플레이했는데, 얼핏 보면 전형적인 과르디올라식 축구를 했던 것처럼 보였다. 그러나 그들의 목표는 땅볼 패스를 연결해 상대 팀 페널티 에어리어에 도달하는 것만이 아니었다. 과르디올라가 이끈 바이에른 뮌헨은 특히 측면에서 강세를 보였다. 믿기 어렵겠지만 과르디올라가 감독으로 있었던 3년 동안 바이에른 뮌헨은 챔피언스 리그에서는 물론 분데스리가에서도 가장 많은 크로스를 올린 팀이었다.

과르디올라 같은 전술의 대가가 우연을 노리고 크로스를 올렸을 리 없다. 볼을 어떻게든 페널티 에어리어 부근으로 보내고 마침 그 근처에 있던 공격수가 볼을 잡길 바란다고? 그건 과르디올라의 성미에 맞지 않는다.

2015/16 시즌 챔피언스 리그 16강전의 바이에른 뮌헨을 보면 그들이 왜 그렇게 크로스를 많이 올렸는지를 잘 알 수 있다. 유벤투스와의 경기에 주어진 시간이 모두 지났다. 추가 시간도 거의 끝나갈 때쯤 바이에른 뮌헨은 1:2로 지고 있었다. 그러나 그들은 어떻게든 2:2 스코어를 만들어 경기를 연장전으로 끌고 가고자 했다.

바이에른은 측면에 기대를 걸었다. 계속해서 볼을 측면으로 보냈고, 측면에서부터 상대 팀 페널티 에어리어로 크로스를 올렸다. 하지만 유벤투스가 크로스로 올라온 볼을 계속해서 걷어냈

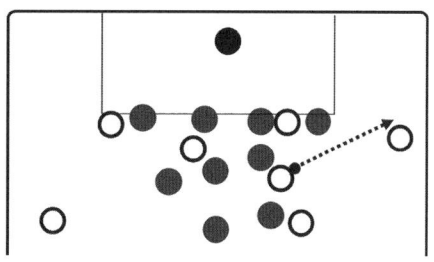

88. 바이에른 뮌헨의 크로스, 첫 번째.

다. 유벤투스는 이 책의 1장에서 언급한 원칙에 따라 크로스를 막았다. 골대 바로 앞의 존 세 개는 각각 수비수가 한 명씩 맡아 지켰고, 그 앞쪽 존에도 수비수가 한 명씩 서 있었다. 전형적인 3+3 수비였다. 또한 최후방 수비 라인에 선수를 한 명 더 추가하여 페널티 에어리어 가장자리에서 대각선으로 움직이는 패스 길목을 차단했다. 이미 90분이 지나고 추가 시간을 받은 상황에서는 모범적인 수비 방식이었다.

91분에 중앙에 있던 아르투로 비달Arturo Vidal이 오른쪽 측면에 있던 킹슬리 코망Kingsley Coman에게 볼을 보냈다. 코망은 오래 망설이지 않고, 단숨에 골 에어리어로 크로스를 보냈다. 이미 동료 선수들이 포진하고 있던 곳이었다. 페널티 에어리어 안에는 세 명의 바이에른 선수가 있었다. 골포스트 근처에는 로베르트 레반도프스키가 있었고, 중앙에는 토마스 뮐러Thomas Müller가 살짝 물러난 위치에서 조용히 기다리고 있었다. 프랭크 리베리Franck Ribéry도 살짝 왼쪽으로 치우쳐 있던 위치에서부터 전속력으로 골대까지 달려와 합류했다(그림 89).

코망은 볼이 골 에어리어 안으로 떨어지도록 크로스를 올렸다. 해당 구역은 원래 리베리를 마크하는 선수가 지키고 있던 공간이었다. 리베리는 수비하는 팀이라면 이 경우 대부분 대인 지향 수비를 하고자 한다는 사실을 이용했다. 위험한 공간에서는 대인 지향 수비를 해야만 상대의 공격을 효과적으로 막을 수 있기 때문이다. 리베리는 자신을 마크하는 상대 선수를 존에서 벗어나도록 유인했다. 이때 뮐러

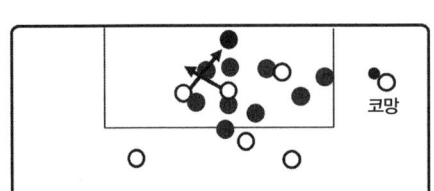

89. 바이에른 뮌헨의 크로스, 두 번째.

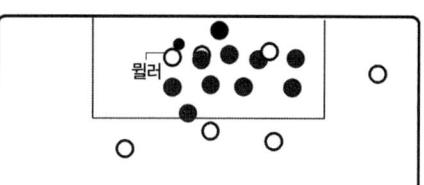

90. 바이에른 뮌헨의 크로스, 세 번째.

가 그 모습을 보고 리베리와 자리를 바꾸듯이 빈 공간으로 이동했다. 그리고 그는 아무런 방해도 받지 않고 헤더로 볼을 골대 구석으로 밀어 넣었다(그림 90). 경기가 끝나기 몇 초 전에 뮐러가 연장전 기회를 만들어낸 것이다. 바이에른 뮌헨은 연장전에서 두 골을 더 넣었고, 결국 유벤투스를 토너먼트에서 물러나게 만들었다.

행동과 반응. 축구의 이 간단한 법칙을 이번 예시에서도 확인할 수 있다. 사실 유벤투스의 페널티 에어리어 수비는 교과서에 실릴 정도였다. 그럼에도 바이에른 뮌헨이 득점할 수 있었던 데는 명백한 이유가 있다. 첫 번째 이유는 리베리가 돌진하며 뮐러에게 필요한 공간을 열어준 것이다. 이때 레반도프스키의 존재도 도움이 되었다. 그는 상대 선수 한 명을 골포스트 근처에 잡아두어 상대 수비수 세 명이 서로 신호를 주고받지 못하도록 했다.

뮐러의 반응 또한 모범적이었다. 페널티 에어리어에 자리잡은 뮐러는 리베리의 뒤쪽 존이 비어있는 걸 확인한 뒤 곧바로 그쪽으로 움직였다. 바이에른이 득점할 수 있었던 두 번째 이유다. 즉, 선수 한 명이 빈 공간을 만들고, 동료 선수가 그 공간을 차지한 것이다.

크로스를 활용할 때는 3장에서 다룰 역습의 원칙이 동원된다 (234p 참고). 공격수들이 서로 교차하듯이 움직여 상대 팀을 혼란시키는 것이다. 이때 공격수들은 동시에 이동하는 것이 아니라 서로 자리를 바꾸듯이 움직여야 한다. 리베리와 뮐러는 이런 식으로 상대 선수들을 원래 포지션에서 벗어나게 하고, 빈 공간을 차지한 것이다.

크로스 이후 두 번째 볼을 잡으려는 싸움

크로스로 온 볼을 수비수가 헤더로 걷어내는 상황은 언제든 발생할 수 있다. 그렇기 때문에 크로스는 항상 볼 소유권을 잃을 수도 있다는 위험을 동반한다. 수비하는 팀은 크로스된 볼을 걷어내거나 운이 좋다면 볼을 가로채 곧바로 역습할 수도 있다. 그래서 크로스가 올라오면 첫 번째 볼뿐만 아니라 두 번째 볼을 잡으려는 싸움도 중요하다.

과르디올라는 바이에른 뮌헨에 있으면서 이와 관련해 훌륭한 성과를 남겼다. 바이에른 선수들이 늘 두 번째 볼을 잡을 수 있도록 포지션 플레이 구조를 구축한 것이다. 앞서 살펴본, 2:2 상황을 만든 크로스는 해당 경기의 32번째 크로스였다. 그 전의 크로스 31개는 골로 연결되지 않았다. 하지만 바이에른 선수들은 크로스 이후의 두 번째 볼을 잡는 확률이 높았고, 그로 인해 과르디올라가 강조하는 높은 볼 점유율이 유지됐다(75퍼센트). 바이에른 뮌헨이 볼을 점유한 상황은 크로스 이후에도 끝나지 않았다.

그림 91을 보면 어떻게 바이에른 뮌헨이 두 번째 볼을 그렇게 잘 잡을 수 있었는지 알 수 있다. 바이에른 선수 세 명이 페널티 에어리어 내에 자리를 잡고 있었을 뿐만 아니라, 바깥쪽의 모든 존을 커버하고 있었기 때문이다. 바깥쪽에 있는 바이에른 선수 세 명은 언제든 페널티 에어리어 안으로 뛰어들어갈 준비가 되어 있었다.

하지만 그들은 곧바로 뛰어들어가지는 않았다. 너무 일찍 페널티 에어리어로 들어가면 자신들이 있던 공간을 상대 수비수들에게 열어주게 되기 때문이다. 해당 공간은 대부분의 수비수가 크로스를 처리하는 지점이다. 수비수들 입장에서는 크로스된 볼이 자기 팀 골대에서 멀리 떨어질수록 좋다. 하지만 바이에른 선수들은 수비수들이 볼을 걷어낼 지역으로 빠르게 접근할 수 있었다. 만약 상대가 볼을 가

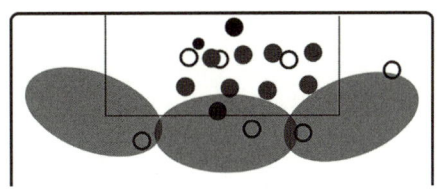

91. 두 번째 볼을 차지하기 위한 바이에른 뮌헨의 존 점유.

까운 위치로 걷어내면, 바이에른 선수들이 페널티 에어리어 밖에서 곧바로 슛을 할 수 있었다.

　크로스된 볼을 받을 때는 페널티 에어리어 안쪽만 신경 써서는 안 된다. 그 바깥쪽 공간도 차지하고 있어야 한다. 그러려면 빈틈없이 짜인 존 구조가 필요하다. 바이에른 선수들은 과르디올라가 지정한 페널티 에어리어 앞 세 개의 존을 정확히 점유했다. 과르디올라는 포지션 플레이 구조를 통해 바이에른 뮌헨이 크로스에 이상적으로 반응할 수 있도록 만들었다. 이것은 그가 바이에른을 이끌었던 시절 팀의 가장 큰 강점 중 하나였다.

팀이 볼을 점유한 단계의 공격 전술 요약

이번 장에서는 잘 짜인 포지션 플레이가 어떻게 실현되는지, 그리고 그것이 상대 팀 수비의 빗장을 어떻게 부술 수 있는지 알아보았다. 그 과정에서 아래와 같은 다양한 전술과 전략적 개념이 등장했다.

- 이상적인 포지션 플레이는 선수들에게 부담이자 짐이 아니라 그들의 강점을 살리고 약점을 보완하는 전술이다. **전략이 각 선수들을 위해 존재하는 것이지 선수들이 전략을 위해 존재하는 게 아니다.**
- **전략이 구조를 만든다.** 상대 팀 골대를 향해 땅볼 패스로 볼을 이동시키고자 하는 팀은 긴 패스에 집중하는 팀과 다른 구조를 갖춰야 한다.
- **상대 팀 선수들이 계속해서 선택의 기로에 서도록 만드는 게 중요하다.** 옆에 그저 서 있기만 하는 공격수는 수비수 입장에서 매우 편한 상대다. 공격수들은 수비 라인 사이 빈 공간을 파고들면서 수비수들을 압박하여 실수를 유도해야 한다.
- 수비하는 팀은 볼을 갖고 있는 선수에게 최대한 선택지를 주지 않으려고 할 것이다. **공격하는 팀으로서는 볼 근처에서 상대 팀이 커버할 수 없는 선택지를 많이 만들어야 한다.** 볼 주변을 마름모꼴로 에워싸는 방법이 이상적이다.
- 축구 전술은 항상 공간과 선수들의 수를 중심으로 전개된다. **공격하는 팀은 수적 우위를 차지해야 하고 그 점을 이용해야 한다.** 특히 볼 근처에서 수적 우위를 차지하면 아주 좋은 기회를 만들어낼 수 있다. 또한 상대 선수들을 한쪽 측면에 묶어두고 반대쪽 측면에서 수적 우위를 차지할 수도 있다.
- **인내심을 갖는 것이 중요하다.** 수비하는 상대 팀이 계속해서 긴장하고,

예민한 상태로 있도록 만들어야 한다. 왼쪽과 오른쪽으로 연신 옮겨 다니며 움직이기만 해야 한다면 수비하는 입장에서 지치고 짜증나는 일일 것이다. 따라서 공격하는 입장에서는 인내심을 갖고 볼을 이리저리 이동시켜 상대 선수들을 피곤하게 만들어야 한다.

- 볼을 점유하는 것 그 자체가 목적이어서는 안 된다. **기회가 생기면 속도를 높이고 공격을 끝까지 이어가야 한다.** 특히 상대 팀 수비 라인 뒤쪽을 공략하는 것이 매우 중요하다. 수비 라인 뒤쪽으로 패스가 연결되면 골을 넣을 가능성이 대단히 높아진다. 포지션 체인지, 상대 진영 깊숙이 돌진하기, 원투 패스 등을 활용하면 공격에 속도를 높이고 역동성을 만드는데 도움이 된다.
- **공격하는 팀은 늘 넓고 깊게 움직여야 한다.**
- 마지막으로 당연한 말을 덧붙이겠다. 축구는 팀 스포츠다. 물론 볼을 몰고 달리며 원하는 대로 행동하고 싶은 충동이 생길 것이다. 하지만 **제대로 된 볼 점유 구조란 모든 선수들이 항상 제 기능을 하고 있을 때 완성된다.** 공동체 정신은 상대 팀이 볼을 점유했을 때뿐만 아니라 팀이 볼을 점유했을 때도 성공의 열쇠가 된다.

제3장
볼을 빼앗은 후 전환 단계

상황이 종료되었다. 수비하고 있던 아군 팀이 볼을 빼앗았다. 이제 축구에서 가장 희망적인 단계가 시작된다. 바로 볼을 빼앗은 후 전환 단계다. 2018년 러시아 월드컵 당시 전체 득점수는 169골이었다. FIFA의 공식 자료에 따르면 그중 40골이 볼을 빼앗은 다음 공격으로 전환하는 단계에서 발생했다. 즉, 월드컵에서 발생한 득점 중 4분의 1이 역습 상황에 발생했다는 뜻이다.

> 볼을 점유하자마자 곧장 득점 기회를 만들고 싶다면 **역습**을 해야 한다. 볼을 빼앗은 팀은 상대 팀이 잠시 당황하여 우왕좌왕하는 순간을 이용해 기회를 만들어낼 수 있다. 이때 최대한 빨리, 최소한의 움직임만으로 상대 팀 골대 앞까지 도달하는 것이 중요하다.

이번 장에서는 상황이 전환되는 순간을 가장 적절하게 이용하는 방법을 다룬다. 역습에 성공하려면 어떤 원칙을 따라야 할까? 언제 볼을 곧장 앞으로 보내야 유효한 공격을 할 수 있을까? 반대로 공격에 나서지 않고 볼을 계속 점유하고 있길 원한다면 전환 상황을 어떻게 활용해야 할까?

볼 키핑? 아니면 역습?

볼을 빼앗은 후 전환 단계는 대개 역습과 같은 의미로 쓰인다. 그러나 사실은 볼을 소유한 팀이 바뀌는 단계라고 보는 편이 더 정확하다. 이전에 공격하던 팀은 볼을 잃고, 수비하던 팀이 볼을 빼앗은 상황이다. 이런 전환 상황은 팀이 수비 포메이션을 공격 포메이션으로 바꾸는 데 필요한 시간만큼 길어진다. 반대로 그때 필요한 시간이 짧다면 전환도 빨리 이루어진다. 이처럼 볼을 점유한 팀이 바뀌면 자연스럽게 전반적인 상황이 전환되는 단계가 뒤따른다.

전환 상황에서 볼을 빼앗은 팀에는 두 가지 선택지가 있다. 우선 볼을 빼앗은 다음 곧바로 역습에 나설 수 있다. 왜 이런 전환 상황이 성공적인 역습 기회가 될 수 있는 걸까? 1장에서 살펴보았듯이 수비하는 팀은 공격하는 팀이 공간을 차지하지 못하게 막아야 한다. 이때 수비하던 팀이 볼을 가로채 공격 포메이션으로 빠르게 전환한다면 상대 팀은 아직 수비 포메이션으로 바꾸지 못하고 공격 포메이션을 형성한 채로 있을 것이다. 즉, 완전히 다른 전술 원칙을 따르는 상황이다. 상대 선수들은 앞으로 나가 있는 상태이므로 수비 대형을 제대로 형성하지 못한다. 이는 볼을 빼앗은 팀으로서는 기회다. 패스 몇 번만으로 아직 수비 포메이션을 제대로 형성하지 못한 상대 팀 선수들을 제칠 수 있기 때문이다.

그렇다면 볼을 빼앗은 다음에는 곧바로 역습하는 편이 좋겠다는 생각이 든다. 이는 관중들도 원하는 바일 것이다. 양 팀이 계속해서 상대 진영으로 치고 들어가는 공격적인 모습 말이다. 그러나 이런 경기는 대부분의 감독들에게는 악몽이다. 역습은 항상 위험을 수반하기 때문이다. 상대 팀의 허를 찌르려면 볼을 빠르게 상대 팀 골대 앞까지 보내야 한다. 즉, 상대 팀이 수비 포메이션을 정돈하기 전에 공격을 끝내야 한다. 그러려면 빠르게 드리블하며 달려나가거나 상대 진영 깊숙이 패스해야 하는데, 이때 힘들여 빼앗은 볼을 금방 상대 팀에 다시 빼앗길 우려가 있다. 만약 볼을 빼앗겼다면 상대 팀이 재역습을 시도하기 전에 재빨리 수비 포메이션으로 다시 전환해야 한다.

> 역습을 시도하다가 볼을 빼앗기면 상대 팀에게 **재역습** 기회를 주게 된다. 재역습이란 역습의 역습을 말한다. 재역습은 수비하기가 매우 어렵다. 팀 동료 중 일부 선수들은 수비 포메이션에, 일부 선수들은 역습을 위해 앞으로 나간 상태이기 때문이다. 그래서 볼을 다시 빼앗기고 나면 포메이션이 엉성해지고 빈틈이 발생하기 쉽다.

볼을 빼앗을 때마다 계속해서 위험을 무릅쓰고 앞으로 나가 공격을 마무리 지으려는 팀이 있다고 치자. 그 팀의 볼 점유율은 매우 낮을 것이고, 공격 과정에서 굉장히 위험한 순간을 여러 차례 마주해야 할 것이다. 볼을 빼앗기만 하면 무조건 전속력으로 앞으로 달려 나가고, 볼을 빼앗긴 후에는 다시 뒤쪽으로 달려가 수비 대형을 만들어야 한다면 체력 소모도 엄청날 것이다. 이런 식으로는 90분 동안 경기를 지속하기가 어렵다.

그렇기 때문에 볼을 빼앗은 다음에는 그저 볼을 섬유하는 시간도 필요하다. 볼을 금방 다시 빼앗기길 원하지 않고, 자신들만의 계획에 따라 차근차근 공격하고 싶다면 볼을 갖고 있어야 한다. 아군 팀이 볼을 갖고 있으면 상대 팀이 득점할 기회도 없다. 볼을 점유한 상태에서 공격을 전개하는 데 특화된 팀은 공격을 시도하기 전에 우선 공격 포메이션으로 대형을 바꿀 것이다.

다만 볼을 빼앗은 팀이 대형을 정렬하는 데 시간을 쓰면 그만큼 상대 팀 또한 수비 포메이션을 갖출 수 있다. 즉, 이는 볼 점유를 상대 팀에서 아군 팀으로 바꾸는 것으로, 전환 단계를 단어 뜻 그대로 이용하는 셈이다. 따라서 볼을 빼앗은 모든 순간은 전환 단계로 이어지지만, 모든 전환 단계가 역습으로 이어지는 건 아니다.

다른 단계와 마찬가지로 전환 단계에서도 여러 전술이 나타난다. 한편으로는 볼을 안전하게 지키는 수비적인 전술이 있고, 다른 한편으로는 역습하여 위험을 감수하면서도 골을 노리는 공격적인 전술이 있다. 즉, 볼을 빼앗은 팀은 상황에 따라 역습을 할 수도, 볼을 안전하게 지킬 수도 있다.

상황에 따른 결정

축구 경기에서는 전환의 순간이 매우 빈번하게 발생한다. 패스 미스나 경합 후에만 볼을 소유한 팀이 바뀌는 게 아니다. 볼이 터치라인 밖으로 나간 상황도, 슛이 골대 옆으로 스쳐 밖으로 나가 골킥이 선언된 상황도, 슛을 골키퍼가 처리한 상황도 모두 전환의 순간이다.

대부분의 경기에서는 볼 소유권이 바뀌는 순간이 200번 이상 발생한다. 그중 볼을 빼앗은 팀이 경기 진행 방식을 결정하는 경우는 많지 않다. 예를 들어 골키퍼가 골킥을 준비하는 동안 팀은 자동으로 수비 포메이션을 공격 포메이션으로 전환한다. 이 경우에는 역습이 불가능한 상황에서 전환 단계가 진행되는 것이다.

이번 장에서는 볼을 빼앗은 팀이 선택권을 갖는 전환 순간에 대해 설명한다. 언제 역습을 감행해야 할까? 역습 대신 볼을 지키는 편이 나은 경우는 언제인가? 그럴 때 어떤 전술 도구를 활용할 수 있는가?

함께 행동하기

중요한 건 어떤 결정을 내리든 팀 전체가 한 몸이 된 듯 협력하여 행동해야 한다는 사실이다. 볼을 빼앗기는 했지만 팀원들이 뭉치지 못하고 각자 따로 행동하는 것만큼 보기 추한 모습은 없다. 다섯 명이 역습을 위해 앞으로 달려 나갔는데 정작 볼을 가진 선수가 역습에 참여하지 않는다면 공격은 물거품이 되고 팀은 빠르게 역습할 수도, 재빨리 공격 포메이션을 형성할 수도 없다. 대부분의 경우 빠르게 역습할 것인지 아니면 조금 더 오래 볼을 점유하고 있을지는 볼을 빼앗은 다음 단 몇 초 안에 결정된다.

볼을 빼앗은 순간

볼을 점유하는 팀이 바뀌는 순간은 정신적으로 힘든 순간이기도 하다. 지금까지 수비했던 팀은 이제 공격으로 전환해야 한다. 이 전환의 성공 여부는 볼을 빼앗은 순간에 결정된다. 상대 팀 또한 전환의 순간을 자신들에게 유리하게 이용하려 할 것이다. 어떤 팀은 볼을 빼앗겼을 때 수비 대형으로 후퇴하고, 어떤 팀은 즉시 볼을 되찾으려고 한다.

볼을 빼앗는데 성공했다고 해서 항상 역습이 가능한 것은 아니다. 역습할 때는 상대 선수와 동료 선수의 위치를 파악해야 하고, 상대 진영 깊숙이 패스할 수 있는지 등을 고려해야 한다. 때때로 선수들은 먼저 행동에 나선 다음에 역습이 불가능하다는 사실을 깨닫기도 한다.

따라서 선수들은 볼을 빼앗은 직후 두 가지 측면을 모두 고려해야 한다. 즉, 빠르게 역습할 준비뿐만 아니라 볼을 오래 점유하고 있을 준비도 해야 한다는 것이다. 볼을 얻고 처음 몇 초 동안은 주의해야 할 원칙이 있는데, 이는 역습을 하든, 볼을 점유하든 두 가지 측면 모두에 해당된다. 선수들이 볼을 얻은 직후 주의해야할 원칙은 무엇인가?

상대 선수에게서 멀어지기

1장에서 대인 지향 수비에 대해 설명했다. 수비수들이 상대 선수에게 가까이 붙어서 수비하는 방식이다. 팀의 경기 운영 철학이나 수비 체제에 따라 이런 상황이 더 빈번하게 발생하기도, 더 드물게 발생하기도 한다. 어떤 경우든 수비수는 상대 선수에게 너무 많은 공간을 주지 않으려 한다. 그래야 상황에 따라 수비수가 직접 볼을 빼앗으려고 시도할 수도 있기 때문이다.

볼을 점유한 팀은 그 반대의 상황을 만들어야 한다. 즉, 상대의 압박을 피해 패스를 받고, 볼을 처리할 수 있어야 한다. 따라서 선수들이 볼을 빼앗은 다음 가장 먼저 해야 할 일은 상대 선수로부터 멀리 떨어지는 것이다. 그래야만 볼을 처리할 수 있는 공간을 확보할 수 있다. 이는 역습을 시도하든, 볼을 계속 점유하든 중요한 일이다.

일사불란하게 움직여 포지션 차지하기

볼을 점유한 팀 선수들은 어느 방향으로 움직여야 할까? 공격 포메이션과 수비 포메이션의 위치는 서로 다르다. 즉, 볼을 점유한 팀 선수들은 상대 팀이 볼을 점유하고 있을 때와는 완전히 다른 포지션을 차지하게 된다. 이를 가장 잘 보여주는 예시가 측면 수비수다. 측면 수비수들은 상대 팀이 볼을 점유한 상황에서는 수비 라인을 지키고, 아군 팀이 볼을 점유한 상황에서는 공격에 가담한다. 측면 수비수는 진영 가장 깊숙한 곳에서 수비하다가 가장 높은 위치로 올라가 공격에 도움을 준다.

볼을 얻은 다음 급격하게 포지션을 전환해야 하는 건 측면 수비수뿐만이 아니다. 애초에 상대 팀이 볼을 점유한 상황과 아군 팀이 볼을 점유한 상황에 완전히 똑같은 포지션을 유지하는 선수는 거의 없다. 전환 단계는 모든 선수들이 각자의 공격 포지션을 차지해야 끝난다. 그러므로 전환의 순간에는 최대한 빨리 수비에서 공격으로 포메이션을 바꿔 상황을 유리하게 만들어야 한다.

볼을 빼앗으면 선수들은 일제히 달려 분산되어야 한다. 곧장 역습하지 못하는 상황이더라도, 그 시간을 자신들에게 유리하게 활용해야 하기 때문이다. 볼을 빼앗은 팀이 상대 팀보다 포메이션을 먼저 전환한다면 빈틈을 쉽게 포착할 수 있다. 따라서 역습이 불가능하더라도 선수들은 볼을 빼앗는 즉시 공격 포메이션으로 움직여야 한다.

물론 이런 원칙에도 예외는 있다. 특히 볼과 가까운 구역에서는 패스 길목을 먼저 확보하는 것이 중요하다. 상대 팀 선수들이 볼을 다시 빼앗으려고 할 수 있기 때문이다. 볼을 빼앗은 선수가 공간을 확보하고, 즉시 동료 선수에게 패스한다면 상대 팀이 다시 볼을 빼앗기 어렵게 만들 수 있다.

깊이와 폭 활용하기

포지션 플레이에서 중요한 두 가지 원칙은 바로 깊이와 폭을 활용하는 것이었다. 상대 진영 깊숙이 파고들면 상대 수비수들을 뒤로 밀어낼 수 있고, 측면을 장악하면 상대 수비수들을 분산시킬 수 있다.

이는 볼 점유 단계뿐만 아니라 역습 시에도 중요하다. 상대 진영 깊숙이 파고드는 공격수는 상대 수비수들을 압박해 뒤로 물러나게 한다. 이상적인 경우는 상대 수비수들 뒤쪽으로 볼이 연결되는 것이고, 그렇지 못하더라도 상대 수비수들을 뒤로 물러나게 만들 수 있다. 어떤 경우든 최소한 선수 한 명이 상대 진영 깊이 들어가야 한다.

측면도 마찬가지다. 공격을 전개할 때 측면 공간을 차지하는 포지셔닝도 매우 중요하다. 수비하는 팀과 공격하는 팀에는 큰 차이점이 있다. 수비하는 팀은 서로 간격을 좁히는 것이 중요하지만, 공격하는 팀은 상대를 분산시키는 것이 중요하다. 특히 상대가 밀집 수비를 주로 하는 경우에는 측면을 이용해 수비를 분산시키는 작전이 더욱 효과적이다.

압박에서 벗어나기

볼을 빼앗은 직후 곧바로 측면 공간을 차지하면 상대 팀 압박에서 벗어나는 데도 도움이 된다. 볼을 잃고 바로 전의를 상실하는 팀은 없다. 상대 선수들은 수비 포메이션으로 돌아가기 전에 다시 볼을 빼앗으려고 시도할 것이다. 이를 게겐프레싱Gegenpressing이라고 하는데, 게겐프레싱은 현대 축구에서 아주 중요한 요소다. 대부분의 팀은 볼을 점유하고 있을 때부터 이미 볼을 잃을 경우 곧바로 상대 팀을 압박할 생각을 하고 있다. 그래서 볼을 잃는 상황과 게겐프레싱을 일련의 과정으로 연결해 훈련하는 팀이 많다(이 주제는 볼을 잃은 후 전환 단계를 다룬 4장에서 다시 언급하도록 하겠다).

볼을 얻은 팀은 상대 팀의 압박에서 벗어나야 한다. 이는 볼을 점유하자마자 상대 선수로부터 멀어져야 하는 주요한 이유다. 그래야만 볼을 빼앗은 선수가 동료 선수에게 패스할 수 있는 공간을 확보할 수 있다.

대부분의 경우 볼을 빼앗은 팀은 최대한 빨리 볼을 빼앗은 장소에서 벗어나려고 한다. 바로 그 공간에서 상대 팀이 볼을 다시 빼앗

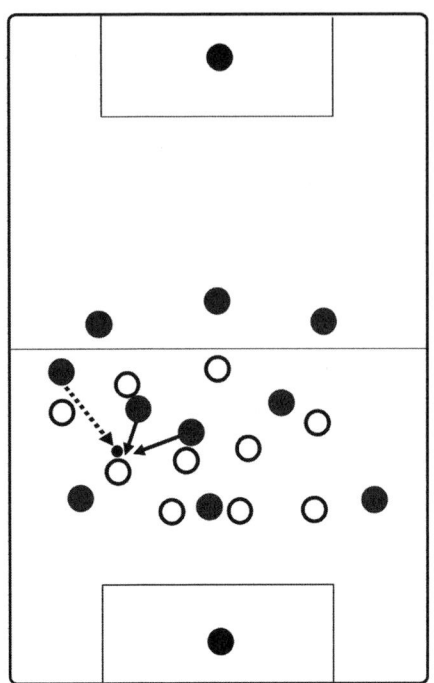

92. 게겐프레싱의 압박에서 벗어나기, 첫 번째.

는 데 집중할 것이기 때문이다. 볼을 빼앗은 후 첫 패스는 상대가 압박을 가하는 공간에서 이루어져야 하는데, 이 공간을 벗어나는 데는 몇 가지 선택지가 있다. 가장 확실한 방법은 백패스다. 백패스는 곧 공간 손실을 의미한다. 이 경우는 상대가 수비 포메이션을 갖출 시간을 벌 수 있기 때문에 빠른 역습이 거의 불가능하다. 다만 백패스로 볼을 안전하게 지킬 수는 있다. 상대 선수들이 공격적인 압박을 가할 수 없는 공간에서 안전하게 볼을 소유할 수 있기 때문이다. 공격적인 압박을 시도하려면 상대 선수들은 먼 거리를 움직여야 하는데, 그러면 볼을 가진 팀에 빈 공간을 열어주는 꼴이 된다.

조금 더 위험한 선택지는 경로를 완전히 바꾸는 것이다. 백패스보다 위험한 방법이지만, 성공하면 상대 팀의 허점을 노릴 수 있고, 압박에서 벗어날 수 있다. 예를 살펴보자. 상대 팀이 측면에서 패스 미스를 하여 아군 선수가 볼을 빼앗았다(그림 92). 이때 볼 근처에 있는 상대 선수들이 다시 볼을 가로채기 위해 돌진한다.

다가오는 상대 선수들로부터 볼을 지키기 위해 백패스를 하는 것이 논리적으로 좋아 보이는 상황이다. 하지만 상대 선수들이 달리던 속도를 이용해 더 빠르게 움직여 볼을 가진 선수를 지나치고 백패스된 볼을 노릴 수도 있다.

볼을 가진 선수 입장에서는 이러한 게겐프레싱을 기회로 삼을 수 있다. 볼을 다시 뺏으려는 상대 선수들은 '수비의 그림자'로만 자신이 등진 공간을 지킨다. 즉, 볼이 옆으로 빠져나간다면 뒤로 돌아 방향을 바꿔야 한다. 따라서 상대가 접근해오는 방향으로 대각선 패스 혹은 긴 패스를 하면 상대가 대응하기 어렵다. 동료 선수들이 그 방향으로 재빨리 움직인다면 경기의 중심을 이동시킬 수 있다(그림 93). 최악의 경우 볼을 다시 뺏기더라도 현재 위치보다 먼 곳에서 뺏기기 때문에 수비 체제를 갖출 시간을 벌 수 있다. 따라서 위험을 무릅쓰더라도 게겐프레싱에서 벗어나고 싶다면 상대방이 압박을 가하며 다가오는 방향으로 볼을 이동시켜야 한다.

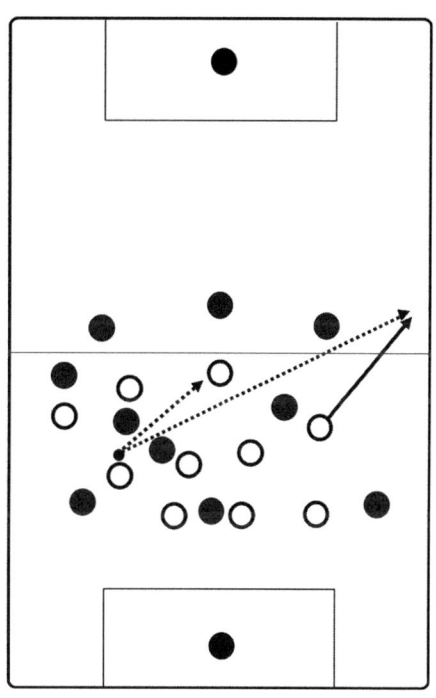

93. 게겐프레싱의 압박에서 벗어나기, 두 번째.

볼을 빼앗은 직후 상대의 압박이 너무 강하면 어떻게 해야 할까? 그럴 때는 볼을 얼른 다른 곳으로 보내자. 축구에서 가로챈 볼을 금방 다시 빼앗기는 것만큼 나쁜 상황은 없다. 방금 볼을 얻어 아직 공격 포메이션으로 대형을 채 바꾸기도 전에 다시 수비 포메이션을 정돈하기란 매우 어렵다. 그 순간 볼을 빼앗긴다면 치명적일 것이다. 그래서 경기력이 약한 팀은 볼을 점유하자마자 곧장 긴 패스를 보낸다. 동료 선수가 그 볼을 잡아 역습을 할 수도 있기 때문이다. 또한 다시 볼을 빼앗기더라도 자기 팀 골대에서 멀리 떨어져 있어 수비 포메이션을 갖출 시간을 벌 수 있기 때문이기도 하다.

두 번째 패스가 결정하는 것

라 마시아La Masia는 세계적으로 유명한 유소년 축구 아카데미다. 장차 바르셀로나에서 뛸 선수들을 길러내는 인재 양성소이기도 한 이곳은 차비, 이니에스타, 메시 같은 걸출한 선수들을 배출했다.

이곳에서 교육받는 선수들은 어릴 때부터 감독이나 코치로부터 볼을 쟁취하는 데 있어서 아주 중요한 규칙을 배운다. 바로 두 번째 패스가 모든 것을 결정한다는 사실이다. 바르셀로나의 축구 철칙에 따르면 볼을 가로챈 선수가 역습을 시작해서는 안 된다. 그 선수는 볼을 얻어내는 것으로 자신의 할 일을 다 한 것이다. 볼을 얻었다면 다음 순간 동료 선수에게 패스해야 한다. 그리고 그 선수가 볼을 가로채는 동안 패스를 받을 동료 선수들은 다음과 같은 사항을 고려하며 역습이 가능한지 여부를 결정해야 한다. 상대 선수들과 동료 선수들이 어떻게 서 있는가? 어느 공간이 비어 있는가? 이를 보면 다음과 같은 원칙을 이끌어낼 수 있다. 두 번째 패스가 팀이 역습할지 아니면 볼을 안전하게 지킬지를 결정한다.

물론 이것이 확고한 원칙은 아니다. 볼을 빼앗은 선수가 상대 선수로부터 아무런 압박을 받지 않는다면, 패스하지 않고 곧장 볼을 몰고 달릴 수도 있다. 그러나 급박한 상황에서는 의미가 있는 원칙이다. 볼을 빼앗은 선수 입장에서는 볼을 빼앗아 확보하는 일과 포메이션을 전환하는 상황에 모두 집중하기가 어렵기 때문이다. 또한 빼앗은 볼을 동료 선수에게 패스하더라도 역습 기회는 아직 사라지지 않는다. 두 번째 패스를 앞쪽으로 보내면 빠르게 공격을 할 수 있기 때문이다.

역습의 원칙

지난 몇 년 동안 조제 무리뉴만큼 대단한 성과를 보인 감독은 거의 없다. 그는 포르투, 첼시, 그리고 인터밀란에서 전성기를 보내며 선수들이 빠르고 정확하게 역습할 수 있도록 훈련시켰다. 어쩌면 당연한 일이다. 무리뉴는 지금까지도 이렇게 말한다. "역습하지 않는 건 멍청한 짓이다. 역습은 아주 훌륭한 전술 도구다."

사실이다. 볼을 가로챈 다음 득점할 기회를 얻는 데 역습보다 더 좋은 전술은 없다. 상대 선수들은 아직 수비 포메이션을 제대로 형성하지 못했거나, 어쩌면 그들 진영에서 먼 곳에 서 있을 것이다. 따라서 볼을 가로채 역습으로 공격할 때는 상대 선수들을 몇 명 제치지 않고도 상대 골대에 도달할 수 있다. 또한 볼을 가로챈 팀이 빠르게 움직이면 유리한 공간을 차지할 수 있고, 상대 선수들을 압박해 뒤로 밀어낼 수 있다.

그렇기 때문에 많은 팀이 역습에 집중하고, 상대 팀이 볼을 점유한 상황에서도 역습하여 득점할 기회를 만들려고 노력한다. 또한 선수들은 가능하면 상대 팀 진영에서 볼을 빼앗으려고 한다. 그래야 몇 번 패스하지 않고도 금방 상대 팀 골대에 다다를 수 있기 때문이다. 좋은 역습이란 결국 역습이 가능한 위치에서 볼을 빼앗는 데서부터 시작된다.

언제 역습해야 하는가?

그렇다면 언제 역습을 감행해야 하는가? 이에 대한 답은 팀의 경기 철학과 시스템에 따라 다르다. 무리뉴나 아디 휘터 같은 감독들은 역습을 최우선 순위에 둔다. 이들의 팀은 볼을 얻은 다음 곧바로 역습을 시도해 상대 팀 골대 앞으로 전진하려 한다. 반면, 과르디올라나 토마스 투헬Thomas Tuchel 같은 감독들은 볼을 얻은 다음 우선 볼을 안전하게 지키는 것을 우선시한다. 볼을 계속 점유하려는 의도다.

사실 감독이 어떤 철학을 선택하든 선수가 볼을 가로챈 직후 역습해야 하는지 여부에 영향을 미치는 근본적인 요소가 있다. 아래의 요소들을 살펴보자.

- **역습은 볼을 가로챈 위치에 따라 역습이 합당한지 여부가 크게 좌우된다.** 만약 상대 팀 골키퍼로부터 볼을 빼앗았는데 곧바로 슛을 하지 않는다면 어리석은 짓이다. 반대로 아군 팀 페널티 에어리어 내에서 볼을 점유하게 되었다면 역습을 위해 먼 길을 이동해야 할 것이다. 그럴 경우 역습에 성공할 가능성이 현저히 낮아진다. 당연한 이야기지만 볼을 빼앗는 위치가 상대 팀 골대와 가까울수록 골대로 가는 길이 짧고, 상대 팀이 수비 포메이션으로 정렬하기 전에 슛을 성공시킬 가능성이 높아진다. 이는 위르겐 클롭이 이끄는 팀의 특징이었다. 그들은 가능한 상대 팀 페널티 에어리어 내에서 볼을 빼앗음으로써 역습할 때 이동해야 하는 거리를 최소한으로 줄였다.

- 두 번째 요소는 첫 번째 요소와 밀접하게 연관된다. **역습 성공 가능성을 높이는 데 결정적인 것은 볼과 상대 골대 사이에 있는 상대 팀 선수들의 수다.** 볼을 빼앗은 다음 제쳐야 하는 상대 선수의 수가 적을수록 역습 성공 가능성이 높아진다. 몇 안 되는 선수로는 빈 공간을 제대로 커버할 수 없기 때문이다. 상대가 공격적으로 전진하는 팀이라면 아군이 볼을 빼앗은 다음 상대 진영에서 수적 우위를 점하기 쉽다. 반대로 상대 팀 선

수 전원이 볼과 골대 사이에 있다면 역습하기가 매우 어렵다.

- **상대 선수의 위치만큼 중요한 것이 동료 선수들의 위치다.** 역습의 목표는 상대 팀 골대까지 최대한 빨리, 최소한의 움직임으로 도달하는 것이다. 그러니 상대 팀 골대까지 거의 직선으로 도달할 수 있도록 동료 선수들이 서 있다면 이득이다. 만약 아군 팀 페널티 에어리어에서 볼을 빼앗았는데 동료 선수들이 전원 아군 페널티 에어리어 내에 있다면 볼을 앞으로 보낼 수 없을 것이다.

- 프레싱의 중요한 요소 중 하나가 바로 볼을 가진 선수를 압박하는 것이다. 선수가 압박을 받으면 시간과 선택지가 부족해지기 때문이다. 이는 반대로 해석해도 중요한 원칙이다. 볼을 가진 선수가 아무런 압박도 느끼지 않는다면 주변을 둘러볼 충분한 시간을 갖고, 가장 좋은 선택지를 고를 수 있다는 뜻이다. 그 선수는 앞쪽 공간이 비는 즉시 직접 볼을 드리블해 상대 팀 골대까지 달릴 수도 있고, 혹은 가장 좋은 패스 길목을 선택해 동료 선수에게 볼을 보낼 수도 있다. 여기서 기억해야 할 원칙은 다음과 같다. **볼을 가진 선수에게 가해지는 압박이 적을수록 역습 성공 가능성이 높아진다.**

- **볼을 얻게 된 상황 자체가 역습을 어렵게, 심지어는 불가능하게 만들 수 있다.** 예를 들어 볼이 터치라인 혹은 골라인 밖으로 나가거나 심판이 휘슬을 불어 공수가 교대되는 경우이다. 물론 역습이 가능하긴 하지만 시도하기가 어렵다. 필드 내로 볼을 가져오더라도 심판이 다시 경기를 중단시킬 수 있고, 혹은 상대 선수가 골킥이나 프리킥을 방해할 수도 있기 때문이다. 다시 말해 즉각적인 역습이 거의 불가능한 전환 상황도 있다는 뜻이다. 이 경우 선수들은 상황에 맞는 공격 포메이션을 먼저 정돈한 다음 골킥이나 프리킥, 스로인을 한다.

필드 위의 선수들이 항상 이런 요소를 쉽게 인식할 수 있는 건 아니다. 이는 연습할 때 볼을 빼앗는 훈련에 시간을 많이 투자하는 이유이기도 하다. 감독은 선수들에게 볼을 얻은 다음 무엇을 해야 하는지 정확하게 일러준다. 어떤 공간으로 달려야 하고, 어떤 패스를 해야 하는가? 훈련 때 연습했던 대로 볼을 빼앗는다면 선수들은 몸이 기억하듯 자동으로 움직일 것이다.

그러나 프로 선수들은 훈련하지 않은 상황에서 볼을 빼앗더라도 어떻게 역습해야 할지 이미 알고 있다. 역습은 축구의 다른 플레이와 마찬가지로 명확한 원칙에 따라 진행되기 때문이다. 프로 선수들은 이미 유소년 시절부터 역습 상황에서 어떻게 행동해야 하는지를 배운다. 이 명확한 역습의 원칙을 배울 수 있는 좋은 예시가 하나 있다. 2018년 월드컵 당시 벨기에와 일본의 경기를 살펴보자.

역습의 예시: 벨기에 대 일본

2018년 월드컵 벨기에와 일본의 16강전은 손에 땀을 쥐게 하는 경기였다. 양 팀 모두 전반전에 아주 좋은 기회를 얻었지만, 0:0으로 마무리되었고 후반전에는 2:0으로 일본이 앞섰지만, 벨기에가 곧 2:2까지 따라잡았다. 당시 로스토프 아레나에 있던 관중들은 종료 직전까지도 경기가 당연히 연장전으로 이어지리라고 생각했다.

94분 쯤에 일본이 코너킥을 찼다. 추가 시간도 거의 끝나가고 있었고, 이번 코너킥이 이 경기의 마지막 플레이가 될 터였다. 일본은 기회를 활용하고자 했다. 일본 선수 다섯 명이 페널티 에어리어 안에 있었고, 다른 두 명은 코너플래그 앞에 자리를 잡았다. 하지만 약하게 찬 볼이 벨기에의 골키퍼 티보 쿠르투아Thibaut Courtois의 손에 들어갔다. 위험을 잘 감지하고 막은 것이었다. 코너킥이 끝나고, 경기 또한 그대로 끝나리라고 모두가 생각했다.

바로 그때 더 브라위너가 중앙으로 달려가는 모습을 본 쿠르투아는 곧장 그에게 패스를 연결했다. 더 브라위너와 함께 벨기에 선수 세 명은 미친 듯이 달려 일본 진영으로 돌진했고, 공격수 로멜루 루카쿠Romelu Lukaku는 이미 일본 진영에 있었다. 즉, 다섯 명의 벨기에 선수가 일본 수비수 세 명을 향하고 있는 상황이 되었다(그림 94).

이후 모든 과정이 마치 자동화된 듯 진행되었다. 루카쿠는 대각선으로 달려 깊이 파고들면서 일본 수비수들의 주의를 끄는 동시에 오

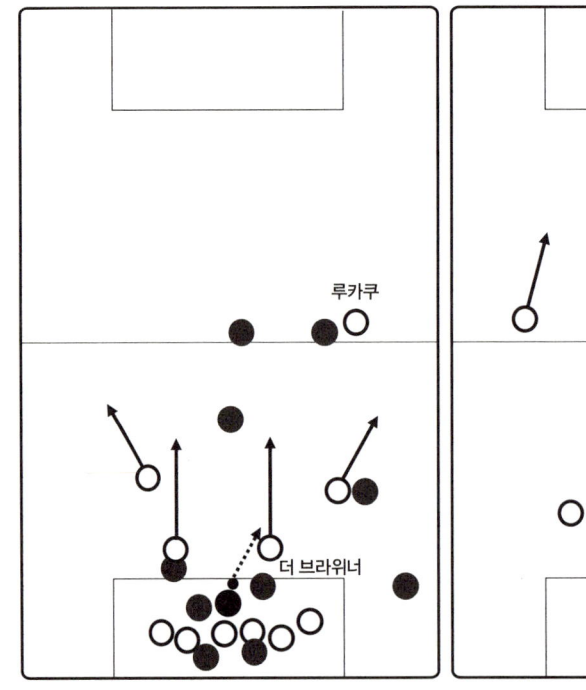
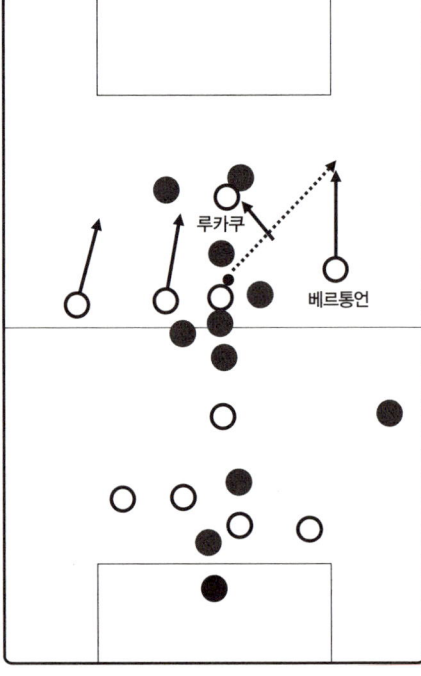

94. 일본과의 경기에서 벨기에가 보여준 역습, 첫 번째.   95. 일본과의 경기에서 벨기에가 보여준 역습, 두 번째.

른쪽 측면에 공간을 열었다 (그림 95). 더 브라위너가 달리면서 노마크로 있던 얀 베르통언Jan Vertonghen에게 패스했고, 그는 아무런 방해도 받지 않고 볼을 다시 중앙으로 보냈다. 이때 루카쿠가 볼을 향해 달려들었지만 그건 속임수였다. 그는 페인트 모션으로 볼을 그냥 흘려보냈고, 뒤따라 달려오던 나세르 샤들리Nacer Chadli가 볼을 골대 안으로 차 넣었다(그림 96).

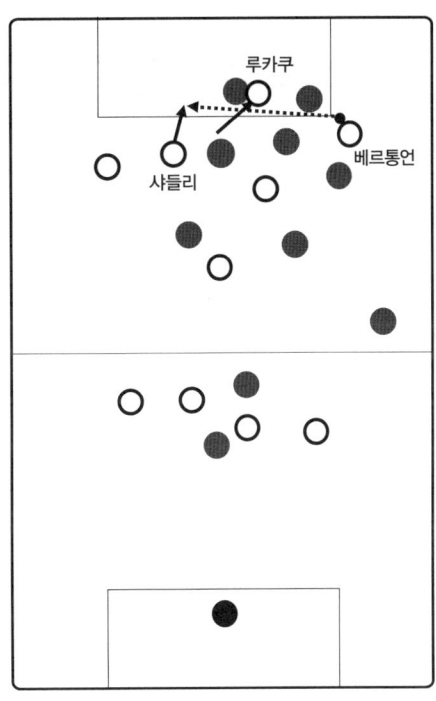

96. 일본과의 경기에서 벨기에가 보여준 역습, 세 번째.

벨기에 골키퍼 쿠르투아가 볼을 잡은 뒤부터 일본 팀 골 에어리어 안에서 샤들리가 슛을 하기까지 걸린 시간은 단 12초였다. 벨기에는 세 번의 패스로 필드 전체를 가로질렀다. 그렇게 연장전으로 이어질 것 같던 경기는 벨기에의 승리로 끝났고, 벨기에는 8강에 진출했다.

기회와 준비

이 예시를 보면 역습의 원칙을 정확히 알 수 있다. 벨기에의 역습은 처음부터 성공적인 역습으로 이어질 수 있는 여러 요소를 조합한 플레이였다. 물론 자기 진영 페널티 에어리어에서 볼을 갖게 된 것은 최적의 역습 상황은 아니었다. 그러나 볼과 상대 팀 골대 사이에는 일본 선수가 세 명뿐이었다. 반면 더 브라위너에게는 역습을 도와주는 동료 선수가 네 명이나 있었다. 벨기에가 수적 우위를 점한 것이다. 더 브라위너에 대한 압박도 매우 적었다. 그는 베르통언에게 패스할 때까지 아무런 방해도 받지 않고 상대 진영으로 달려갈 수 있었다. 베르통언도 마찬가지로 상대 선수들을 마주하지 않고 상대 팀 페널티 에어리어까지 달릴 수 있었다. 대형을 제대로 정렬하지 못한 상황에서 심지어 수적으로 열세이기까지 한 상대 팀만큼 역습을 쉽게 만드는 건 없다.

  벨기에 선수들이 상황을 제대로 판단하지 못하고 기회를 잡지 못했다면 이 모든 게 쓸모없었을 것이다. 하지만 94분, 경기가 종료되기 직전이었지만 벨기에 선수 다섯 명은 역습할 기회를 포착하여 아군 팀 진영에서 상대 팀 진영까지 전속력으로 질주했다. 그들은 더 브라위너가 볼을 잡은 이후부터 1초도 시간을 허투루 쓰지 않았고 마지막까지 속도를 늦추지도 않았다. 이를 보면 역습에 필요한 기본적인 두 가지 조건이 맞아 떨어진 것을 알 수 있다. 우선 역습할 기회가 발생했고, 선수들이 신체적으로나 정신적으로 그 기회를 잡을 준비가 되어 있었다.

상대 진영 깊숙이 전력질주하기

역습의 첫 순간 루카쿠는 조용히 준비하고 있었다. 그는 상대 진영에 서서 더 브라위너를 보았고 다음 일이 벌어지기를 기다렸다. 이미 그 전부터 루카쿠는 한 가지 역할을 하고 있었다. 일본이 코너킥을 찰 때 자기 진영으로 돌아가지 않고, 필드 중앙에 머물면서 일본 수비수들 몇 명을 비슷한 위치에 붙잡아둔 것이다.

다시 돌이켜보자. 진영 깊숙한 곳을 찌르는 패스는 모든 수비수들에게 악몽이다. 만약 필드 중앙에 일본 수비수들이 없었다면 더 브라위너는 루카쿠에게 곧바로 긴 패스를 보낼 수 있었을 것이다. 하지만 이를 막기 위해 일본 선수 두 명이 계속 진영 깊숙한 곳에 남아 있었고, 루카쿠는 상대 팀 수비수들과 함께 원래 위치에 있었다. 그는 그저 그 자리에 있는 것만으로도 상대 팀 진영 깊숙한 곳을 위협했던 것이다.

> 상대 팀이 볼을 점유한 순간에도 수비하는 팀의 공격수 한 명이 상대 진영에 남아 있다면 **상대 팀 수비수들을 붙잡아둘 수 있다.** 그는 수비에 가담하지는 않지만, 만약 아군 팀이 볼을 빼앗거나 얻어서 공수가 전환된다면 곧바로 상대 진영 깊숙이 파고들어 최후방 수비 라인을 뚫을 수 있다.

더 브라위너가 중앙선에 가까워지자 루카쿠도 상대 수비 라인 뒤쪽으로 달리기 시작했다. 그 상황에서 루카쿠가 움직이자 당연히 상대 수비수들이 따라붙었고, 그 덕분에 베르통언에게 이어지는 패스 길목이 비게 되었다. 왜 일본 수비수들은 루카쿠를 마크했을까? 만약 루카쿠와 함께 움직이지 않았다면 루카쿠에게 이어지는 패스 길목이 열렸을 것이기 때문이다. 그러면 루카쿠가 아무런 방해 없이 수비수 뒤쪽으로 들어가게 된다. 결국 일본은 대를 위해 소를 포기하는 식으로 측면을 열어두었던 것이다. 이것 또한 1장에서 언급한 수비할 때는 측면보다 중앙을 우선시한다는 원칙이 적용된 것이다.

루카쿠의 질주에는 또 다른 효과가 있었다. 상대 선수를 유인하면서 더 브라위너가 자유로워지도록 만든 것이다. 이 상황에서 일본의 중앙 수비수는 수비 라인을 벗어나 움직이기가 어렵다. 수비 라인 뒤쪽으로 들어갈 틈을 노리는 루카쿠에게서 눈을 뗄 수 없기 때문이다. 덕분에 더 브라위너는 볼을 몰고 몇 미터 더 앞으로 움직일 수 있었다.

루카쿠는 포지셔닝과 현명한 움직임으로 역습의 중요한 원칙을 실현했다. 상대 진영 깊숙이 들어가는 선수 없이는 역습에 성공할 수 없다. 상대 진영 깊이 침투하는 움직임의 우선적인 기능은 상대 수비 라인 뒤쪽으로 볼을 이동시킬 공간을 만드는 것이다. 그 공간에서 패스를 받으면 곧바로 득점할 기회가 생기기 때문이다. 만약 상대 선수들이 벌써 진영 안쪽을 커버하여 그쪽으로 패스하지 못하더라도 상대 선수들을 뒤쪽으로 밀어내고, 수비 라인 앞쪽 공간을 활용할 수 있다.

최소한의 폭을 활용하는 원칙

역습하는 팀은 깊이뿐만 아니라 폭도 활용해야 한다. 상대 진영 깊숙이 들어가는 건 당연하지만, 왜 측면까지 활용해야 하는지는 의아할 것이다. 여러 차례 언급했듯이 수비하는 팀은 측면보다 중앙을 우선 수비한다. 중앙이 측면보다 위험 수준이 더 높기 때문이다.

그렇다면 왜 역습 시 측면을 활용해야 할까? 그래야 필드의 공간을 최대한 활용하고 상대 선수들을 분산시킬 수 있기 때문이다. 앞선 예시에서 벨기에의 모든 공격수들이 중앙에만 몰려 있었다면 일본 입장에서는 오히려 수비하기 편했을 것이다. 측면으로 수비수들을 분산시킬 필요 없이 중앙으로 밀집하면 되기 때문이다.

그러나 벨기에는 그렇게 하지 않았다. 벨기에 선수들은 양쪽 측면을 모두 활용했다. 수비수들이 간격을 좁혀 서면 측면에 있는 공격수들이 노마크 상태가 된다. 그렇다고 측면 공간을 지키기 위해 간격을 넓혀 서면 중앙의 빈틈이 커질 것이다. 이처럼 역습할 때는 상대 팀 선수들이 도저히 한 쪽만 선택할 수 없는 상황을 만들어야 한다.

공격하는 입장에서는 양쪽 측면을 모두 이용하는 것이 중요하다. 한쪽 측면으로만 선수들이 이동한다면 수비하는 팀이 그쪽만 막으면 되기 때문이다. 벨기에의 역습 당시 더 브라위너는 왼쪽과 오른쪽 측면 어디로든 패스할 수 있는 선택지가 있었고, 그로 인해 일본은 수비하기가 어려웠다.

그렇다면 폭을 얼마나 넓게 이용해야 할까? 역습하는 팀이 측면을 활용하는 것이 좋다 하더라도, 공격수 두 명을 터치라인 가까이에 배치하는 것은 별로 좋은 방법이 아니다. 역습의 우선적인 목표는 결국 골을 넣어 득점하는 것이다. 따라서 역습하는 팀은 최대한

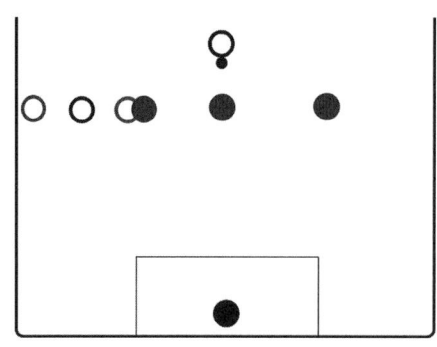

97. 최소한의 폭을 활용하는 원칙.

빨리 상대 팀 골문까지 도달하는 길을 찾아야 한다. 골대는 측면이 아니라 중앙에 있으므로 터치라인 근처로 패스하면 결국 골대에서 멀어지는 셈이다. 이런 상황은 수비하는 팀 입장에서도 바라는 바다. 애초에 수비하는 팀은 역습하는 팀 선수들을 자기 팀 골대에서 최대한 멀리 떨어지도록 유도할 것이니 말이다.

하지만 벨기에의 측면 공격수들은 터치라인에 붙지 않았다. 그들은 언제든 볼을 받을 수 있도록 중앙으로 치우친 측면에 있었고, 상대 팀 수비수들보다는 더 바깥쪽에 있었다. 즉, 상대 팀 수비수들보다는 폭을 더 넓게 이용했지만, 그렇다고 불필요할 정도로 골대에서 멀어지지는 않았다.

이것이 '최소한의 폭을 활용하는 원칙'이다. 측면 공격수는 상대 팀 측면 수비수를 최대한 바깥쪽으로 유인할 수 있을 만큼 측면으로 움직여야 한다. 이때 직접적인 신체 접촉이 없다면 더 좋다. 동시에 측면 공격수는 최대한 중앙에 가깝게 서야 한다. 즉, 볼을 잡았을 때 가능한 짧은 거리를 움직여 골대에 도달할 수 있을 만큼 중앙에 가까워야 한다. 최소한의 폭을 활용하는 원칙은 다음과 같다. 측면 공격수는 필요한 만큼 바깥쪽에, 동시에 가능한 안쪽에 자리잡아야 한다.

깊이를 활용하는 원칙

역습은 항상 시간과의 싸움이다. 더 정확히 말하자면 상대 팀 선수들과의 달리기 경주다. 상대 팀은 볼 소유권을 빼앗기자마자 수비 포메이션으로 돌아가려 할 것이다. 앞선 예시에서 쿠르투아가 골킥을 천천히 준비해서 찼다면, 일본 선수들은 이미 자기 진영으로 돌아가 수비 포메이션을 형성했을 것이다. 또한 일본이 수비 대형으로 정렬했다면 벨기에로서는 수적 우위를 점할 수 없었을 것이다.

통계에 따르면 프로 축구팀이 수비 대형으로 돌아가는 데 걸리는 시간은 8~12초다. 즉, 그 시간 내에 역습에 성공해야 한다. 여기서 역습의 또 다른 원칙을 확인할 수 있다. 역습 상황에서 패스할 때는 최대한 먼 거리를 이동하도록, 그리고 상대 팀 골대를 향하도록 볼을 차야 한다.

역습하는 팀에는 물리학적인 이점이 있다. 쉽게 말하자면 볼이 인간보다 빠르다는 점이다. 경로를 잘 고른 두세 번의 패스는 이제 막 수비 포메이션으로 돌아가고 있는 상대 팀 선수들을 모두 제칠 수 있다. 이때 볼을 최대한 상대 진영 깊숙이 보내는 것이 중요하다. 상대 수비 라인 뒤쪽으로 패스를 보낼 수 있다면 가장 좋다. 상대 수비 라인을 무너뜨리면서 아군 공격수가 달려들어가는 속도를 멈출 필요가 없기 때문이다.

그러나 수비 라인 뒤쪽을 노린 패스만이 성공으로 이어지는 건 아니다. 더 브라위너가 베르통언에게 보낸 패스는 측면을 향한 대각선 패스였다. 더 브라위너는 달리면서 베르통언에게 패스했고, 그로 인해 공간을 만들어냈다. 동시에 베르통언은 전속력으로 달리면서 볼을 처리해 공격의 속도를 빠르게 유지했다. 즉, 공격의 속도를 유지할 수 있는 패스와 상대 골대 방향으로 움직일 수 있는 동료 선수들이 있다면 측면으로 이어지는 패스 또한 성공으로 이어질 수 있다. 여기서도 측면 공간을 활용할 때처럼 꼭 필요한 일과 가능하면 해야 할 일이 나뉜다. 역습 시의 패스는 가능하면 길어야 하고, 꼭 필요한 만큼만 짧아야 한다.

상대 선수의 이동 방향과 반대로 움직이는 원칙

지금까지는 하늘에서 내려다보는 관점에서 역습 상황을 살펴보았다. 그래서 공간 점유와 올바른 패스를 선택하는 방법에 초점을 맞추었다. 하지만 실전에서 선수들은 역습 상황에 엄청난 압박을 느낀다. 전속력으로 달리면서 몇 밀리초 내에 결정을 내려야 하기 때문이다. 잘못된 결정을 내리면 역습은 실패로 끝난다.

수비수들도 마찬가지다. 속도가 매우 빠르고 급박한 상황에서 필드 전체를 둘러보기란 쉽지 않다. 말 그대로 인간에게는 눈이 두 개밖에 없기 때문이다. 그래서 볼을 몰고 달려오는 상대 선수를 보면서 동시에 진영 깊숙한 곳을 살피고, 거기에 더해 측면까지 감시하기란 거의 불가능하다. 더 브라위너는 바로 이런 상황을 자신에게 유리하게 이용했다. 루카쿠 옆에는 그를 마크하는 상대 선수가 있었고, 거기서 조금 떨어진 위치의 베르통언은 노마크였다. 더 브라위너는 바로 옆에 노마크로 서 있던 샤들리나 왼쪽에 있던 아자르가 아닌 베르통언을 패스 연결점으로 삼았다.

왜 이것이 좋은 선택이었을까? 그 패스가 상대 수비수들의 몸이 향하고 있는 방향과 반대로 이동했기 때문이다. 베르통언 바로 옆에 있던 수비수는 루카쿠를 막으려고 베르통언을 등진 상태였다. 그래서 더 브라위너의 패스에 곧바로 반응하지 못했다. 볼을 쫓아 다시 측면으로 향하려면 우선 몸의 방향을 반대로 돌려야 했기 때문이다.

　여기서 보편적인 원칙을 읽어낼 수 있다. 역습할 때는 항상 상대 수비수들이 움직이는 방향과 반대 방향으로 패스해야 한다. 이는 다양한 상황에 통용되는 이론이다. 볼이 왼쪽 측면에 있으면 상대 선수들이 그쪽으로 몰릴 것이다. 역습하는 팀은 골을 노려야 하니 볼을 다시 중앙으로 이동시켜야 한다. 그래서 상대 수비수들이 움직인 방향과 반대인 오른쪽으로 볼을 보낸다.

　중앙을 통해 공격한 벨기에처럼 상황에 따라 패스할 곳을 정하기가 어려울 수도 있다. 하지만 어떤 경우에도 상대방이 움직이는 방향과 반대로 패스했을 때의 이점은 명확하다. 더 브라위너는 노마크로 서 있던 동료 선수를 포착했고, 공격 속도를 빠르게 유지했다. 또한 상대 수비수들이 시선을 둔 방향, 움직이는 방향과 반대로 볼을 보내 그들이 반응하기 어렵게 만들었다. 따라서 상대 수비수들의 움직임과 반대 방향 대각선으로 패스한 것은 좋은 선택이었다. 더 브라위너는 이를 본능적으로 알았던 것이다.

파도처럼 달리기

벨기에 선수 중 득점한 사람은 가장 앞에 나가 있던 루카쿠가 아니라 더 뒤쪽에서부터 움직이기 시작한 샤들리였다. 이 또한 우연이 아니다. 루카쿠와 샤들리가 모두 높은 위치에서부터 공격을 시작했다면 벨기에의 역습이 어떻게 전개되었을지 상상해보자. 이 경우에도 벨기에는 일본 수비수들을 곤란하게 만들었을 것이다. 수비수 두 명이 벨기에 공격수 두 명에 더해 볼을 몰고 있는 측면 공격수까지 막아야 했을 테니 말이다. 일본으로서는 대단히 어렵고 불리한 상황이다.

그러나 만약 루카쿠와 샤들리가 동일한 라인에 수평으로 나란히 서 있었다면, 두 선수가 서로 상호작용할 수 없었을 것이고 그러면 베르통언의 선택지도 줄었을 것이다. 즉, 페널티 에어리어 내에 움직일 수 있는 선수가 둘 있지만, 패스는 오로지 한 곳으로 밖에 보낼 수 없었을 것이다.

하지만 예시에서는 샤들리가 더 깊은 위치에 서 있었기 때문에 또 다른 선택지가 생겼다. 베르통언은 루카쿠가 도달할 위치가 아닌 샤들리가 도달할 위치, 즉 페널티 지역으로 패스할 수 있었다. 루카쿠는 현명하게도 페인팅 모션으로 결정적인 순간에 샤들리에게 볼을 넘겼고, 샤들리는 상대 선수의 압박 없이 슛을 쏴 상황을 마무리할 수 있었다.

이 단순한 플레이에 중요한 원칙이 집약되어 있다. 선수들이 동시에 페널티 에어리어에 진입해 같은 라인에서 달릴 필요가 없다는 것이다. 그래봐야 패스하는 선수의 선택지를 제한할 뿐이다. 그보다는 서로 타이밍을 맞춰야 한다. 이때 중요한 것은 파도처럼 달리는 것이다. 파도가 여러 겹으로 다가오는 것처럼, 루카쿠가 페널티 에어리어에 진입하는 첫 번째 파도였고 샤들리가 두 번째 파도였다.

> 여러 선수들이 비슷한 속도로 달려 동시에 상대 팀 페널티 에어리어에 진입하지 않고 차례차례 진입하는 것을 **파도처럼 달린다**고 한다. 첫 번째 '파도'는 가장 먼저 페널티 에어리어에 진입하는 선수다. 그 다음에 진입하는 선수는 두 번째 파도다(당연히 세 번째, 네 번째 파도가 이어질 수도 있다).

파도처럼 달렸을 때의 이점은 무엇인가? 각 선수의 행동이 유기적으로 연결될 수 있다. 루카쿠라는 첫 번째 파도는 상대 팀 수비수들을 유인했다. 샤들리라는 두 번째 파도는 루카쿠 덕분에 열린 빈 공간을 노렸다. 즉, 역습하는 팀이 의도적으로 상대 팀의 움직임을 유도하고 자신들에게 유리하게 이용한 셈이다.

그뿐만이 아니다. 페널티 에어리어 안에는 여러 존이 있다. 1장에서 설명했듯이 수비하는 팀은 수비 라인을 3+x 형태로 만들어 페널티 에어리어를 지킨다. 그런데 일본은 그럴 수 없었다. 페널티 에어리어 내에 수비수가 두 명밖에 없었기 때문이다. 수적 우위를 점한 벨기에는 페널티 에어리어 내의 여러 존으로 달려가 상대 수비수들을 압박할 수 있었기 때문에 유리했다. 루카쿠는 상대 수비수를 더 안쪽까지 끌고 가 뒤이어 달려오는 샤들리에게 공간을 열어주는 똑똑한 플레이를 선보였다. 이는 벨기에 선수들이 파도처럼 달렸기 때문에 가능한 플레이였다.

교차하여 달리기

파도처럼 달리기의 하위 버전으로 교차하여 달리기가 있다. 두 공격수가 서로 교차하듯이 달리는 형태를 말한다. 공격수 한 명이 대각선으로 달리기 시작하고 동시에 또 다른 공격수가 반대쪽 대각선으로 달리기 시작한다. 더 늦게 달리기 시작한 선수는 동료 선수가 방금 지나간 곳을 똑같이 지나간다. 두 선수가 달린 경로를 전술 보드에 표시하면 'X'자 형태가 나타난다(그림 98).

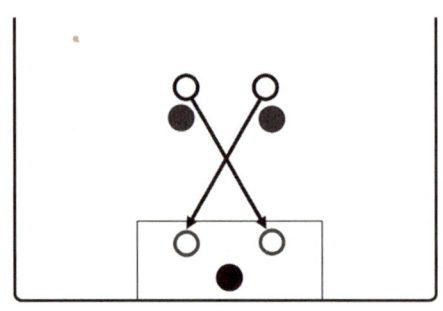

98. 공격수들이 교차하여 달린 경로.

계획대로만 된다면 교차하여 달릴 경우 상대 수비수들을 혼란스럽게 만들어 빈틈을 발생시킬 수 있다. 두 공격수가 각기 다른 타이밍에 달리기 시작하면 첫 번째 공격수가 상대 수비수들을 유인하고 두 번째 공격수가 빈틈으로 들어갈 수 있다. 이런 방식으로, 혹은 이를 응용하면 상대 선수들이 수비하기가 어려워진다. 특히 수비하는 팀이 대인 지향 방어를 할 경우에는 쉽게 공간을 만들 수 있다. 또한 상대의 허를 찌르는 경로를 골라 달리는 공격수들은 역동적인 이점도 가질 수 있다.

다른 빠른 공격에도 적용되는 역습의 원칙

역습의 원칙은 볼을 빼앗은 후 전환 단계에서만 적용되는 것이 아니다. 이미 2장(팀이 볼을 점유한 단계)에서도 이에 대해 설명한 바 있다.

공격하는 팀은 역습의 원칙과 똑같은 원칙에 따라 속도를 높이고 상대 수비수들을 제친다.

공격하는 팀은 역습할 때 역동성을 활용해 최대한 빨리 골을 넣고자 한다. 그러기 위해서는 상대 수비 라인 뒤쪽으로 파고들거나 적어도 상대 수비수들을 뒤로 밀어야 한다. 이때 활용할 수 있는 전술 도구는 상대 진영 깊숙이 달려들어가기, 상대 수비수들이 움직이는 방향과 반대로 패스하기, 파도처럼 달리기 등이다. 이 모든 전술 도구는 팀이 볼을 점유하면서 공격 속도를 높여 빌드업하는 상황에서도 활용할 수 있다. 다시 앞으로 돌아가 팀이 볼을 점유했을 때 활용할 수 있는 전술을 살펴봐도 좋다. 맨체스터 시티와 도르트문트, 첼시는 어떤 원칙을 활용했는가?

역습의 끝

모든 역습이 앞서 언급한 예시처럼 순조롭게 진행되는 건 아니다. 역동성, 즉 속도가 결정적인 요인이다. 역습하는 팀이 빠르게 움직여야 상대 팀이 수비 포메이션을 갖출 시간이 부족해진다. 그러나 실전은 항상 이론보다 어렵다. 때로는 달리면서 패스한 볼이 완벽하게 동료 선수에게 전달되지 않을 수도 있다. 그러면 볼을 받은 선수는 속도를 줄이거나 심지어는 멈춰서게 되어 역동성이 사라지고, 상대 팀은 수비 포메이션을 갖추게 될 것이다.

모든 팀이 오로지 득점만을 위해 역습하는 것은 아니다. 어떤 때는 공간을 점유할 목적으로 역습하기도 한다. 역습 상황일 때 상대 팀은 대형을 정돈했다 하더라도 뒤로 꽤 물러난 위치에 있게 된다.

공격하는 팀은 원하는 만큼 공간을 점유했다면 역습을 중단하고 빌드업을 시작하기도 한다. 즉, 역습과 볼 키핑이 반드시 득점을 목적으로 진행되는 건 아니라는 것이다.

전환의 순간은 언제 끝나는가?

과르디올라는 상대 팀이 볼을 점유하는 상황을 아군 팀이 볼을 점유하는 상황으로 확실하게 바꾸려면 최소 15번 패스를 해야 한다고 말했다. 그래야 볼 소유권을 완벽하게 가져와서 상대 팀 골문을 노릴 수 있다는 것이다. 과르디올라처럼 포지션 플레이를 숭배하는 사람에게는 정확한 숫자인지도 모른다. 하지만 수비에서 공격으로 전환하기까지 그렇게 많은 패스가 필요한 팀은 거의 없다.

모든 선수들이 공격 포메이션에 위치한다면 상대 선수들로부터 직접적으로 가해지는 압박을 피해 볼을 확고하게 점유할 수 있다. 즉, 팀이 볼을 점유한 단계가 시작되는 것이다. 이제부터는 2장(팀이 볼을 점유한 단계)에서 언급한 모든 전술 도구를 활용해서 상대 팀을 공격할 차례다.

볼을 빼앗은 후 전환 단계 요약

이번 장에서는 볼을 빼앗은 후 어떻게 하면 성공적으로 공격으로 전환할 수 있는지 알아보았다. 이 단계에서는 상대 팀에게 재빠른 역습을 할 기회가 생긴다.

- 전환의 순간 선수들은 수비에서 공격으로 포지션을 바꾼다. 볼을 빼앗은 다음에는 가능한 빨리 포지션 플레이의 원칙을 전환해야 한다. 그리고 무엇보다도 볼을 얻은 즉시 **깊이와 폭을 최대한 활용해야 한다.**
- 선수들은 재빨리 **자신을 마크하는 상대 선수로부터 멀어지고 공격 포지션 방향으로 달려야 한다.**
- 선수들은 볼을 얻은 순간 역습할지 아니면 볼을 안전하게 지킬지 결정해야 한다. 이는 **볼을 얻은 장소와 상황, 상대 선수들 및 동료 선수들의 위치, 상대 선수들이 볼을 몰고 가는 선수를 압박하는지 여부** 등이 영향을 미친다.
- 역습에 성공하려면 여러 원칙을 지켜야 한다. 우선 **볼을 가능한 빨리 상대 진영 깊숙이 보내야 한다.** 이때 **깊이를 최대한 활용**하고, **폭은 필요한 만큼만 활용**한다면 패스 길목을 확보하고, 상대 팀 선수들을 뒤로 물러나게 만들 수 있다. **파도처럼 달리기, 교차하여 달리기, 상대 선수들이 움직이는 반대 방향으로 패스하기** 등의 전술 도구를 활용한다면 역습의 성공 가능성을 높일 수 있다.
- **전환의 순간에 중요한 것은 선수들의 정신 상태가 얼마나 준비되어 있느냐다.** 볼을 얻은 순간 상대 선수보다 더 빨리 반응하는 선수만이 역습을 성공적으로 이끌 수 있다.

제4장

볼을 잃은 후 전환 단계

세계 최고의 팀도 실수할 때가 있다. 패스를 정확히 잡지 못한다든가, 너무 길거나 짧게 패스한다든가, 슛이 골대를 벗어난다든가... 그러면 볼 소유권이 상대 팀으로 넘어간다. 지금까지 볼을 잃는 순간이 매우 위험한 이유를 여러 차례 설명했는데, 이는 공격의 기본과 관련이 있다. 아군 선수들이 진영에서 멀리, 앞으로 나가 있을수록 볼을 잃었을 때 역습당하기 쉽다. 상대 팀이 경기를 즉시 속행할 수 있는 상황이라면 그들은 아직 제대로 정렬되지 않은 수비의 빈틈을 노릴 것이고, 이는 결국 실점으로 이어질 위험이 높아진다.

그런데 지난 몇 년 동안 축구계에 작은 혁명이 일어났다. 볼을 잃은 후 전환 단계를 유리하게 이용할 수는 없을까? 볼을 잃은 후에도 경기에서 우세할 수는 없을까?

늘 그랬지만, 볼을 잃은 선수들이 즉시 움직임을 멈추는 일은 없다. 독일 유소년 축구팀 감독은 항상 "추격해!"라고 소리친다. 볼을 잃은 다음 곧바로 추격한다는 개인 전술적인 행동은 이미 몇 년에 걸쳐 체계화되었다. 감독들은 볼을 빼앗긴 선수들이 어떻게 움직여야 할지 고민했다. '추격'은 항상 '추격'만으로 끝나지 않는다. 선수들이 볼을 잃고서 어떻게 행동해야 하는지 설명하려면 그 주제만으로 책을 한 권 써야 할 것이다.

클럽은 오늘날 많은 사람들이 사용하는 개념을 만들어냈는데, 그것은 바로 게겐프레싱이다. 이는 독일어지만, 어느 나라에서나 볼을 잃은 다음 상대를 추격하여 압박을 가하는 체계적인 움직임을 묘사하는 개념으로 쓰인다. 프레싱의 변형으로 비슷한 효과를 보이는 게겐프레싱은 결국 상대 선수에게 집중적인 압박을 가하는 것이 목적이다. 다만 차이가 있다면, 게겐프레싱은 수비 포메이션이 아니라 공격 포메이션에서 시작된다.

> **게겐프레싱**은 볼을 잃은 다음 체계적으로 상대를 추격하는 움직임을 묘사하는 개념이다. 일반적인 프레싱과 차이점이 있다면, 프레싱을 시도하는 팀이 공격 포메이션을 형성한다는 것이다. 선수들은 잃은 볼을 다시 빼앗으려고 시도하면서 역습하지 못하도록 상대 팀을 압박한다. 그래서 게겐프레싱을 영어로는 '카운터 프레싱Counter Pressing'이라 한다. 더 직관적인 이름이다. 상대의 역습(카운터 어택)에 대항하는 프레싱이기 때문이다.

이번 장에서는 볼 소유권을 잃은 다음 선수들이 어떻게 행동해야 하는지를 다룬다. 선수들은 언제 곧바로 볼을 다시 빼앗으려 해야 하는가? 그 과정은 어떻게 진행되는가? 그리고 추격이 불가능하다면 언제, 어떻게 수비 포메이션으로 돌아가야 하는가?

게겐프레싱이 중요한 이유

이 책에서 나는 계속 축구란 4단계가 되풀이되는 스포츠라고 말했다. 상대 팀이 볼을 점유한 상태, 볼을 얻는 과정, 팀이 볼을 점유한 상태, 볼을 잃는 과정이 그것이다. 이 4단계가 끊임없이 되풀이된다.

이번 장에서는 그중에서도 볼을 잃는 상황에 대해 설명한다. 이때 상대 팀은 역습할 기회를 얻는다. 그런데 볼을 잃은 팀이 공격적으로 추격한다면 역습이 불가능해질 수 있다. 심지어 볼을 빼앗기고 겨우 몇 초 후에 다시 볼을 되찾아올 수도 있다. 즉, 상대 팀이 역습을 하지 못하게 하고, 볼을 계속 점유하지도 못하게 만드는 것이다. 경기는 다시 아군이 볼을 점유한 단계로 돌아가거나 어쩌면 볼을 다시 빼앗자마자 즉시 상대 진영 깊숙이 보내 재역습을 할 수도 있다.

상대 팀의 볼 점유

성공적인 게겐프레싱은 4단계의 순환 구조를 끊는다. 상대 팀의 볼 점유로 전환되는 과정 다음에 곧바로 다시 아군 팀의 볼 점유로 전환되는 과정이 이어진다. 어쩌면 게겐프레싱을 바람직한 역습이라

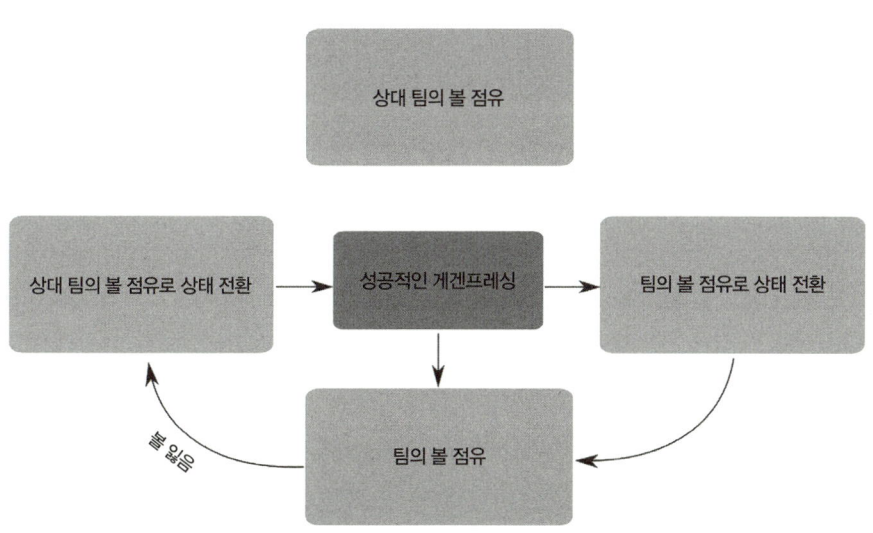

99. 게겐프레싱은 4단계의 순환을 끊을 수 있다.

칭할 수도 있을 것이다. 상대 팀이 볼을 점유하는 단계를 건너뛰고 바로 골을 넣어 득점할 수도 있기 때문이다.

팀이 볼을 점유한 상황과 게겐프레싱을 잘 연결하면 이론적으로 상대 팀이 볼을 점유하지 못하도록 할 수 있다. 과르디올라가 이 원칙을 자주 활용했다. 그의 팀은 상대 팀이 볼을 점유하는 과정을 허락하지 않았기 때문에 볼 점유율이 높았다. 과르디올라는 선수들에게 공격적인 게겐프레싱을 지시했다. 상대 팀이 볼을 점유한 단계 자체를 건너뛰기 위해서다. 과르디올라는 "내 꿈은 상대 팀 선수들 열한 명을 경기 시작 직후 그들의 페널티 에어리어로 밀어 올린 다음 단 한 차례도 중앙선을 넘지 못하도록 만드는 것이다."라고 말했다. 볼을 잃자마자 곧바로 다시 빼앗지 않고서는 필드를 완전히 지배하겠다는 그의 꿈을 실현하기는 어렵다.

한편 게겐프레싱에 대한 클롭의 전략적 아이디어는 달랐다. 그는 볼을 완전히 통제하기보다 팀이 '전속력'으로 경기하기를 원했다. 클롭은 게겐프레싱이 상대 팀의 역습을 막고 오히려 재역습할 기회라고 보았다. 게겐프레싱으로 볼을 얻어낸 이후 도르트문트는 곧장 위험을 무릅쓰고 앞쪽으로 패스를 보냈다. 패스에 실패해 볼을 빼앗기면 다시금 게겐프레싱에 돌입했는데, 이는 상황을 전면 통제하는 것이 아니라 일부러 복잡하고 혼란스럽게 만드는 게 목표였다.

통제가 목적이든 혼란을 발생시키는 것이 목적이든, 어떤 경우든 게겐프레싱은 강력한 전술 도구다. 과르디올라와 클롭은 지난 몇 년 동안 게겐프레싱을 집중적으로 훈련시켰다. 그들은 전환의 순간을 유리하게 이용하여 상대 팀이 볼을 오래 점유하지 못하도록 만들길 원했다.

항상 게겐프레싱을 하지는 않는 이유

게겐프레싱의 장점은 명확하다. 볼을 잃으면 곧바로 상대 팀을 추격하는 전술로, 볼을 다시 빼앗거나 아니면 적어도 상대 팀의 역습을 막을 수 있다. 모든 것이 계획대로 된다면 재역습에 성공할 수도 있다.

이쯤에서 의문이 생긴다. 그렇다면 왜 상대 팀을 추격하길 포기하는 경우가 생길까? 왜 감독들은 더 옛날부터 볼을 잃은 후 전환의 순간을 중요한 단계로 여기지 않았던 걸까? 물론 20년 전에도 선수들이 볼을 잃은 다음 상대 팀을 추격하기는 했다. 그러나 이론적으로든 실질적으로든 많은 팀이 게겐프레싱에 집중하기 시작한 건 대략 10년 전부터다. 과르디올라와 클롭이 게겐프레싱이라는 분야에 이정표를 세웠다.

게겐프레싱은 축구의 다른 수많은 전술 도구와 마찬가지로 글로 읽을 때는 쉬워 보이나 경기에서 실천하기란 어려운 기술이다. 이는 볼을 점유한 팀이 바뀌었을 때 양 팀의 상황을 비교해보면 알기 쉽다. 수비하는 팀이 먼저 상황을 전환하기 위해 움직인다. 그들은 적극적으로 볼을 빼앗으려고 나선다. 어느 팀이든 볼을 점유하고 싶을 테니 말이다. 선수들은 대개 언제 어디서 볼을 빼앗아야 하는지 정확히 알고 있는 경우가 많다. 따라서 선수들은 전환의 순간을 적시에 예상하고 곧장 활용한다. 볼을 탈취하기도 전에 이미 공격수가 상대 진영 깊숙이 들어가 있기도 한다. 동료를 믿기 때문이다.

볼을 잃는 경우는 반대다. 볼을 잃고자 하는 팀은 없다. 그래서 공격하는 팀은 볼을 잃는 상황을 거의 예상하지 못한다. 수비하는 팀은 자신들이 언제 어디서 볼을 빼앗을지 계획하고 예상할 수 있지만, 공격하는 팀은 언제 어디서 볼을 빼앗길지 모르기 때문에 빠르게 반응하기가 어렵다. 따라서 선수들은 볼을 점유할 때 더욱 일반적인 전술 원칙을 숙지하고 올바르게 적용해야 한다.

정신적인 요소도 영향을 미친다. 축구 선수라면 누구나 볼을 가지려 하고, 적극적으로 골을 넣고자 한다. 볼을 가지면 당연히 득점할 방법을 생각할 것이다. 볼을 빼앗기면 얼른 실수를 잊어버리고 부정적인 상황을 극복해야 한다. 볼을 빼앗기자마자 다시 볼을 빼앗으려면 집중력이 높아야 하고 정신적인 준비가 필요하기 때문이다. 이전 기성세대 축구 선수들로서는 상상할 수 없는 일이었으므로, 그들은 사고를 전환하는 데 많은 노력을 들여야 했다. 예전 선수들은 볼을 잃으면 곧바로 수비 포메이션으로 돌아가도록 훈련받았다. "상대 팀이 볼을 가졌으니 나는 우리 팀 골대를 지켜야 해!"라는 것이 아주 당연한 생각이었다. 이런 당연한 생각을 볼을 빼앗아야 한다는 생각으로 전환하기란 쉽지 않았다.

선수 개개인뿐만 아니라 팀 전체의 관점에서도 게겐프레싱은 어려운 과제다. 일반적인 프레싱과 마찬가지로 게겐프레싱 또한 선수들이 협동해야 제대로 작동할 수 있다. 선수들 중 세 명만 게겐프레싱을 하고 나머지 선수들은 뒤로 물러나 있다면 볼을 다시 빼앗기가 어렵다. 게다가 팀의 포메이션에 빈틈이 생겨 상대 팀이 역습할 위험 또한 높아진다. 따라서 게겐프레싱을 하려면 선수들끼리 호흡이 잘 맞아야 한다.

상대 팀이 아군 팀의 게겐프레싱에서 벗어난다면 이상적인 역습 기회를 잡게 된다. 볼을 잃은 팀이 수비 포메이션으로 돌아가지 않고, 게겐프레싱을 하기 위해 공격 포메이션을 유지하며 앞으로 나가 있기 때문이다. 따라서 게겐프레싱을 하려면 선수들이 신체적, 정신적으로 충분히 준비되어 있어야 한다. 동시에 선수들의 인지 능력과 판단도 중요하다. 선수들은 언제 게겐프레싱을 해야 할지 정확히 알아야 하고, 게겐프레싱을 해야 할지 말아야 할지 빠르게 판단을 내려야 한다. 게겐프레싱 중 실수가 발생하면 일반적인 수비 상황에서 발생한 실수보다 훨씬 위험하다. 재역습을 당해 실점할 가능성이 높기 때문이다. 이처럼 현대 축구에서 게겐프레싱은 아주 강력하면서 동시에 아주 위험한 전술 도구다.

게겐프레싱과 일보 후퇴 사이의 팽팽한 긴장

볼을 잃은 팀이 어떤 행동에 나설지는 팽팽한 긴장이 감도는 가운데 결정된다. 팀은 곧바로 볼을 다시 되찾기 위해 움직일 수 있다. 이 경우 선수들은 볼을 향해 움직이며 상대를 강하게 압박하고 몸싸움도 마다하지 않는다. 혹은 한 발 물러나 수비 포메이션으로 전환할 수도 있다. 이때는 앞서 1장(상대 팀이 볼을 점유한 단계)에서 언급한 전술 도구를 활용해 수비에 나설 수 있다. 4단계 과정이 다시 처음부터 되풀이되는 것이다.

전략상 공격적인 변형과 수비적인 변형을 구분하면 게겐프레싱은 전략상 공격적인 변형이다. 선수들은 앞으로 나가면서 상대에 대한 압박을 높이고, 적극적으로 움직여 상대의 행동에 영향을 미친다. 재빨리 뒤로 물러나 수비 포메이션을 정돈하는 것은 전략상 수비적인 변형이다. 이는 상대의 볼 점유 단계를 철저히 방어하기 위해 수동적으로 움직이는 것이다.

상황에 따른 결정

3장(볼을 빼앗은 후 전환 단계)에서 이미 설명했듯이, 전환의 순간이 그냥 넘어가는 경우가 있다. 볼을 잃었을 때도 마찬가지다. 슛이 골라인 밖으로 나가거나, 패스가 터치라인 밖으로 나가거나, 볼이 필드 밖으로 나가면 팀은 볼을 잃게 되고, 자동으로 수비 포메이션으로 돌아간다. 이때는 곧장 볼을 빼앗는 것이 불가능하다.

이번 장에서는 팀이 볼을 잃은 순간에 대해 다룬다. 언제 볼을 다시 빼앗으려고 적극적으로 나서야 하는가? 언제 뒤로 물러나 수비 태세를 취해야 하는가?

볼을 잃은 순간

3장에서 전환의 순간은 선수들에게 정신적으로 부담이 된다고 말한 바 있다. 볼을 잃었을 때는 정신적 부담이 더욱 크다. 역습은 축구에서 매우 강력한 무기이기 때문에, 상대 팀에 역습을 허용할 수 있는 볼을 잃는 순간은 매우 불안하고 곤란한 순간이기도 하다. 이때 너무 늦게 반응하거나 잘못된 전술을 세웠다면 골문이 열리고 상대에게 득점 기회를 내주게 된다.

대부분의 경우 볼을 잃은 순간 팀이 위험에 처했는지 아닌지가 판가름 난다. 팀이 볼을 잃는 상황에 잘 대비하고 있다면 이상적이다. 선수들이 통제할 수 있는 상황에서 볼을 잃는 것이기 때문이다. 이 경우에는 순식간에 수비 대형을 정렬하거나 볼을 다시 빼앗기 위해 상대방을 압박할 수 있다.

하지만 팀이 항상 통제 가능한 상황에서 볼을 잃는 것은 아니다. 아군 진영 페널티 에어리어에서 패스에 실패한다면? 몸싸움에서 진다면? 통제할 수 없는 방향으로 간 리바운드 볼이 마침 노마크로 서 있던 상대 선수의 발에 떨어진다면? 당황하여 좋은 생각이 떠오르지 않을지도 모른다. 앞으로 나올 여러 원칙은 이처럼 볼을 잃었을 때의 모든 상황에 도움이 될 것이다.

압박이 가능한가, 불가능한가?

선수들은 볼을 잃은 직후 얼른 판단해야 한다. 게겐프레싱에 가담해서 상대방을 압박해야 하는가? 아니면 뒤로 물러나 수비 포지션으로 돌아가야 하는가? 볼을 잃은 선수는 이러한 갈등 상황 속에서 순간적으로 반응해야 한다.

그런데 좀처럼 결정을 내릴 수 없을 때도 있다. 그럴 때는 스스로에게 질문을 던져야 한다. 상대 팀을 압박할 수 있는 상황인가? 만약 그렇다면, 게겐프레싱을 시도한다. 그렇지 않다면, 수비 포메이션으로 돌아간다.

하지만 축구 전술은 그리 간단하지 않다. 앞선 질문에 대한 답도 마찬가지다. 상대 팀을 압박할 수 있는지 여부는 다양한 요소에 따라 달라지는데, 대개는 효과적인 프레싱에 필요한 요소가 효과적인 게겐프레싱에도 필요하다. 수비하는 팀은 볼을 잡고 있는 선수를 압박해야 하고, 상대 팀의 선택지를 줄여야 한다. 그러려면 볼 근처에서 수적 우위를 점해야 하고, 동시에 아군 진영 깊은 곳을 지켜 상대 팀이 수비 라인 뒤쪽으로 패스하지 못하도록 해야 한다.

볼을 잃은 다음 어떻게 행동할지 결정할 때는 다음 네 가지 기본 사항을 고려해야 한다.

- 상대 선수의 포지션은 어떤가? 상대 팀이 볼 근처에서 명백하게 수적 우위를 점하고 있는가? 상대 선수가 패스할 수 있는 경로는 몇 가지인가? 상대 선수가 간단한 패스 한 번만으로 넓은 지역을 차지할 수 있는가?
- 동료 선수의 포지션은 어떤가? 아군 팀이 볼 근처에서 수적 우위를 점하고 있는가? 동료 선수가 상대 선수에게 직접 압박을 가할 수 있는가? 내가 게겐프레싱에 돌입하면 지원을 받을 수 있는 상황인가? 아니면 동료 선수들이 모두 빠르게 수비 포메이션으로 물러나고 있는가?
- 볼은 어디에 있는가? 볼을 잃은 경위가 중요하다. 예를 들어 노마크로 서 있던 상대 선수의 발로 곧장 이어지는 패스 미스는 잠재적으로 큰 위

협이 된다. 상대 선수가 볼을 완전히 통제하고 경기를 속행할 수 있기 때문이다. 때로는 상대 선수가 몸싸움을 해 직접 볼을 빼앗은 다음 곧바로 볼을 점유할 수도 있다. 볼이 현재 공중에 떠 있는가? 상대가 먼저 볼을 컨트롤해야 하는 상황인가? 상대 선수가 볼을 점유하기는 했지만 몸의 중심을 잡지 못하는 등 볼을 온전히 다루기 어려운 상태인가? 이 경우에는 게겐프레싱에 돌입할 중요한 몇 초를 벌게 된다.

- 필드의 어느 지역에서 볼을 잃었는가? 아군 진영 페널티 에어리어에서 볼을 잃었다면 볼을 다시 빼앗기보다 골문을 지키는 게 우선이다. 상대 팀 페널티 에어리어에서 볼을 빼앗기는 것이 더욱 위험해지는 경우들도 있다. 그곳에서 볼을 곧장 다시 빼앗으면 무조건 골을 넣어 상황을 종료시켜야 한다. 그렇지 않으면 상대가 뻥 뚫린 아군의 뒤쪽 공간을 노려 역습할 수 있기 때문이다.

선수들이 상황을 가늠하고 판단한 결과가 볼을 잃은 다음 그들의 반응에 영향을 미친다. 상대방을 직접 압박해야 한다는 결론에 도달한다면 선수들은 볼이 있는 방향으로 움직일 것이다. 몇몇 선수들은 직접 볼을 차지하기 위한 몸싸움에 뛰어들 것이고, 다른 선수들은 볼 근처에 있는 상대 선수들을 마크하거나 패스 길목을 막아 상대 팀의 선택지를 줄이려고 할 것이다.

반면 상대방을 압박할 수 없다는 결론에 도달한다면, 볼을 잃은 팀 선수들은 각자의 수비 포지션으로 서둘러 달려갈 것이다. 이때 선수들은 뒤로 물러나면서 서로의 간격을 좁히고 몸은 최대한 상대 선수들을 향해야 한다. 상대 선수들 중 누구도 볼을 잡고 골대 쪽으로 달리도록 둬서는 안 되기 때문이다.

상대 선수들을 측면으로 유인하기

이 방법은 대단히 이론적이다. 볼을 잃은 직후 한 선수가 앞서 언급한 모든 요소를 동시에 주의하기는 어렵다. 방향을 잡으려고 움직이는 순간 볼을 차지하는 싸움에 써야 할 중요한 몇 밀리초를 잃게 될 수도 있기 때문이다. 프로 수준쯤 되면 그 몇 밀리초가 매우 결정적인 역할을 한다. 그렇기 때문에 선수들끼리 서로 신뢰하는 것이 중요하다. 선수들은 팀이 형성한 구조 내에서 게겐프레싱을 할 수 있다는 점을 인식하고 있어야 한다(체계적인 포지션 플레이 구조가 게겐프레싱에 도움이 되는 이유에 대해서는 256p를 참고하자).

팀이 볼을 잃었을 때, 한 선수가 볼을 가진 상대 선수 가까이에 있다고 가정해보자. 그는 동료 선수가 어디에 있는지 정확히 모른다. 다만 자신이 볼을 가진 상대 선수와 가장 가깝다는 사실만을 안다. 그가 곧바로 전속력으로 돌진하면 상대 선수에게 압박을 가할 수 있는 상황이다. 어떻게 해야 할까?

이 경우에는 1장에서 설명했던 수비의 원칙을 떠올려야 한다. 측면보다 중앙을 지키는 것이 우선이다. 중앙에서는 상대 선수가 몸을 돌려 골대 쪽으로 나갈 수 있고 경기를 전개할 선택지가 많다. 한편 측면은 터치라인이 있어 상대 선수의 선택지가 줄어든다. 만약 주변 상황을 제대로 파악하지 못한 상태에서 게겐프레싱을 해야 한다면 이 원칙만 기억하면 된다. 확실하지 않은 상황에서는 무조건 상대 선수를 측면으로 유인하라. 호를 그리며 달려 수비의 그림자를 만들고, 상대방이 수직이나 대각선으로 패스할 길목을 막는 것이다. 그러면 상대 선수는 볼을 측면으로 이동시킬 수밖에 없다. 그림 100을 참고하면 잘 알 수 있다. 왼쪽에서 패스 미스가 발생하여 상대방이 볼을 잡게 되었다. 근처에 있던 아군 선수는 상대를 고립시키기 위해 측면으로 몰아간다. 여기서도 일반적인 프레싱과 게겐프레싱의 공통점을 찾을 수 있다.

진영 깊숙한 곳 지키기

볼을 잃는다는 건 팀이 볼을 점유하고 있던 단계가 끝난다는 뜻이다. 이제 상대 팀이 볼을 갖고 있다. 볼을 잃은 다음 곧바로 볼을 다

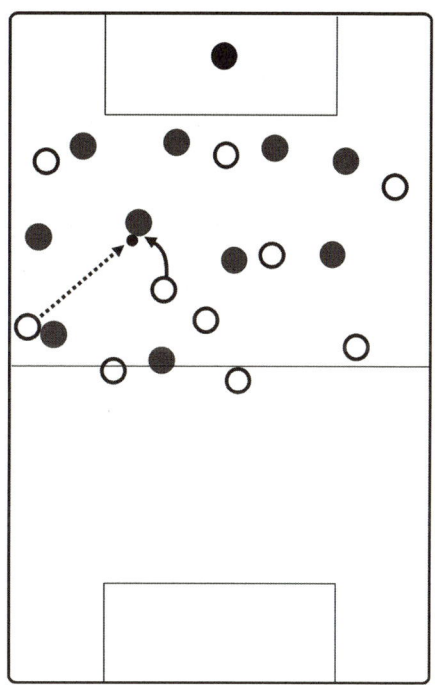

100. 게겐프레싱 중 상대방을 측면으로 밀어내는 모습.

시 빼앗으려고 시도할 수 있는 상황이라 하더라도, 팀이 최우선해야 할 목적이 바뀐다. 결국은 상대 팀의 득점을 막아야 하고, 견고한 수비 포메이션으로 전환해야 한다.

수비하는 팀의 가장 중요한 목표는 상대 팀이 최후방 수비 라인 뒤쪽으로 패스하지 못하게 막는 것이다. 볼을 빼앗기는 즉시 이 목표를 위해 움직여야 한다. 상대 팀은 어떻게든 최후방 수비 라인 뒤쪽으로 패스하려고 할 것이다.

진영 가장 깊은 곳에 선 선수들은 아군이 볼을 잃은 순간 앞으로 나가 상대를 압박할 것인지 아니면 뒤로 물러날 것인지 결정해야 한다. 이때 가장 중요한 것은 볼을 얻은 상대 팀에 충분한 시간과 공간

이 있느냐는 것이다. 만약 그렇다면 상대 팀은 볼을 몰고 골대를 노리며 달릴 것이다. 이 경우 최후방 수비 라인은 무조건 뒤로 물러나야 한다. 진영 깊은 곳을 노린 위협적인 패스가 올 수 있기 때문이다. 1장에서 언급한 대로 최후방 수비수들은 페널티 에어리어에 도달할 때까지 깔때기 모양을 이루며 뒤로 물러나야 한다.

상대 팀을 압박할 수 있는 상황이면 조금 더 복잡하다. 그럴 때는 수비수들이 앞으로 나가고, 진영 깊숙한 곳은 오프사이드 트랩을 활용해 지켜야 한다. 상대 팀이 진영 깊숙한 곳을 노리거나 공격하지 않더라도 수비수들은 전진하여 상대 선수들에 대한 압박을 높여야 한다.

때때로 최후방 수비 라인에 선 선수들마다 대응이 다를 수도 있다. 볼을 잃은 팀 선수 중 한 명은 볼을 되찾기 위해 앞으로 나가 상대 선수를 압박하고, 다른 동료 수비수들은 수비 체제를 갖추는 것이다. 이는 수비진에 선수가 많이 있을 때 가능한 방법으로, 앞으로 나가 적극적인 압박을 가하는 게겐프레싱과 진영 깊숙한 곳을 지키는 수비를 모두 할 수 있다.

어떤 상황이든 중요한 것은 볼을 잃은 직후에는 진영 깊은 곳을 지켜야 한다는 사실이다. 수비수들은 스스로 결정을 내려 수비 방향을 잡아야 한다. 상대 팀이 깊숙이 패스할 수 있는가? 만약 그렇다면 어떻게 진영 깊숙한 곳을 지킬 수 있을까? 이것이 수비수가 가장 우선해야 할 원칙이다. 볼을 잃은 직후에도 마찬가지다.

5초 규칙

RB 라이프치히의 연습장에는 거대한 스톱워치가 설치되어 있다. 이 스톱워치는 항상 5초를 잰다. 왜 5초일까? 이는 무의미한 숫자가 아니라 라히프치히 선수들의 경기 철학을 정확하게 보여주는 요소다. 선수들은 볼을 잃은 다음 정확히 5초 동안 게겐프레싱을 하고, 그 시간 동안 볼을 다시 빼앗고 점유하지 못하면 수비 포메이션으로 돌아간다.

이 5초는 임의로 정한 시간이지만, 적어도 독일 축구계에서는 기준이 되는 시간이기도 하다. 그래서 분데스리가에서는 상대 선수들이 게겐프레싱에서 충분히 벗어날 수 있다는 걸 알면서도 압박을 시도하는 모습을 자주 볼 수 있다. 강도 높은 압박을 통해 상대의 실수를 유도하는 것이다. 그러다가 몇 초 후에는 상대에 대한 압박을 멈춘다. 상대 팀이 멀리 백패스해서 볼을 지키도록 만드는 것만으로도 게겐프레싱은 그 목적을 달성했다고 볼 수 있다. 상대 팀은 역습을 포기하고 볼을 안전하게 지키는 방향으로 계획을 수정했으므로 이제 볼을 잃은 팀은 일반적인 수비 포메이션으로 돌아갈 수 있다.

선수들은 수비 포메이션으로 어떻게 돌아갈까? 팀은 게겐프레싱을 하는 시점부터 이미 수비 포메이션으로 돌아갈 토대를 마련한 것이다. 선수들은 볼 주변에 모여듦과 동시에 상대 선수들을 마크하고, 수비 라인을 만든다. 그 다음 순간에는 일사불란하게 수비 대형을 정돈한다. 모든 선수들이 공격 포지션에서 수비 포지션으로 이동하는 과정은 10초 이내에 끝난다. 이후에는 견고한 수비 포메이션을 형성하고 수비 전술 도구를 활용해 상대 팀과 맞선다.

게겐프레싱

15년 전만 하더라도 구글에서 '게겐프레싱'을 검색하면 해당하는 결과가 아무것도 없었다. 애초에 게겐프레싱이라는 말이 존재하지 않았다. 그런데 지금은 게겐프레싱을 검색하면 20만 건 이상의 결과가 나온다. 게겐프레싱과 관련한 감독들의 조언이나 팬들의 의견이 담긴 신문기사도 많다. 게겐프레싱은 이제 단순한 단어가 아니라 하나의 개념이 되었다. 오늘날 게겐프레싱은 축구에서 떼려야 뗄 수 없는 존재다. 볼을 잃은 다음 후속 조치인 게겐프레싱을 하지 않는 팀은 거의 없다.

만약 게겐프레싱이 실현하기 쉬운 전술이었다면 이미 수십 년 전부터 축구의 기본적인 요소로 자리잡았을 것이다. 그러나 과르디올라 클룹 같은 감독들이 개인적인 취향을 팀 전술로 만들기 전까지 게겐프레싱은 존재하지 않았다. 게겐프레싱은 모든 선수들이 신체적, 정신적으로 준비되어 있어야 하고 그만큼 활동성도 받쳐줘야 하기 때문에 매우 어려운 전술이다.

게겐프레싱과 추격

앞서 선수들이 언제 상대방을 추격해야 하고, 언제 수비 포메이션으로 돌아가야 하는지 설명했다. 그런데 한 선수가 상대 선수를 추격한다고 해서 그것이 팀 전체의 협동적인 게겐프레싱이라고 보기는 어렵다.

그림 101을 보면 알 수 있다. 오른쪽 측면에 있는 선수 한 명이 동

료 선수들과 멀리 떨어져 있어 지원을 받을 수 없는 상황이다. 그는 상대 수비수 두 명을 앞에 두고 드리블을 감행하지만, 상대 선수들에게 압도당해 볼을 빼앗긴다. 이때 볼을 빼앗긴 선수가 곧바로 앞으로 나가 몸싸움을 시도하며 볼을 다시 되찾으려고 한다. 이는 팀원들이 협동하는 게겐프레싱이 아니다. 그의 동료 선수들은 상대 선수를 압박하는 데 도움을 주지 못한다. 볼과 너무 멀리 떨어져 있고,

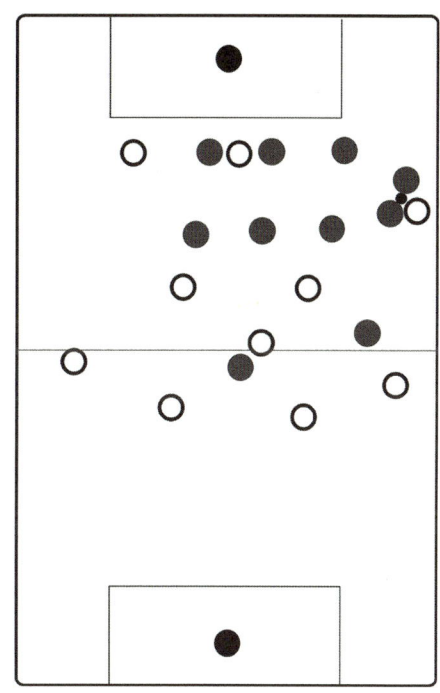

101. 오른쪽 측면에서 볼을 잃는 상황.

상대 팀이 볼 주변에서 수적 우위를 차지하고 있기 때문이다. 고립된 선수가 혼자서 볼을 다시 빼앗을 가능성은 거의 없다. 따라서 그의 동료 선수들은 수비 포메이션으로 돌아간다.

이처럼 게겐프레싱은 볼을 잃은 선수가 혼자 시도한다고 가능한 것이 아니다. 게겐프레싱은 여러 선수들이 협동해야 하는 전술 도구다. 서로 협력하고 상대 팀에 대한 압박을 높은 수준으로 유지해야만 볼을 다시 빼앗을 기회를 잡을 수 있다.

게겐프레싱은 볼 점유 단계에서부터 시작된다

2장에서 설명했듯이 게겐프레싱과 포지션 플레이는 연관이 깊다. 과르디올라가 필드를 개별적인 존으로 나눈 것은 그가 단순히 볼을 점유하는 경기 운영 스타일을 선호했기 때문만은 아니다. 이미 볼을 점유하고 있을 때부터 조직적으로 움직이며 안전하게 볼을 보호할 수 있는 팀은 볼을 빼앗긴 다음에도 효과적인 게겐프레싱을 할 수 있다. 그림 101의 나쁜 예시를 보면, 볼을 점유하고 있을 때 볼을 가진 선수와 동료 선수들이 서로 제대로 연결되어 있지 않아서 효과적인 게겐프레싱을 할 수 없었다는 것을 알 수 있다.

따라서 동료 선수들 간의 연결은 볼 점유뿐만 아니라 볼을 잃는 순간을 위해서도 꼭 필요하다. 동료 선수가 볼을 잃었을 때 상대 선수를 압박하는 데 도움을 줄 수 있는 정도의 거리를 이미 볼을 점유하고 있을 때부터 유지하는 편이 좋다. 동료 선수 간의 거리가 멀다면 서로 도와줄 수가 없고, 좋은 프레싱의 원칙을 전혀 활용하지 못한다. 그러면 아군 팀은 볼을 가져간 상대 선수를 곧장 압박할 수가 없고, 상대 팀은 간단한 패스 한 번으로 지역을 벗어날 수 있게 된다.

볼 근처에 동료 선수들이 많으면 좋은 프레싱의 원칙을 활용할 수 있다. 하지만 게겐프레싱은 볼이 현재 지역에서 벗어나면 되기 때문에 상대가 쉽게 극복할 수 있다. 한편 게겐프레싱에 실패한 선수들은 재빨리 볼이 있는 장소를 벗어나 견고한 수비 포메이션으로 돌아가야 하지만, 이는 말처럼 쉽지가 않다.

그래서 전환 과정에서도 포지션 플레이의 원칙을 유지하는 것이 중요하다. 서로 적당한 간격을 유지하면 볼을 빼앗겼을 때 서로를 지원할 수 있고, 상대를 추격하거나 유인할 수 있다. 또한 게겐프레싱에 실패하더라도 금방 수비 포메이션으로 돌아갈 수 있다. 이처럼 포지션 플레이는 공격할 때 뿐만 아니라 볼을 잃은 순간 상대 팀을 압박하고 상대의 움직임에 대응하는 데도 도움이 된다.

RB 잘츠부르크의 예시로 보는 게겐프레싱의 단계

랄프 랑닉에게는 늘 계획이 있었다. 레드불 축구단의 단장으로서 그는 RB 라이프치히와 RB 잘츠부르크의 팀 철학을 만들었다. 두 팀 모두 빠르고 군더더기 없는 축구를 하는 팀이다. 랑닉은 두 팀의 감독들에게 공격적인 프레싱을 하고, 볼을 얻은 다음에는 재빠르게 전환할 것을 요구했다. 게겐프레싱은 랑닉 전략의 초석이었다.

그런데 아이러니하게도 2018/19 시즌 세계 무대에서 눈부신 성과를 보인 것은 RB 라이프치히가 아니었다. 그들보다 규모가 훨씬 작은 자매 팀인 RB 잘츠부르크가 유로파 리그 준결승에 진출한 것이다. 팀의 감독 마르코 로제Marco Rose는 선수들이 공격적인 축구를 하도록 작전을 세웠다. 특히 공간을 분배한 방식이 인상적이었는데, 이로 인해 잘츠브루크는 볼을 빼앗기면 즉시 게겐프레싱에 나설 수 있었다.

다음 예시는 유로파 리그에서 잘츠부르크가 올림피크 드 마르세유를 상대로 경기한 내용이다. 잘츠부르크는 왼쪽 측면을 차지했다. 그런데 중앙으로 보낸 크로스가 상대 팀의 차지가 되었고, 잘츠부르크는 볼을 잃었다(그림 102).

하지만 잘츠부르크 선수들은 곧바로 볼을 다시 빼앗을 수 있는

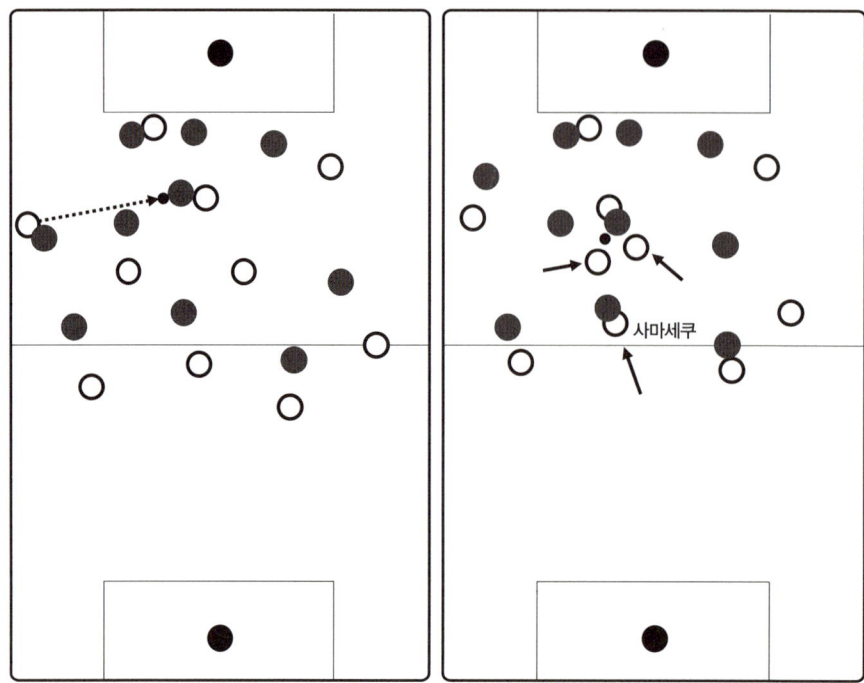

102. 잘츠부르크의 게겐프레싱, 첫 번째. 103. 잘츠부르크의 게겐프레싱, 두 번째.

위치에 서 있었다. 공격수는 아군 선수가 볼을 잃었을 때부터 이미 볼을 가진 상대 선수 가까이에 서 있었고, 중앙 미드필더 두 명은 그 뒤에 자리잡고 있었다. 이들은 곧바로 삼각 대형으로 모여들어 상대 선수를 압박했다(그림 103).

잘츠부르크는 포지션 플레이의 원칙을 지켰다. 선수들은 서로 연결되어 있었고, 균등한 존을 차지하고 있었으며 서로 어긋나는 대각선 위치에 서 있었다. 이들이 볼을 점유하고 있을 때부터 유지했던 이 구조는 볼을 잃은 직후 다시 볼을 빼앗는 데도 도움이 되었다. 잘츠부르크 선수들은 볼 주변의 존을 통제하고 있었고, 미드필더들의 삼각 대형은 볼을 가진 상대 선수를 완전히 포위했다. 그 덕분에 상대 선수는 날카로운 패스를 보낼 수 없었고, 상황은 잘츠부르크에 유리해졌다.

이 게겐프레싱은 좋은 결과로 이어졌다. 잘츠부르크는 볼을 다시 빼앗았을 뿐만 아니라 곧바로 속도를 높여 경기를 이어갔고, 오른쪽 측면에서 슛을 쏴 득점했다. 잘츠브루크의 게겐프레싱은 수비(역습 방지)는 물론 공격(재역습) 기능까지 모두 수행한 것이다.

중앙에 빗장 걸기

좋은 수비의 목표 중 하나는 중앙을 폐쇄하는 것이다. 중앙에서는 모든 길이 열려 있어 상대 팀 선수들이 어느 방향으로든 나아갈 수 있다. 따라서 게겐프레싱을 할 때도 중앙의 존을 통제하는 것이 중요하다. 중앙을 수비하는 것이 측면을 수비하는 것보다 우선이다. 많은 팀이 게겐프레싱을 할 때 상대 팀이 측면으로 패스하도록 유도한다. 측면에서는 터치라인 때문에 이동할 방향이 제한되기 때문이다.

잘츠부르크 또한 마찬가지였다. 그들은 볼을 잃은 다음 곧바로 상대를 추격하기 위해 중앙을 철저히 지키고 있었다. 상대 팀 선수들은 중앙으로 이어진 길목이 차단되었기 때문에 측면으로 높이 패스할 수밖에 없었다. 하지만 잘츠부르크 선수들의 압박이 강해 그마저도 성공하지 못했다.

수비수들의 전방 수비

잘츠부르크의 예시에서 자세히 설명하고 싶은 부분이 있다. 바로 수비의 높이다. 첫 번째 그림에서 잘츠부르크의 최후방 수비수들은 아직 자기 진영에 있었다(그림 102). 그런데 볼을 잃고 나자 다 같이 앞으로 이동했다. 그들은 가까이 있는 상대 선수들을 마크했다. 특히 디아디 사마세쿠Diadie Samassékou는 자기 진영으로 되돌아가는 상대 선수를 쫓아 더욱 앞으로 나아갔다(그림 103).

   게겐프레싱을 시도하는 순간 수비수들이 일제히 앞으로 나가는 것은 여러 장점이 있기 때문에 자주 사용되는 전술 도구다. 우선 상대 진영으로 이동함으로써 서로 간의 간격을 좁혀 촘촘하게 설 수 있다. 즉, 가장 앞에 선 선수와 가장 뒤에 선 선수, 가장 오른쪽에 선 선수와 가장 왼쪽에 선 선수 사이의 거리가 줄어든다. 그래서 잘츠부르크의 미드필더들은 적극적으로 프레싱을 하기 위해 앞으로 나설 수 있었다. 동료 수비수들이 뒤쪽 공간을 커버한다는 것을 알았기 때문이다.

   또한 수비수들이 일제히 앞으로 나가면 역습을 위해 이동하는 상대 팀 공격수를 오프사이드 위치에 둘 수 있고, 이를 유도하여 진영 깊은 곳을 지킬 수 있다.

   하지만 수비수들이 일제히 전방으로 나가는 것은 한편으로 위험한 전술이기도 하다. 앞으로 나가는 타이밍이 잘못되면 상대 팀이 간단한 패스만으로 볼을 수비 라인 뒤쪽으로 연결할 수 있기 때문이다. 따라서 수비수들은 앞으로 나갈 때 1장에서 언급한 볼을 가진 상대를 압박할 수 없다면 진영 깊은 곳을 지키는 게 최우선이라는 원칙을 고려해야 한다. 상대 팀을 압박할 수 없다면 수비 라인을 원래 높이로 유지하고, 상대 팀이 진영 깊은 곳을 공격한다면 곧바로 뒤로 물러나야 한다.

하지만 잘츠부르크의 예시에서는 수비수들이 상대 팀을 압박할 수 있었기에 일제히 앞으로 나갔다. 이때 수비 라인 뒤쪽 깊은 곳으로 패스가 들어가는 것은 큰 위협이 되지 않는다. 더 중요한 건 상대 팀이 패스하더라도 그들에 대한 압박을 높은 수준으로 유지하는 것이었기에 잘츠부르크는 최후방 수비 라인까지 전방으로 나가 상대 팀을 압박한 것이다.

리버풀의 예시로 보는 게겐프레싱

프레싱 괴물이라는 별명을 가진 위르겐 클롭은 도르트문트 시절부터 게겐프레싱이 전략의 초석이었다. 이후 그는 리버풀에서 게겐프레싱을 더 진보한 수준으로 가다듬었다. 클롭의 위대한 점은 전술적인 지식과 카리스마를 겸비했다는 사실이다. 그는 선수들이 어떻게 행동해야 하는지 정확한 계획을 구상한다. 그리고 선수들이 그 계획을 실행할 수 있도록 자신감과 열정을 불어넣는다.

이번 예시는 챔피언스 리그에서 리버풀이 우승 타이틀을 거머쥐었던 2018/19 시즌에 발생한 상황이다. 그룹 예선 중 FK 츠르베나 즈베즈다(일명 레드 스타 베오그라드)와의 경기 전반 20분, 아직 0:0 상황이었다. 매우 원칙적인 수비를 하는 세르비아 팀을 상대로 리버풀은 기회를 잡지 못해 고전하고 있었다.

리버풀은 공격을 감행하여 베오그라드의 촘촘한 중앙 수비를 격파하고자 했다. 그러나 계획은 실패로 돌아갔다. 베오그라드의 수비 라인이 볼을 빼앗았고, 수비수가 곧장 중앙 미드필더에게 볼을 패스했다. 리버풀에게는 좋지 않은 상황이었다. 그 한 번의 패스가 리버풀 선수 다섯 명을 제쳤기 때문이다. 역습의 위험이 찾아왔다(그림 104). 그러나 베오그라드가 역습 대형을 완성하기도 전에 리버풀은 볼을 다시 빼앗기에 나섰다. 볼 앞쪽에 있던 리버풀 선수 다섯 명 중 네 명이 서로 간격을 좁히면서 볼 방향으로 달렸고, 눈 깜짝할 사이에 볼을 가진 베오그라드 선수 앞에 모여들었다. 그들은 베오그라드 선수를 에워싸고 몸싸움을 시도했다(그림 105). 이때 세르단 샤키리Xherdan Shaqiri가 볼을 발끝으로 차냈고, 앤드루 로버트슨Andrew Robertson이 흐른 볼을 잡았다.

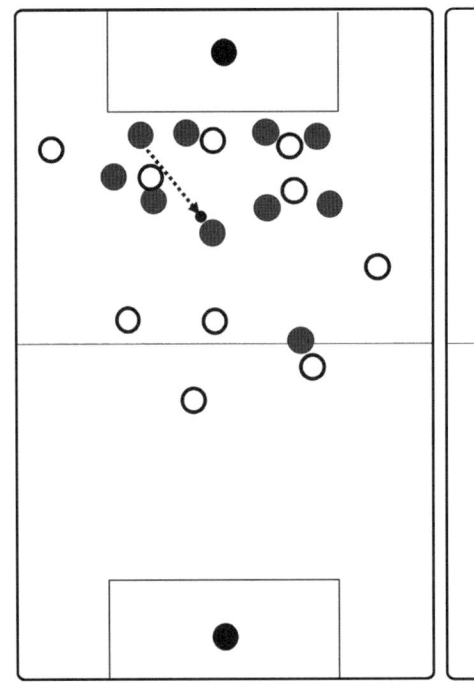

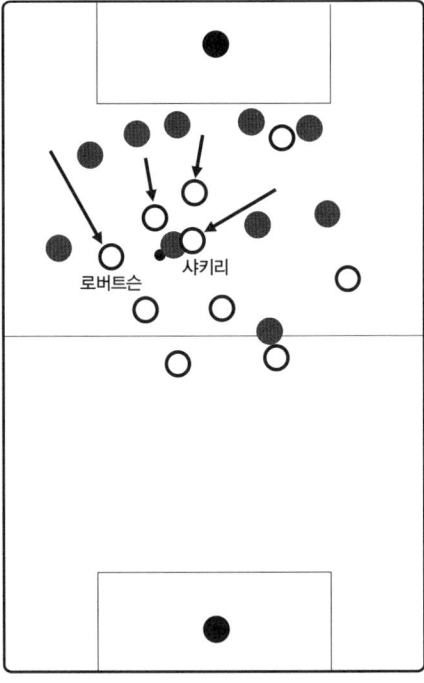

104. 베오그라드에 대한 리버풀의 게겐프레싱, 첫 번째.

105. 베오그라드에 대한 리버풀의 게겐프레싱, 두 번째.

리버풀의 움직임은 상대의 역습을 저지하는 것만으로 끝나지 않았다. 곧바로 공격에 나선 그들은 재빨리 측면으로 패스하여 공간을 열었고, 결국 스코어를 1:0으로 만들었다. 이 장면에서도 게겐프레싱은 역시 수비(역습 방지)와 공격(재역습) 기능을 했다.

촘촘하게 모이기

이 상황에서 놀라운 것은 무엇보다도 리버풀 선수들의 재빠른 행동이다. 볼을 빼앗긴 순간 리버풀 선수들은 이미 전속력으로 달리고 있었다. 반면 베오그라드 선수들은 상대적으로 느렸고, 볼을 획득한 시점에 공격 포지션으로 움직인 선수가 몇 명 없었다. 따라서 리버풀은 볼을 가진 선수를 에워싸 고립시키고 볼 근처에서 수적 우위를 점할 수 있었다.

또한 리버풀은 마치 교과서 같은 수비를 펼쳤다. 아주 짧은 시간 내에 촘촘하게 모여들어 상대에게 빗장을 걸었다. 이것이 공격 포메이션과 수비 포메이션의 가장 큰 차이다. 아군 팀이 볼을 점유한 상황에는 최대한 흩어져 상대 팀 선수들을 분산시켜야 하고, 상대 팀이 볼을 점유한 상황에는 최대한 모여들어 상대 팀이 움직일 수 있는 공간을 좁혀야 한다.

게겐프레싱도 마찬가지다. 상대 팀을 압박할 수 있는 상황이라면 곧장 볼 주변으로 촘촘하게 모여들어야 한다. 측면에 있는 선수들은 볼이 있는 중앙으로 이동해야 하고, 중앙에 있는 선수들은 곧바로 몸싸움에 돌입해야 한다.

게겐프레싱을 할 때 촘촘하게 모여야 하는 이유는 좋은 수비의 원칙과도 연관이 있다. 성공적인 프레싱의 여러 요소가 성공적인 게겐프레싱에도 그대로 적용되기 때문이다. 어느 경우든 최종 목표는 볼을 빼앗는 것이다. 그 목표에 도달하려면 볼 주변에서 수적 우위를 점해 볼을 잡은 상대 선수에 대한 압박을 높여야 하고, 그 선수의 선택지를 최대한 줄여야 한다. 또한 압박에 나선 선수들 뒤에서는 동료 선수들이 빈 공간을 커버해야 한다. 이 모든 요소는 팀이 볼을 빼앗긴 즉시 상대 선수 주변으로 촘촘히 모였을 때 실행할 수 있다.

후방지향 프레싱

사실 그림 104의 예시와 같이 볼 뒤쪽에 아군 선수들이 많이 있고, 상대 선수를 향해 앞으로 나서면서 압박할 수 있는 아군 선수가 없는 상황은 게겐프레싱을 하기 좋은 상황은 아니다. 하지만 리버풀은 이런 문제를 해결하기 위해 앞으로 나가 있는 선수들이 뒤로 물러나면서 적극적으로 상대 선수를 압박했다. 이런 형태의 프레싱을 후방지향 프레싱이라고 한다. 후방지향 프레싱을 하면 볼을 가진 상대 선수는 뒤에서 공격을 받게 된다.

> 볼을 잃은 다음 선수들은 수비 포지션으로 돌아가기 위해 서둘러 뒤로 물러나야 한다. 이때 뒤로 물러나면서 상대 선수들에게 압박을 가하는 것을 **후방지향 프레싱**이라고 한다.

리버풀 같은 팀은 이런 상황에서도 볼을 빼앗을 수 있다. 상대 선수들이 속도를 늦추지 않고 공격을 시도할 수도 있지만, 볼을 가지지 않은 선수는 볼을 드리블하는 선수보다 더 빨리 달릴 수 있다. 이로 인해 볼을 가진 상대 선수는 쫓기게 되고, 그러다보면 당황해서 실수할 수 있다. 이는 상대의 역습을 조기에 막을 수 없을 때 유용한 전략 도구다.

게겐프레싱의 종류

이상적인 게겐프레싱은 다음과 같이 묘사할 수 있다. 견고한 포지션 플레이 덕분에 전환의 순간에 볼 근처에서 수적 우위를 점하는 상황이라고 말이다. 선수들은 볼을 잃은 즉시 빠르게 간격을 좁혀 모여든다. 이때 한 명 혹은 그 이상의 선수들이 볼을 가진 상대 선수를 압박한다. 나머지 선수들은 볼 근처를 에워싸 상대 팀의 움직임을 제한하거나 아군 진영 깊은 곳을 지킨다.

게겐프레싱할 때 선수들이 포지션을 잡는 방법은 여러 가지다. 이는 상대 팀의 움직임과 패스 길목 중 어떤 것을 막을지에 따라 달라진다. 다음은 이상적인 상황을 그린 예시다. 사실 실전에서는 각기 다른 종류의 게겐프레싱 사이의 차이점이 뚜렷하게 나타나지는 않지만, 게겐프레싱은 감독의 지시와 훈련에 따라 방식이 달라진다.

- 팀이 한꺼번에 모든 일을 할 수 있는 경우 **접근 지향적인 게겐프레싱**을 선택한다. 선수들은 볼을 가진 상대 선수 주변으로 간격을 좁히며 접근하는데, 이 경우 볼에 가까이 접근하는 것이 최우선이다(그림 106). 접근

지향적인 게겐프레싱은 볼을 가진 상대 선수를 마치 그물에 가두듯이 고립시킨다. 이는 준비가 철저히 되어 있을수록, 그리고 협동심이 발휘될수록 상대에게 그 어떤 빈틈도 노출시키지 않는 방법이다. 물론 실현하기는 매우 어렵다. 제대로 접근하지 않으면 언제든 빈틈이 뚫릴 것이기 때문이다.

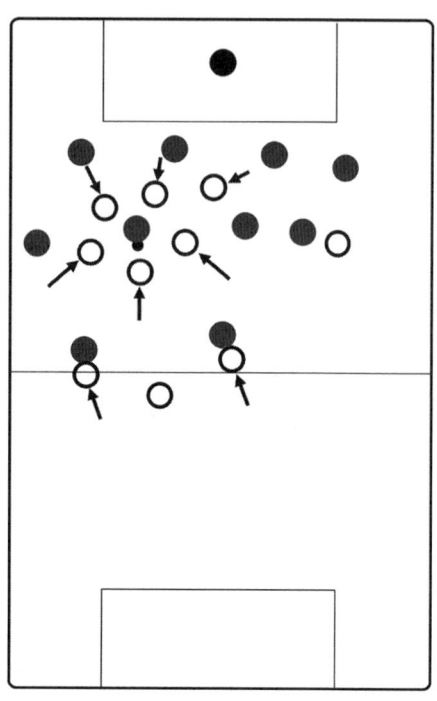

106. 접근 지향적인 게겐프레싱.

- 조금 더 수동적인 방식으로는 **패스 길목 지향적인 게겐프레싱**이 있다. 이는 상대 선수에 대한 높은 압박이 목적이 아니다. 그보다는 볼을 가진 상대 선수의 패스 길목을 차단하는 것이 목적이다(그림 107). 이때 선수들은 수비의 그림자를 활용한다. 혹은 주변을 에워싼 다음 패스 길목을 살짝 열어두고, 상대방이 그쪽으로 패스하면 전속력으로 볼을 향해 달려가는 방법도 있다. 이런 게겐프레싱은 압박 강도가 높지는 않지만 결정적인 장점이 있다. 패스를 가로채 볼을 빼앗으면 몸싸움 없이 경기 흐름을 바꿀 수 있다는 것이다. 이때 상대 팀 골대 쪽으로 볼을 이동시킬 수 있다면 더욱 좋다. 몸싸움을 한 다음에는 근처에 늘 상대 선수가 있기 때문에 '깔끔하게' 볼을 빼앗기가 어렵다.

- 대인 지향적인 움직임은 상대 팀의 선택지를 제한하는 아주 좋은 방법이다. **대인 지향적인 게겐프레싱**은 볼 근처에 있는 상대 선수 전원을 수비

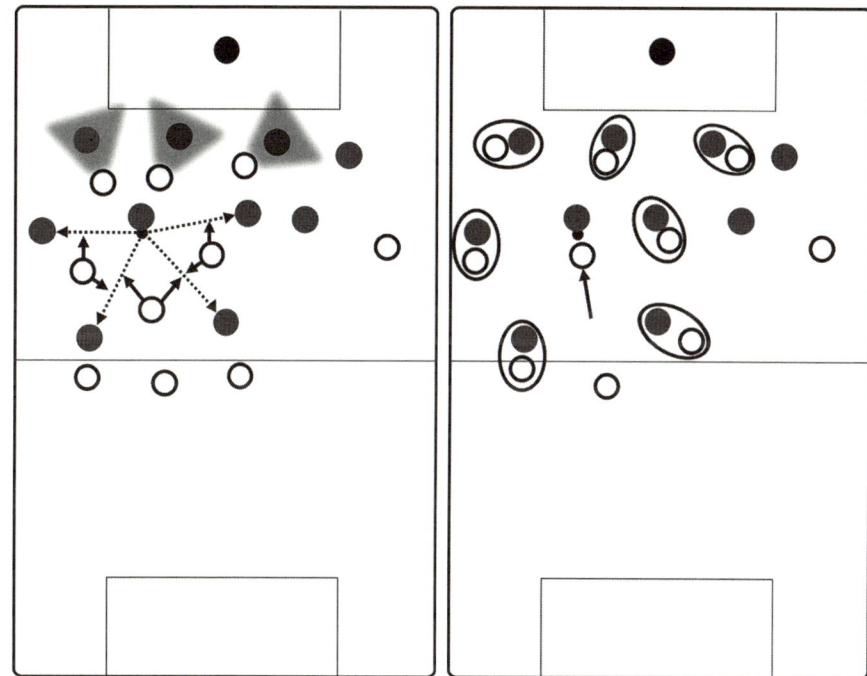

107. 패스 길목 지향적인 게겐프레싱.   108. 대인 지향적인 게겐프레싱.

수들이 커버하는 방식이다(그림 108). 선수들은 볼을 잃자마자 가까이 있는 상대 선수를 마크한다. 대인 지향적인 게겐프레싱은 상대 선수에 대한 압박을 높일 수 있지만, 상대 선수가 1대1 경합에서 이긴다면 실패로 끝나게 된다. 만약 근처에서 다른 상대 선수를 마크하고 있던 동료 선수가 커버하기 위해 이동한다면, 그 선수가 마크하고 있던 상대 선수는 노마크 상태로 패스를 받을 수 있게 된다.

몸싸움을 해야 하는가?
아니면 패스를 가로채야 하는가?

율리안 나겔스만Julian Nagelsmann 감독은 원칙의 사나이다. 그는 31개나 되는 원칙을 정했고, 선수들은 그 원칙에 따라 움직인다. 나겔스만의 수비 원칙은 무엇보다도 이 한 가지에 집중한다. 바로 수비수들이 패스를 가로채야 한다는 것이다. 나겔스만은 몸싸움과 경합을 통해 볼을 빼앗는 데는 별 관심이 없다.

그 이유는 무엇일까? 상대 선수에게 직접 몸싸움을 걸면 '깔끔하게' 볼을 빼앗을 수 있는 경우가 거의 없기 때문이다. 볼을 빼앗는다 하더라도 상대 선수가 곧바로 다시 볼을 빼앗으려 나설 테고, 그러면 기껏 빼앗은 볼을 통제하기가 어렵다. 하지만 상대의 땅볼 패스를 중간에 가로채면 얼른 볼을 통제해 다른 곳으로 패스하거나 이동할 수 있다. 상대 팀 골대를 바라보는 방향에서 패스를 가로채 곧장 달려갈 수 있다면 더할 나위 없다.

게겐프레싱을 할 때 많은 감독들이 상대 팀의 패스 미스를 유도하는 데 집중한다. 몇몇 감독들은 선수들에게

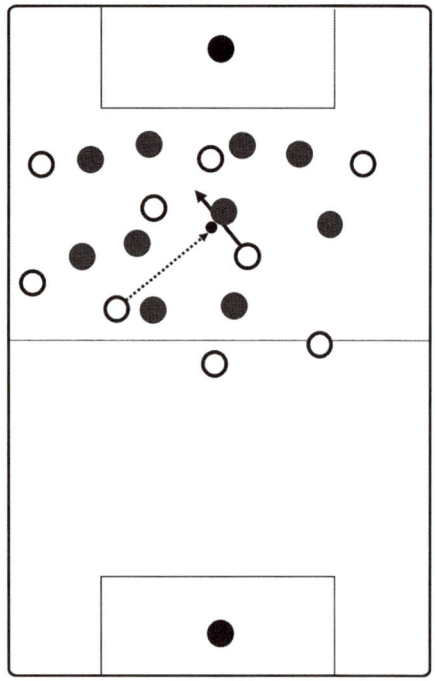

109. 게겐프레싱 중 전속력으로 달리기.

게겐프레싱할 때 전속력으로 뛰라고 지시한다. 몸싸움을 시도하지는 말고, 높은 속도로 상대에게 달려들어 압박감을 주고 혼란스럽게 만들라는 것이다. 전속력으로 달리다가 상대 선수와 충돌할 것 같으면 그냥 지나쳐 달리면 된다(그림 109). 속도를 높인 채로 상대를 압박하면 상대 선수들은 당황하고, 그로 인해 패스 미스가 발생할 수 있다. 만약 상대 선수 중 누군가가 높은 속도로 볼을 가진 선수 쪽으로 달려간다면 그 선수에게 패스할 가능성이 높다. 볼을 가진 상대 선수는 자신의 선택지를 고려할 여유가 없기 때문이다.

이런 원칙을 일반적인 프레싱에 활용하는 팀은 많지 않다. 일반적인 프레싱에서 중요한 것은 볼에 접근하는 일이다. 하지만 게겐프레싱을 할 때는 가장 먼저 접근한 선수가 상대 선수를 막지 않고 그대로 스쳐 지나가는 장면이 자주 발생한다. 그는 상대 선수를 압박해 패스하도록 유도한 것이다. 상대 선수가 패스하면 근처에 있던 동료 선수가 패스된 볼을 가로채 빠른 재역습을 노린다.

전술적인 파울

과르디올라는 축구계에서 공정한 스포츠맨이라 불린다. 그의 팀 선수들은 다른 팀에 비해 옐로카드나 레드카드를 적게 받는다. 어쩌면 당연한지도 모른다. 그의 팀은 대개 높은 볼 점유율을 자랑하기 때문이다. 파울은 주로 볼을 갖지 않은 팀 선수들이 한다. 그런데 상대 팀의 볼 점유 상황과 파울의 상관관계를 살펴보면 조금 다른 양상이 나타난다. 상대 팀이 볼을 점유한 상황일 때, 과르디올라의 팀은 다른 팀보다 파울을 훨씬 자주 한다.

이것 또한 당연한 일인지도 모른다. 과르디올라가 염두에 두고 있는 게겐프레싱은 공격적이면서 위험한 행동이다. 볼을 잃으면 곧바로 몸싸움을 시작해야 하고, 상대 팀을 압박해야 한다. 그러면 자연스럽게 파울이 늘어난다.

게겐프레싱을 할 때의 파울에는 전술적인 측면이 있다. 상대 선수가 게겐프레싱에서 벗어나면 빠른 공격을 시도할 기회를 갖게 된다. 이때 팀은 실점할 위험이 커진다. 몇몇 수비수들이 게겐프레싱에 가담하기 위해 자신의 수비 포지션에서 벗어나 달려왔을 수도 있기 때문이다. 혹은 볼이 있는 쪽으로 다수의 선수들이 포진하느라 반대쪽 측면에 큰 구멍이 뚫렸을지도 모른다. 하지만 어떤 경우든 파울을 하면 문제를 해결할 수 있다. 상대 팀의 역습을 끊을 수 있기 때문이다.

물론 전술적인 파울에도 단점은 있다. 규칙에 따라 옐로카드를 받게 될 테니 말이다. 하지만 게겐프레싱 상황에서 발생하는 파울은 상당히 교묘하다. 심판 입장에서 언뜻 보면 그 파울이 얼마나 심각한 결과를 초래하는지 알 수 없기 때문이다. 예를 들어 한 선수가 세 명의 상대 선수에게 둘러싸여 있다면 심판은 그것이 역습 상황이라는 것을 생각하지 못한다. 이것을 전략적으로 활용하는 것이다. 따라서 수비하는 팀은 필요한 경우 파울을 할 수 있다는 생각을 갖고 위험한 역습 상황에 과감히 진입한다.

물론 게겐프레싱 상황에 발생하는 파울이 모두 그런 의도를 품은 것은 아니다. 단순히 게겐프레싱할 때 선수들끼리 몸이 너무 많이 얽혀 있거나 순간적으로 잘못된 곳에 발을 두어 파울이 발생하기도 한다.

의도적이든 그렇지 않든, 파울은 게겐프레싱 상황을 끝내고 상대 팀의 역습을 중단시킬 수 있는 수단이다.

볼을 잃은 후 전환 단계 요약

이번 장에서는 볼을 잃은 다음 어떤 원칙을 따라야 하는지 설명했다. 볼을 잃고 나면 상대 팀이 역습할 위험이 발생한다. 그러나 볼을 잃은 상황 자체를 볼을 곧바로 다시 빼앗는 기회로 삼는 등 팀에 유리한 방향으로 활용할 수도 있다.

- 볼을 잃은 순간 지켜야 할 원칙은 상대 팀이 볼을 점유하고 있을 때 지켜야 할 원칙과 같다. **팀은 진영 깊은 곳을 지키고, 중앙에 빗장을 걸고, 상대 선수들을 측면으로 유도해야 한다.**
- 볼을 잃은 순간 선수들은 곧바로 추격할지, 아니면 공격 포지션을 수비 포지션으로 바꿀지 결정해야 한다. 이때 중요한 것은 **선수들이 상대 선수들을 압박할 수 있는지 여부다.**
- 볼을 잃기 전의 선수들의 위치는 상대 선수들을 추격할 수 있는지 여부를 결정하는 중요한 요소다. 그렇기 때문에 게겐프레싱과 포지션 플레이는 떼려야 뗄 수 없는 관계다.
- 좋은 게겐프레싱에 필요한 요소는 좋은 프레싱에 필요한 요소와 같다. 팀은 **볼을 가진 상대 선수를 압박해야 하고, 상대 팀이 움직일 선택지를 제한해야 한다.** 그러려면 **볼 근처에서 수적 우위를 점해야 하고,** 동시에 **언제든 진영 깊은 곳을 커버할 수 있어야 한다.**
- 효과적인 게겐프레싱을 위해서는 **볼을 잃은 다음 곧장 촘촘하게 모여야 한다.**
- 게겐프레싱으로 볼을 다시 빼앗지 못한 경우, **선수들은 늦어도 5초 이후엔 수비 포메이션으로 돌아가야 한다.**
- 수비 포메이션으로 돌아갈 때는 **적어도 10초 이내에는 자리를 잡아야 한다.**

제5장

데드볼 상황

2018년 월드컵은 데드볼 월드컵이나 마찬가지였다. 64경기 중 61골이 데드볼 상황에서 발생했다. 놀라운 일은 아니다. 국가대표 감독들이 데드볼 상황을 훈련시키는 데 점점 더 많은 시간을 투자하고 있기 때문이다. 데드볼 상황은 견고한 상대 팀 수비를 뚫고 득점할 기회를 높이는 상황이기도 하다. 볼을 점유 및 유지하는 힘이 약한 팀일수록 더욱 그렇다.

특히 잉글랜드는 데드볼 상황을 이용하는 전술에 특화된 팀이다. 가레스 사우스게이트Gareth Southgate 감독은 농구와 미식축구에서 영감을 받았다. 사실 축구의 데드볼 상황은 다른 스포츠의 같은 상황과 매우 비슷하다. 야구나 미식축구에도 볼이 멈춘 상태에서 경기를 진행하는 경우가 있다. 이때 공격하는 팀은 훈련 때 연습했던 변칙적인 움직임으로 득점 기회를 만들어낼 수 있다. 수비하는 팀은 상대의 세트피스를 어떻게 수비해야 할지 신중하게 고민한다.

월드컵에서뿐만 아니라 다른 토너먼트에서도 데드볼 상황은 점점 더 중요해지고 있다. 지난 10년 동안 모든 경기를 분석해 보았을 때 데드볼 상황에서 발생한 득점 비율은 점점 높아졌다. 챔피언스 리그든, 분데스리가든, 여자 축구팀의 A 매치든 상관없이 말이다. 데드볼 상황은 경기 중 몇 번이나 반복되고, 연습하기도 쉽다. 심지어 데드볼 상황에 특화된 감독들도 적지 않다. 리버풀의 토마스 그뢴마르크Thomas Grønnemark는 특히 스로인 훈련을 책임지는 감독이다. 그와 같이 스로인 훈련만 전담하면서 월급을 받는 사람도 있다.

이번 장에서는 데드볼 상황을 전술적인 관점에서 어떻게 이용할 수 있는지 알아본다. 일반적인 데드볼 상황이란 코너킥, 프리킥, 스로인, 골킥, 그리고 킥오프다. 이 모든 형태의 데드볼 상황을 수비적인 측면과 공격적인 측면에서 파헤쳐보자.

상황에 따라 다른 데드볼 전술

데드볼 상황은 자연스러운 상황이 아니기 때문에 4단계 모델 원칙에서 조금 벗어나 있다. 축구를 하다 보면 4단계 중 어느 단계에서든 프리킥이나 코너킥이 선언될 수 있다. 따라서 프리킥이나 코너킥 상황이 되었을 때, 팀이 그 전에 어느 단계에 있었는지는 별 상관이 없다.

예를 들어보자. 어떤 팀이 상대 팀으로부터 볼을 빼앗았다. 상대 팀은 게겐프레싱 중 파울을 해 볼을 빼앗은 팀의 역습을 중단시키고자 했다. 이것만으로 전환 상황이 지나갔다고 보기는 어렵다. 파울을 당한 선수가 곧바로 자리에서 일어나 진영 깊은 곳으로 패스할 수도 있기 때문이다. 어쩌면 그 선수는 금방 다시 일어나지 않고 시간을 끌어 프리킥을 할 수도 있다. 즉, 데드볼 상황 자체가 아니라 그 상황이 진행되는 단계에 주목해야 한다.

비슷한 예시로 팀이 볼을 점유한 단계에서의 코너킥 상황이 있다. 공격하는 팀은 득점을 노리고 골대 앞쪽으로 코너킥을 찰 수 있다. 혹은 짧은 코너킥으로 볼을 연결해 자기 팀 중앙 수비수에게 백패스할 수도 있다.

데드볼 상황에서 이루고자하는 목표가 무엇이든 맥락이 중요하다. 경기 시간 90분 째에 0:1로 뒤지고 있는 상황에서 코너킥이 선언되었을 때, 상대 팀 골대 앞으로 코너킥을 차지 않는 팀은 거의 없을 것이다. 이때는 최대한 많은 아군 선수들이 상대 팀 페널티 에어리어 안에 들어와 있을 것이다. 어쩌면 골키퍼까지 그 자리에 나와 있을지도 모른다. 하지만 만약 팀이 1:0으로 이기고 있는 상황이라면 코너킥의 양상이 다를 것이다. 그럴 때는 최대한 적은 수의 선수들만이 상대 팀 페널티 에어리어에 있고, 나머지는 자기 진영을 수비하고 있을 것이다.

앞으로 설명할 모든 전술에는 이처럼 조건이 붙는다. 데드볼 상황에서 어떻게 움직여야 할지는 경기의 전반적인 내용에 따라 다르기 때문이다. 2:0으로 이기고 있는 팀이 코너킥을 차게 되었을 때, 그 팀의 선수들 중 상대 팀 페널티 에어리어까지 올라온 선수가 몇 없다고 해서 그들을 무책임하다 비난해서는 안 된다는 뜻이다.

코너킥 수비하기

지난 몇 년 동안 코너킥을 수비하는 방법은 굉장히 까다롭고 답하기 어려운 질문이 되었다. 코너킥 상황에서 상대 선수들을 개별적으로 마크해야 하는가, 아니면 존을 지켜야 하는가? 골포스트 근처에 서 있어야 하는가? 아니면 그 자리를 비워둬야 하는가? 감독, 전문가, 심지어는 팬들 사이에서도 코너킥을 수비하는 방법에 대한 의견이 분분하다. 이 책에서는 기본적인 개념과 각 방식의 장단점을 설명하겠다.

대인 마크

코너킥을 수비하는 가장 자연스러운 방법은 각 선수를 마크하는 것이다. 이는 매우 간단하다. 수비하는 팀의 모든 선수가 상대 팀 선수 한 명씩을 마크한다. 수비수들에게 주어진 과제는 페널티 에어리어 내에서 상대 선수에 최대한 밀착해 움직임을 방해하는 것이다.

1장에서 필자는 대인 방어라는 용어를 쓰지 않는다고 했다. 하지만 여기에서는 이 용어가 완전히 적용된다. 이때 수비수가 유일하게 주목해야 하는 대상은 바로 상대 선수다. 상대 선수를 모두 마크했다면, 이제 수비수들은 각자 몸싸움에서 이기거나 적어도 상대 선수가 골을 넣지 못하도록 최대한 방해해야 한다. 코너킥이 길게 전달돼

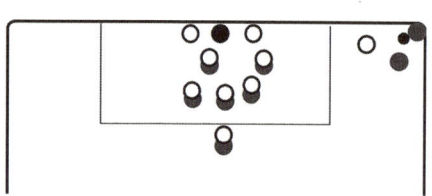

110. 코너킥 상황의 대인 마크와 부가적인 골포스트 수비.

먼 골포스트까지 가든, 아니면 짧은 땅볼 패스로 전달돼 가까운 골포스트로 가든 수비하는 팀에게 주어진 임무는 변하지 않는다. 대인 마크를 하는 모든 선수들은 자신이 마크하고 있는 상대 선수를 기준으로 위치를 잡는다(그림 110).

> **가까운 골포스트(니어포스트)**와 **먼 골포스트(파포스트)**란 코너킥이 실시되는 방향에 따라 달라진다. 가까운 골포스트는 코너킥이 실시되는 코너에서 가까운 쪽에 있는 포스트를 말한다. 이를 첫 번째 골포스트라고도 한다. 먼 골포스트 혹은 두 번째 골포스트란 코너킥이 실시되는 코너에서 먼 쪽에 있는 골포스트를 말한다.

이런 수비 방식의 단점은 각 선수의 개인 기량에 의존해야 한다는 것이다. 완전한 대인 마크 상황에서 모든 수비수는 각자 혼자만의 싸움을 해야 한다. 어떤 수비수가 상대 선수를 제대로 마크하지 못한다면 그 선수가 곧바로 득점할 수도 있다. 오로지 대인 마크에만 집중하는 상황에는 동료 선수의 커버를 기대하기 어렵다. 그러므로 모든 책임이 온전히 선수 개인에게 전가된다. 즉, 상대 선수의 헤더 실력이 마크를 맡은 수비수보다 월등히 뛰어나다면 실점할 가능성이 높다는 것이다.

대인 마크와 존 마크의 혼합

온전한 대인 마크의 위험을 줄이기 위해 수비하는 팀이 페널티 에어리어 내의 특정 공간을 추가로 확보할 수 있다. 예를 들어 수비수가 상대 선수를 충분히 커버하지 못했을 경우를 대비해 근처에 있는 미드필더가 상황에 따라 볼을 걷어낼 준비를 하는 것이다.

이런 커버 방식의 고전적인 형태가 바로 골포스트를 차지하는 것이다. 가까운 혹은 먼 골포스트 바로 옆에 수비하는 팀 선수 한 명이 선다. 만약 상대 선수가 골을 노리고 슛을 하면 수비수가 볼을 라인 밖으로 걷어낸다. 이런 식으로 수비수들이 제2, 제3의 골키퍼 역할을 할 수도 있다.

하지만 현대 축구에서는 이런 수비 방식을 선택하는 팀이 많지 않다. 선수 한두 명을 골포스트 근처에 세우면 다른 공간에서 수적 열세에 처할 것을 감수해야 하기 때문이다. 그래서 많은 팀이 골포스트 근처에 선수를 세우기보다는 상대 선수들이 슛을 하지 못하도록 막는 것을 선호한다.

오늘날 대인 마크는 다른 수비 방식과 결합된 경우가 많다. 크로스 수비하는 방법을 설명할 때 언급했던 세 개의 존을 기억할 것이다. 가까운 골포스트 앞, 골대 정면, 먼 골포스트 앞이 바로 그 세 개의 존이다. 이 세 개의 존에 선수들을 배치하고, 나머지 선수들은 대인 마크를 하는 것이다. 존 마크에 배치된 선수들이 맡은 임무는 그 존으로 날아오는 볼을 걷어내는 일이다. 수비하는 팀은 이런 식으로 대인 마크를 하면서 동시에 중요한 존을 지키기도 한다.

대부분의 팀은 여기에 더해 가까운 골포스트 주변 지역도 커버한다. 그곳이 코너킥에서 득점 성공률이 가장 높은 위치이기 때문이다. 가까운 골포스트는 먼 골포스트보다 볼이 이동하는 거리가 짧아 수비수들이 반응할 시간이 부족하다. 게다가 골키퍼도 직접 볼을 막기 어렵다. 골대 정면으로 날아오는 크로스나 먼 골포스트로 오는 볼은 골키퍼가 잡거나 펀칭으로 튕겨낼 수 있지만 가까운 골포스트로 오는 볼은 골키퍼보다 상대 공격수가 먼저 도달할 수 있기 때문이다. 따라서 가까운 골포스트에 배치된 선수는 해당 지역과 상대

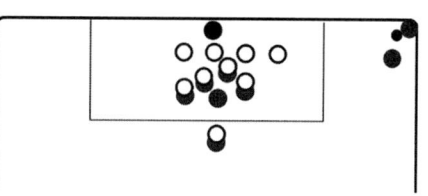

111. 대인 마크와 존 마크의 혼합형.

공격수를 동시에 수비한다. 이들은 대개 골 에어리어 가장 바깥쪽에서 코너킥으로 짧게 올라오는 볼을 걷어낸다.

따라서 골대 앞에 4인 체제의 수비 라인을 배치하는 팀이 많다. 그 선수들은 골대 앞에 있는 세 개의 존과 골 에어리어 바깥쪽 존을 커버하고, 나머지 선수들은 상대 선수들을 한 명씩 맡아 수비하는 것이다. 이는 대인 마크와 존 마크의 혼합형 수비다. 각 선수들은 대인 지향 수비를 하되 몇몇 선수들은 공간, 즉 존을 중점적으로 지킨다(그림 111).

대인 마크와 존 마크를 혼합한 수비 형태에는 장점이 많다. 두 수비 방식의 강점을 섞은 것이기 때문이다. 일단 상대 선수 중 헤더에 특화된 선수를 집중 마크하여 그가 골을 넣지 못하도록 할 수 있다. 또한 대인 마크하던 수비수가 수비에 실패했다 하더라도, 골대 앞의 중요한 지역을 지키는 선수들이 있기 때문에 상대 공격수가 곧바로 골을 넣을 수 없다.

물론 이런 수비 형태에도 약점은 있다. 두 수비 방식을 합친 것이기 때문에 각 수비 방식의 강점을 온전하게 전부 활용할 수는 없다. 즉, 페널티 에어리어 내의 모든 존을 지킬 수도, 상대 선수들을 모두 효과적으로 방어할 수도 없다.

이 수비 방식은 실전에서 사용하기도 어렵다. 선수들이 각기 다른 지시에 따라야 하니, 그 과정에서 말 그대로 충돌할 수 있다. 상대

팀 입장에서는 자신을 마크하는 수비수를 존 마크를 하는 수비수가 있는 지역으로 유인하면 필드 내 다른 지역에서 수적 우위를 점할 수 있다. 즉, 이런 수비 방식을 선택하면 각 수비수들은 서로 끊임없이 소통하고 간격을 조절해야 한다.

온전한 존 마크

수비하는 팀이 필드 전체를 존으로 분할하듯이, 페널티 에어리어 내의 공간을 존으로 분할해 수비하는 것을 존 마크, 혹은 공간 마크라고 한다.

 수비수들 중 네 명이 골 에어리어 내의 중요한 세 개의 존과 가까운 골포스트 지역을 지키고, 세 명의 선수가 추가로 그 앞의 존을 지키면 4-3 형태의 수비 라인이 만들어진다. 크로스를 수비할 때 언급했던 3+3 수비 방식처럼 골대 앞 여섯 개의 존을 지키고, 가까운 골포스트 지역을 추가로 지키는 것이다. 이때 선수들은 빈틈을 내주지 않기 위해 서로 비스듬하게 선다. 그리고 페널티 에어리어 라인 부근에도 선수 한 명이 서서 상대가 그 위치에서 슛을 쏘지 못하게 막는다(그림 112).

 존 마크의 장점은 수비하는 팀이 페널티 에어리어 내의 중요한 지역을 모두 수비할 수 있다는 것이다. 따라서 상대 팀이 어떤 방식으로 공격하든 대응할 수 있다. 헤더가 강점인 상대 선수를 헤더하기 편

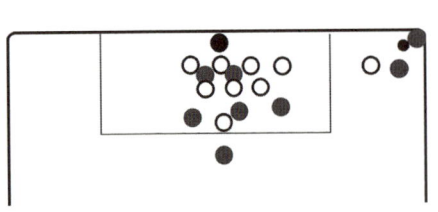

112. 4-3 존 마크.

한 위치에서 멀리 떨어뜨려 놓을 수 있고, 수비하는 팀 선수 중 헤더를 잘하는 선수가 위험한 존을 지키고 볼을 걷어낼 수도 있다. 또한 가까운 골포스트로 크로스 보내는 것을 선호하는 팀을 상대할 때는 존을 앞쪽으로 밀 수 있고, 페널티 에어리어 가장자리에 선수를 두 명 세우거나, 골 에어리어 안에 선수를 추가 배치할 수도 있다.

이 수비 방식은 선수들의 높은 집중력과 정확한 포지션을 요구한다. 모든 선수들이 자신이 맡은 존을 철저히 지킬 때만 이 수비 방식이 빛을 발할 수 있다. 선수들은 서로를 믿어야 하고, 끊임없이 소통해야 한다. 예를 들어 한 선수가 코너킥된 볼을 걷어내려고 1미터 정도 앞으로 움직인다면 뒤에 있던 선수도 따라 움직여 빈틈을 메워야 한다. 하지만 볼이 두 수비수 사이로 날아온다면 이 수비 방식이 흔들릴 수 있다. 또한 선수들이 소극적으로 움직인다면 상대 선수가 노마크로 골을 넣을 수도 있다.

사실 존 마크 수비의 가장 큰 단점은 따로 있다. 수비수들이 상대 선수가 아닌 지역을 커버하고 있기 때문에, 공격하는 팀 입장에서는 역동적으로 움직일 수 있고, 빈틈으로 돌진해 헤더를 성공시킬 수 있다. 또한 수비하는 팀은 오직 존에만 집중하느라 빠르게 움직이지 못할 수 있고, 이로 인해 상대 선수와의 몸싸움에 취약할 수 있다(몸싸움할 준비를 미처 못 했을 수도 있고, 전속력으로 달려 온 상대 선수만큼 높이 점프하지 못할 수도 있다).

많은 팀이 이런 단점을 극복하기 위해 움직이며 존을 수비하는 방식을 채택하고 있다. 이는 코너킥 상황에서 선수들이 원래 지켜야 하는 존보다 몇 미터 뒤에 자리잡고 선 다음, 상대 팀이 코너킥을 차면 수비수들이 일제히 볼 방향으로 움직이는 방식이다(그림 113). 그렇게 함으로써 속도를 높여 헤더 경합에서 밀리지 않을 수 있다. 이

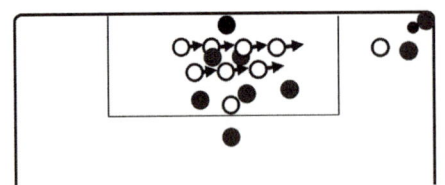

113. 움직이는 존 마크.

경우에도 선수들끼리 계속 소통해야 할 필요가 있다. 선수 중 한 명이라도 너무 많이 혹은 너무 조금 앞으로 나간다면 존 마크 수비 방식에 균열이 발생할 수 있기 때문이다.

존 마크를 대인 마크와 결합하면 이러한 단점을 해소할 수 있다. 전체적으로 존 마크 수비 방식을 택하면서 헤더에 강한 선수 두세 명을 대인 마크 수비 방식으로 배치하는 것이다. 그러면 상대 선수가 속도를 높여 빈 공간으로 돌진하지 못하도록 막을 수 있고, 동시에 존 마크에서 발생한 빈틈을 메울 수 있다.

코너킥으로 공격하기

코너 플래그 근처에서 볼을 두고 치열한 몸싸움이 벌어진다. 심판이 깃발을 들어올리고 코너킥이 선언된다. 수비수들은 수비 대열로 정렬하고 공격하는 팀 선수 중 한 명은 코너 플래그 쪽으로 걸어간다. 그는 생각에 잠긴 듯 볼을 바라보다가 코너킥을 차기 직전 양팔을 든다. 그러자 그의 동료 선수들은 마치 자동으로 움직이는 기계처럼 페널티 에어리어 안으로 이동한다.

이는 프로 축구 경기에서 자주 볼 수 있는 광경이다. 모든 프로 축구팀이 코너킥 상황을 철저히 연구하고 훈련한다. 키커는 팀원들끼리 맞춘 암호에 따라 한쪽 팔이나 손가락을 들어올리고, 선수들은 그 신호에 따라 움직인다.

축구는 복잡한 스포츠다. 코너킥 같은 아주 단순한 상황에도 골을 넣는다는 목표까지 도달하는 길은 수없이 많다. 그 모든 방법을 이 책에 전부 서술하기란 불가능하다. 그래서 코너킥을 수비하는 방식과 달리, 공격하는 방식에 대해서는 체계적으로 분석하거나 언급하지 않을 예정이다.

내 목표는 다양한 코너킥 상황에 반복적으로 나타나는 전술적인 패턴을 정리하는 것이다. 대인 마크에 대해 득점 성공률이 높은 전술적인 변형이 있고, 존 마크에 대해 득점 성공률이 높은 전술적인 변형이 있다. 많은 팀이 이 책에 서술된 전술 도구를 조합하여 사용한다. 그래야 득점 기회를 최대화할 수 있기 때문이다.

경로를 조합하여 달리기

코너킥 상황에서 상대 팀 골문 앞에 가만히 서서 볼을 기다리기만 하는 공격수는 없다. 속도를 높이지도 않고 비어 있는 공간을 찾아 파고들거나 수비수를 따돌리려고 움직이지 않는 공격수는 수비하기 편한 상대다. 그냥 그 자리에 서 있을 뿐이기 때문이다. 공격수들은 코너킥 상황에 이미 골 에어리어에 들어가 있는 경우가 거의 없다. 헤더에 강한 공격수들은 속도를 높여 돌진하기 위해 골 에어리어에서 조금 멀리 떨어진 곳에서 기다린다. 이들은 볼이 움직이면 가속도를 붙여 상대 진영 깊숙이 파고든다.

이때 공격수들끼리 서로 달리는 경로를 다양한 방식으로 조합하면 유리하다. 미리 약속하여 정해둔 경로로 달리면서 수비수들 사이에 빈 공간을 만들거나 이미 발생한 빈틈을 공략하는 것이다.

공격하는 팀은 어떤 상황이 벌어지든 대응할 수 있도록 페널티 에어리어 내의 공간을 고르게 차지하려 한다. 하지만 이는 상대의 정교한 수비를 상대로 깜짝 놀랄 만한 이변을 만들어내기가 어렵다. 공격하는 팀은 특정 공간에 집중하여 그곳에서 수적 우위를 점하려고 하기도 하는데, 이는 항상 수적 우위를 점하는 것만이 목적인 것은 아니다. 때로는 상대 선수를 특정 공간에 묶어두거나 주의를 끌기 위해 수적 우위를 점하는 경우도 있다.

간단한 예시를 들어보겠다. 선수 세 명이 가까운 골포스트 쪽으로 움직이기 시작한다. 좁은 공간에 같은

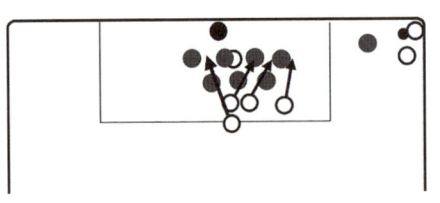

114. 코너킥으로 공격하는 상황: 가까운 골포스트 혹은 먼 골포스트로 노마크 상태에서 달려가기.

팀 선수가 세 명이나 자리잡은 것이다. 상대 팀이 그 선수들을 대인 마크하든, 아니면 그 공간을 존 마크하든 상관없다. 어떤 경우든 그들은 상대 팀 선수들의 주의를 끌 것이다. 그 순간 네 번째 선수가 페널티 에어리어 뒤쪽에서부터 골대 쪽으로 달려들어가 노마크 상태에서 골을 넣는다(그림 114).

이는 코너킥을 성공적으로 마무리하는 중요한 요소 중 하나다. 공격하는 팀 선수들은 자기 자신과 동료 선수들이 어느 공간으로 달려가야 하는지 정확히 알아야 한다. 대부분의 팀은 코너킥 상황에 주로 가까운 골포스트를 공략한다. 골을 넣어 득점할 가능성이 매우 높은 위치이기 때문이다. 수비수 중 대부분은 물론이고 골키퍼조차도 그 위치를 방어하기란 쉽지 않다. 공격수들은 가까운 골포스트로 오는 볼을 차지하기 위해 대부분 뒤쪽 공간에서부터 가속도를 붙이며 돌진해온다. 이때 동료 선수들이 달리는 경로를 다양하게 조합하면 상대 수비의 빈틈을 파고들 수 있다.

동료 선수를 노마크로 만들기

코너킥 상황에는 대부분의 필드 선수들이 페널티 에어리어 안으로 모여든다. 당연한 말이지만 공격하는 팀은 그 지역에서 빈 공간을 찾아야 한다. 이때 자주 활용되는 전술이 있는데, 그것은 바로 동료 선수를 마크하는 상대 선수를 막아 동료 선수를 노마크로 만드는 것이다. 공격하는 팀 선수가 상대 팀 수비수를 막고, 그 수비수가 마크하던 동료 선수가 자유로운 상태에서 슛을 쏘도록 돕는다. 이는 대인 마크에 특화된 전술이다.

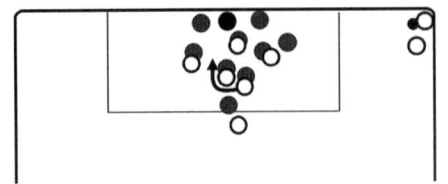

115. 대인 마크 중인 수비수 가로막기.

예시를 살펴보자. 상대 팀이 대인 마크로 수비 중이다. 공격하는 팀 선수 두 명이 서로 대각선으로 서 있다. 코너킥된 볼이 페널티 에어리어로 날아오자마자 공격수 둘 중 한 명은 그대로 서 있고 다른 한 명은 동료를 지나쳐 이동한다. 그 선수를 마크하던 수비수는 그를 쫓아 달려갈 수 없다. 이동 경로가 움직이지 않고 서 있는 선수에게 가로막혔기 때문이다(그림 115). 어떤 경우에는 공격수 여러 명이 가까이 붙어 서서 수비수들이 대인 마크를 하지 못하도록 만들기도 한다.

지난 몇 년 동안 상대 선수를 가로막아 대인 마크 수비에 대응하는 전술 중 특히 각광받은 것이 있다. 상대 팀이 대인 마크를 위해 움직이면 공격하는 팀 선수들이 간격을 좁혀 붙어 서는 것이다. 마치 사슬처럼 연결되어 상대 팀 골대와 수직으로 서기도 하고, 볼처럼 둥글게 모여 서기도 한다. 공격하는 팀 선수들이 이렇게 서로 붙어 섬으로써 상대 팀 선수들이 가까이 붙어 마크하거나 신체 접촉으로 방해하지 못하게 하는 것이다. 공격수들은 그 순간을 이용해 자신을 마크하는 상대를 떨쳐내고 골대 방향으로 움직인다.

잉글랜드가 2018년 월드컵에서 이 방식을 활용해 큰 성공을 거두었다. 잉글랜드는 1:0으로 앞서던 스웨덴과의 8강 경기를 2:0으로 만들며 승리를 확정지을 수 있었다. 코너킥을 준비할 때 잉글랜드 선수들은 페널티 에어리어에 기차처럼 늘어서 있었다(그림 116). 이로 인해 스웨덴 선수들은 잉글랜드 선수들에게 가까이 붙어서 대인 마크를 할 수 없었다. 거의 노마크 상태에 가까웠던 잉글랜드 선수들

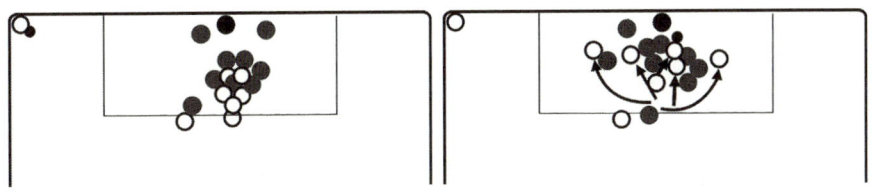

116. 스웨덴과의 경기에서 잉글랜드가 보여준 '사랑의 기차', 첫 번째.
117. 스웨덴과의 경기에서 잉글랜드가 보여준 '사랑의 기차', 두 번째.

은 코너킥이 날아오자 빠르게 넓게 퍼져 페널티 에어리어 내에 포진했고, 스웨덴 선수들은 따라붙지 못했다(그림 117). 이후 해리 맥과이어Harry Maguire가 노마크 상태에서 헤더로 골을 넣었다. 잉글랜드 팬들은 선수들이 기차처럼 늘어서 있는 모습을 보고 이를 '사랑의 기차Train of love'라고 불렀다.

2대1 상황 만들기

상대 팀이 대인 마크와 존 마크를 혼합한 수비 방식을 택했을 때, 공격하는 팀이 수적 우위를 점할 수 있는 방법이 있다. 자신을 마크 중인 상대 선수를 다른 상대 선수가 존 마크 중인 지역으로 유인해 일부러 2대1 상황을 만드는 것이다.

필드 내 특정 지역에서 수적 우위가 되면 자연스럽게 다른 지역에서는 수적 열세가 될 수밖에 없다. 따라서 일부러 상대 팀이 특정 공간에서 수적 우위를 점하도록 하면 다른 공간이 비거나 동료 선수를 노마크로 만들 수 있다. 즉, 대인 마크 수비 중인 상대 선수를 존 마크 수비 중인 상대 선수 쪽으로 유인하여 빈공간을 만드는 것이다. 상대 팀이 대인 마크와 존 마크를 혼합한 수비 방식을 채택했다면 이런 파훼법을 쓸 수 있다.

두 번째 볼을 잡아 골 넣기

코너킥된 볼을 잡아 그대로 골을 넣을 수 있다면 가장 좋다. 그러나 애초에 첫 번째 볼을 노리지 않는 방법도 있다. 상대 팀이 존 마크 수비 방식을 택했다면, 많은 팀이 우선

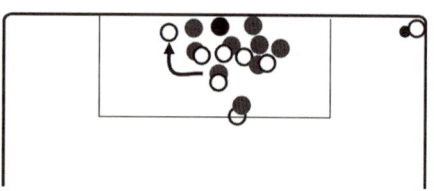

118. 먼 골포스트로 코너킥 보내기.

골대에서 멀리 떨어진 위치로 코너킥을 찬다. 골대에서 어느 정도 떨어진 존에는 상대 선수가 없을 가능성이 높기 때문이다. 그러면 볼은 페널티 에어리어 가장자리 혹은 먼 골포스트 근처에 떨어진다. 이때 고려해야 할 요소는 상대 팀 선수가 그 존을 지키고 있지 않거나 혹은 지키더라도 헤더가 약한 선수가 배치되어 있어서 볼을 빼앗기 쉬워야 한다는 점이다.

아군 선수가 그 위치에서 볼을 잡더라도 골대에서 멀기 때문에 곧바로 슛을 하기는 어렵다. 따라서 볼을 잡은 선수는 동료 선수에게 볼을 전달해야 한다. 이때 수비하는 팀은 볼을 쫓느라 자신이 마크하고 있던 존이나 상대방에 소홀해질 수 있다. 볼을 받은 선수는 그 틈을 노려 동료 선수에게 패스하고, 동료 선수가 공격을 마무리한다.

짧은 코너킥

이런 장면을 보면 많은 축구팬들이 분노한다. 코너킥을 차는 선수가

볼을 높은 크로스로 보내지 않고 짧은 땅볼로 패스하면 관중들은 곧장 휘파람을 불며 야유한다. 공격하는 팀이 좋은 기회를 날려버린 것처럼 보이기 때문이다.

그러나 짧은 코너킥 또한 강력한 전술 도구가 될 수 있다. 짧은 패스로 코너킥을 연결하면 상대 선수들 중 볼과 가장 가까운 선수도 대략 9.15미터 정도 떨어진 위치에 있기 때문에 공격하는 팀이 볼을 안전하게 점유할 수 있다. 또한 상대 선수들을 혼란스럽게 만들 수도 있다.

짧은 코너킥은 특히 존 마크에 특화된 전술이다. 상대 팀은 선택의 기로에 놓인다. 마크하고 있는 위치를 지켜야 하는가? 아니면 그 자리를 벗어나 움직여야 하는가? 수비수들이 인내심을 잃고 짧게 패스된 볼을 향해 앞으로 나가는 일이 종종 있는데, 공격수들은 그 기회를 놓치지 않고 존 마크 수비가 깨진 빈틈을 파고든다.

짧은 코너킥은 상대 팀의 속도를 늦추고 타이밍을 깨는 데도 도움이 된다. 수비하는 팀으로서는 코너킥된 볼이 곧바로 페널티 에어리어에 도달할 때보다 짧게 패스되었을 때 여러 명이 함께 앞으로 나갈 정확한 타이밍을 잡기가 어렵기 때문이다. 만약 존 마크를 하는 선수들이 움직이지 않고 맡은 존을 지킨다면, 공격하는 팀 선수들이 페널티 에어리어로 달려들어갔을 때 속도나 타이밍 측면에서 이점을 가지게 된다.

이처럼 짧은 코너킥은 존 마크 수비 중인 팀을 파훼하는 전술이다. 따라서 팬들은 짧은 코너킥에 야유하기 전에 이런 측면을 고려해야 한다.

프리킥 수비하기

프리킥은 분석하기 매우 복잡한 대상이다. 코너킥은 매번 필드 내의 똑같은 장소에서 진행되는 데 반해 프리킥은 어디서든 진행될 수 있기 때문이다. 그래서 대부분의 경우 프리킥을 수비하는 특별한 방법은 정해져 있지 않다. 만약 상대 팀이 자기 진영에서부터 프리킥을 찬다면 수비하는 팀은 수비 포메이션으로 돌아갈 것이다. 프리킥이 골대에 곧바로 도달할 위험이 적고, 상대의 다음 빌드업을 주의해야 하기 때문이다. 이런 경우에는 진영 깊숙한 곳을 지키는 데 집중해야 한다. 다만 볼을 가진 선수를 직접 압박할 수는 없다.

상대 팀이 아군 진영에서 프리킥을 찬다면 문제가 복잡해진다. 이 경우에는 실점할 수 있는 직간접적인 위험이 발생하기 때문이다. 따라서 수비하는 팀은 철저히 준비하여 대처해야 한다.

프리킥을 수비하는 데도 다양한 방법이 있다. 코너 플래그 근처에서 차는 프리킥과 필드 중앙에서 차는 프리킥을 수비할 때는 각기 다른 전술을 쓴다. 여기서 다루는 프리킥이란 곧장 골로 연결될 직접적인 위험이 있는 프리킥이다. 프리킥된 볼을 골대 앞으로 패스하거나 슛으로 연결하기 위해 크로스로 높게 차는 것은 간접적인 위험이라고 볼 수 있다.

벽 세우기

프리킥은 키커가 아무런 방해도 받지 않고 슛을 할 수 있기 때문에 득점하기 좋은 기회다. 키커는 상대 팀 선수들에게 압박당하지 않고, 볼은 튀거나 구르지 않고 멈춘 상태다. 상대 팀 선수들은 9.15미터 떨어진 거리에 서 있어야만 한다. 키커는 특정한 위치를 노리고 볼을 정확하게 찰 수 있다. 골키퍼로서는 임무가 막중

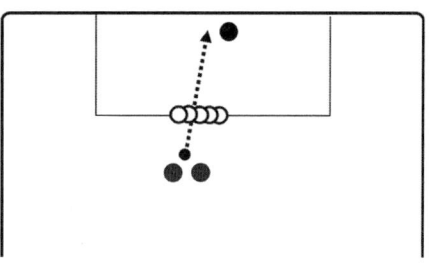

119. 프리킥을 할 때의 벽.

하다. 골대 전체를 지켜야 하기 때문이다. 볼이 어디로 날아올지는 아무도 모른다.

골키퍼의 부담을 덜기 위해 수비수들은 벽을 세워 골대의 일부를 가린다. 키커가 벽이 있는 방향으로 프리킥을 차기 어렵게 만드는 것이다. 대부분의 경우 벽은 볼과 가까운 위치에 세운다. 프리킥이 왼쪽에서부터 날아온다면 키커와 골대의 왼쪽 측면 사이에 벽을 세운다. 프리킥이 오른쪽에서부터 날아온다면 키커와 골대의 오른쪽 측면 사이에 벽을 세운다. 물론 중앙에서 프리킥이 날아오는 경우도 있다. 그럴 때는 골키퍼의 '약점'에 해당하는 위치에 벽을 세운다. 만약 골키퍼가 왼쪽으로 움직이는 것을 선호한다면 벽으로 그 반대편을 막는 것이다.

벽에 선수를 몇 명 세우느냐는 온전히 골키퍼의 재량에 달렸다. 골키퍼는 동료 선수 중 몇 명이 벽을 만들어야 하는지를 결정한다. 다만 한 가지 원칙이 있다. 벽은 최대한 골대의 절반 정도를 가릴 수 있어야 한다. 그리고 볼이 골대와 가까울수록, 중앙에 위치할수록 더 많은 선수들이 벽을 만들어야 한다. 상대 팀이 페널티 에어리어 라인 중앙에서 프리킥을 찬다면 최대 여섯 명까지 벽으로 세울 수 있다. 골대에서 30미터 떨어진 거리에서 프리킥을 찬다면 한두 명이

벽을 세우는 것으로 충분하다.

　예전에는 벽을 만드는 선수들 중 가장 바깥쪽에 선 선수가 볼, 그리고 골포스트와 일렬이 되도록 서야 한다는 원칙이 있었다. 그러나 볼이 큰 호를 그리면서 벽을 넘어가는 등, 선수들의 프리킥이 점점 예술의 경지에 다다르면서 오늘날에는 가장 바깥쪽 선수가 3미터 정도 더 바깥으로 나가도록 서게 되었다. 그래야 볼이 휘더라도 벽을 벗어나지 못하게 막을 수 있다.

　프리킥이 직접적인 위협이 되지 않더라도 벽을 세우는 편이 좋다. 측면에서 프리킥을 찰 경우에는 볼이 골대로 가는 길을 막기 위해서가 아니라 페널티 에어리어로 가는 길을 막기 위해 벽을 세운다. 그래야 상대 팀 선수들이 페널티 에어리어로 크로스하는 것을 어렵게 만들 수 있다.

　간접적인 프리킥 상황에서는 키커가 볼을 건드리는 순간 벽이 되었던 선수들이 일제히 볼 쪽으로 움직여야 한다는 추가 임무가 있다. 이렇게 하면 키커가 골대를 노릴 수 있는 각도를 좁힐 수 있다.

페널티 에어리어 밖에서의 존 마크

그렇다면 프리킥 상황에서 벽을 만들지 않는 수비수들은 어떻게 행동해야 하는가? 이들은 간접적인 위험 지역을 찾아 커버해야 한다. 상대 팀은 아마도 최대한 많은 선수들이 페널티 에어리어에 자리를 잡으려고 할 것이다. 벽을 만들지 않은 수비수들은 상대 선수들이 골을 노리지 못하도록 만들어야 한다.

　코너킥과 마찬가지로 프리킥 상황을 수비하는 방법은 대략 두 가지로 나눌 수 있다. 수비하는 팀은 상대 팀을 대인 마크할 수 있다. 이는 상대 팀이 페널티 에어리어 부근에서 프리킥을 찰 때 활용하는 방법이다. 이때 볼은 마치 코너킥처럼 페널티 에어리어로 날아온다.

만약 상대 팀이 페널티 에어리어 바깥에서 프리킥을 찬다면 수비하는 팀 선수들은 아군 진영 페널티 에어리어 내에서 대인 마크를 해서는 안 된다. 이와 관련해 축구 선수들이 가장 많이 듣는 말이 "페널티 에어리어에 빗장을 걸어야 한다."는 것이다. 어떤 팀은 수비 라인을 더 앞으로 내보내 상대 팀 선수들이 움직일 공간을 좁히기도 한다(그림 120). 상대 팀으로서는 수비 라인 뒤쪽에 서 있는 선수는 오프사이드가 되기 때문에 페널티 에어리어 내에서 볼을 받으려면 수비 라인을 뚫고 들어가야 한다. 하지만 이것도 쉽지는 않다. 만약 공격수가 볼을 받기 위해 너무 일찍 달리기 시작한다면 오프사이드가 될 테니 말이다.

상대 팀은 앞으로 나와 있는 수비 라인 뒤쪽으로 볼을 보내려고 시도할 것이다. 그럴 때는 수비 라인이 일제히 뒤로 물러나면 된다. 이런 방식의 수비를 하려면 존 마크를 해야 한다. 대인 마크를 위해 선수들이 상대방을 쫓아 움직인다면 각각의 존이 빈 공간이 되어버리기 때문에 이를 방지하려면 선수들이 공간을 고르게 분배해 지켜야 한다. 이렇게 하면 선수들은 상대 공격수와 마찬가지로 페널티 에어리어 안으로 달려가며 속도를 높일 수 있다. 이때 골키퍼는 골대 앞 공간을 막아야 한다.

존을 지키기 위해 선수

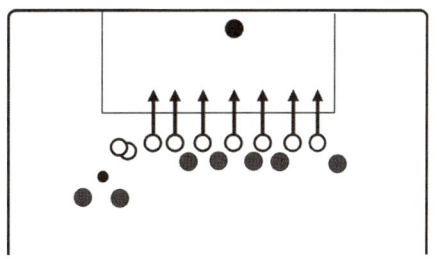

120. 페널티 에어리어 밖의 프리킥 수비하기.

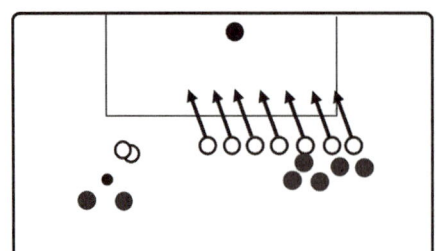

121. 먼 골포스트에 중점을 두고 프리킥 수비하기.

들이 어떻게 서야 하는지는 팀이 전술의 중점을 어디에 두느냐에 따라 다르다. 그림 120에서처럼 선수들이 비슷한 간격을 두고 대칭으로 서 있을 수도 있다. 어떤 팀은 특정 공간을 지키는 데 집중하기도 한다. 예를 들어 상대 선수들이 위치한 공간에 많은 선수를 배치하는 것이다. 많은 팀이 프리킥을 찰 때 먼 골포스트를 노린다(이에 대해서는 299p를 참고하자). 수비하는 팀은 해당 지역을 지키고 수비수 사이의 간격을 좁히기 위해 전체 수비 라인이 그쪽으로 움직인다(그림 121).

코너킥 때와 마찬가지로 프리킥 상황에도 두 수비 방식을 혼합한 수비 방식이 존재한다. 대부분의 선수들은 존 마크 수비 방식으로 자리를 잡고, 나머지 선수들은 헤더에 강한 상대 팀 선수들을 대인 마크하는 것이다. 이런 식으로 상대 팀의 위험 요소를 이중으로 수비할 수도 있다. 다만 코너킥 상황과 마찬가지로 상대가 수비수를 유인해 수적 우위를 만드는 상황이 발생할 수 있다.

두 번째 볼 수비하기

수비하는 팀이 볼을 걷어냈다 하더라도 위험이 사라지는 것은 아니다. 프리킥 상황에서도 두 번째 볼을 차지하는 것이 중요하다. 이는 첫 번째 볼을 받아 곧바로 슛을 하기 어렵기 때문이다. 첫 번째 볼은 애매한 위치에 떨어지는 경우가 많다. 수비하는 팀이 수비 라인을 올려 오프사이드 라인도 앞으로 밀어버리면 공격하는 팀은 헤더로 골을 노리기가 어렵다. 그러면 두 번째 볼을 차지하려고 나설 것이다.

두 번째 볼을 수비하려면 존을 마크하는 선수들이 모두 자기 팀 페널티 에어리어 안으로 들어가서는 안 된다. 각 선수들은 페널티 에어리어 가장자리나 앞의 존을 지켜야 한다. 그래야 두 번째 볼을 두고 몸싸움을 벌이거나 볼을 걷어낼 수 있다.

프리킥으로 공격하기

"필드가 너무 넓어, 에피." 이것은 테오도어 폰타네Theodor Fontane의 소설 《에피 브리스트》의 등장인물 폰 브리스트가 마지막에 한숨을 쉬며 말한 대사다. 프리킥에 대해 설명할 때 나도 딱 그런 심정이다. 사실 수비할 때보다 공격할 때의 프리킥이 훨씬 복잡하다. 필드 어느 위치에서 프리킥을 차느냐에 따라 활용할 수 있는 방안이 수도 없이 많기 때문이다. 프리킥 전술은 부분적으로 이미 다른 장에서 다룬 전술을 활용한다. 예를 들어 아군 진영에서 프리킥을 얻어 긴 패스를 한다면, 팀은 긴 패스를 활용하는 전술에 따라 움직인다.

지금부터는 일반적인 상황과는 조금 다른 프리킥 상황에 필요한 전술을 설명하겠다. 예를 들면 상대 팀 진영에서 프리킥을 차는 상황에 필요한 전술이다. 이 경우에는 상대 선수들을 당황시키고 빈틈을 노리는 전술을 활용해야 한다.

키커를 여러 명 두는 전술

2012년 초, 바이에른 뮌헨은 여느 때처럼 헤르타 BSC를 6:0으로 이기고 있었다. 토니 크로스와 프랭크 리베리가 프리킥을 차기 위해 볼 근처에 서 있었다. 대부분의 팀이 프리킥 상황에 키커를 여러 명 두고, 그중 한 명이 볼을 차도록 한다. 그런데 크로스와 리베리는 누가 볼을 찰지 아주 특이한 방식으로 결정했다. 그 자리에서 가위바위보를 한 것이다.

그것은 상대 팀을 무시하는 행동이었을 뿐만 아니라 전술적인 관점에서도 좋지 않았다. 바이에른은 전술적인 이점을 포기했다. 즉, 볼 근처에 키커를 여러 명 두고, 상대 팀이 누가 프리킥을 찰지 모르게 만드는 전술을 활용하지 않은 것이다. 많은 팀이 상대 팀을 혼란스럽게 만들기 위해 프리킥 키커로 왼발잡이 선수와 오른발잡이 선수를 한 명씩 세운다. 그중 누가 프리킥을 차느냐에 따라 볼의 휘는 각도가 달라진다. 상대 팀은 누가 프리킥을 찰지 모르는 상황에서 수비해야 한다.

이때 공격하는 팀은 한 선수가 프리킥을 차는 척하는 페인트 모션을 활용할 수 있다. 한 선수가 볼 방향으로 짧게 달리다가 멈추거나 볼을 지나쳐 앞으로 돌진하면, 상대 팀은 그 움직임에 반응하여 벽으로 서 있던 선수들이나 골키퍼가 움직이거나 나머지 선수들이 페널티 에어리어 방향으로 이동하기 시작한다. 그 틈을 타 공격하는 팀의 다른 선수가 프리킥을 차는 것이다. 이때 키커는 상대 선수들이 움직이는 모습을 보고 수비 포메이션의 빈틈을 노릴 수 있다.

상대 수비수를 막거나 따돌리기

필드의 측면에서 차는 프리킥으로 공격할 때는 성공적인 코너킥을 차는 데 필요한 전술을 그대로 활용해야 한다. 코너킥과 매우 유사한 상황이기 때문이다. 코너 플래그 근처에서 프리킥을 찰 경우, 수비하는 팀은 코너킥을 수비하듯이 움직일 것이다. 따라서 공격하는 팀은 대인 마크와 존 마크 수비에서 빈틈을 열 수 있는 전술을 활용해야 한다.

꼭 코너 플래그 근처가 아니라, 다른 지역에서 차는 프리킥도 코너킥과 유사한 전술을 활용할 수 있다. 예를 들어 공격수들이 수비수들의 이동 경로를 차단하는 전술 등이다. 공격하는 팀 선수들이 프리킥 이후 전속력으로 페널티 에어리어 안으로 돌진하는 대신 원래 있던 자리에 그대로 서 있으면 상대 선수들 또한 이동하지 못하고 그 근처에 머물러야 한다. 혹은 공격수들이 처음부터 오프사이드 위치에 숨어 있을 수도 있다. 이는 상대 선수들을 당황시킬 뿐만 아니라 상대방의 이동 경로를 막을 수 있는 방법이다.

프리킥에서 또 다른 중요한 요소가 있는데, 바로 따돌리기다. 공격수들은 이동 경로를 활용해 상대 선수들을 통제할 수 있다. 자주 눈에 띄는 전술이 바로 여러 선수가 가까운 골포스트 방향으로 달려나가는 것이다. 그러면 수비수들을 유인해 앞으로 나오도록 만들 수 있다. 이때 볼을 먼 골포스트 방향으로 차면 공격수가 상대 수비수들을 따돌리고 자유롭게 슛을 쏠 수 있다.

많은 팀이 프리킥을 찰 때 파도 형태로 움직인다. 이 전술은 이미 3장에서 언급한 바 있다. 한 명, 혹은 여러 명의 선수가 조금 물러난 위치에서 가만히 때를 기다리다가 가장 앞에 있던 선수들과 시간차를 두고 달려나가는 것이다. 이들은 어느 공간이 노마크가 되는지 확인하고 그에 반응해 움직인다. 이런 식으로 상대 수비 포메이션의 빈틈을 인식하고 이용할 수 있다.

먼 골포스트 노리기

통계상으로 코너킥을 찰 때는 가까운 골포스트를 노리는 편이 성공률이 높지만, 프리킥의 경우는 반대다. 프리킥을 찰 때는 먼 골포스트를 노려야 성공률이 높다. 다만 이는 상대 진영 안이나 측면에서 프리킥을 찰 때에 해당한다.

이런 차이가 발생하는 이유는 무엇일까? 우선 기본적인 상황부터 살펴보자. 대부분의 팀이 프리킥을 수비할 때는 자기 진영 페널티 에어리어에서 벗어나 있다. 그리고 선수들은 일렬로 서서 벽을 만든 후 키커가 볼을 차면 뒤로 물러난다. 이처럼 수비하는 팀은 페널티 에어리어 내에서 프리킥된 볼이 날아오기를 기다리지 않는다.

문제는 선수들의 시야에서 비롯된다. 선수들은 우선 볼에 시선을 고정한다. 볼은 호를 그리며 비스듬하게 날아간다. 먼 골포스트는 선수들의 등 뒤, 사각지대에 있으므로 수비수들은 그 위치를 직접 보지 못한다. 또한 그곳은 골키퍼가 움직이기에도 먼 거리이기 때문에 볼을 잡기가 어렵다. 공격하는 팀은 이런 상황을 유리하게 이용해야 한다. 먼 골포스트를 노린 정확한 크로스는 상대에게 큰 위협이 된다.

스로인 수비하기

스로인은 루이 판 할의 머릿속에 '늘 존재하는 대상'이다. 그는 인터뷰를 할 때마다 자신이 스로인을 얼마나 싫어하는지 언급한다. 그는 아마도 스로인이 폐지되기를 원할 것이다. 스로인이 공격하는 팀에 유리한 상황이 아니기 때문이다. 오히려 상대 팀이 볼을 터치라인 밖으로 보냄으로써 이득을 보는 상황이다. 수비수들은 볼을 제대로 처리하기 어렵거나 압박을 느낄 때 볼을 터치라인 밖으로 내보낸다. 공격하는 팀에 코너킥을 내주거나 볼 소유권을 잃으니 스로인을 주는 게 덜 위험하기 때문이다.

왜 그럴까? 스로인은 축구에서 가장 부자연스러운 상황이다. 선수가 볼을 손으로 잡아야 하는 유일한 상황이기 때문이다. 게다가 손으로 볼을 던지면 발로 볼을 찰 때보다 비거리가 짧을 수밖에 없다. 또한 스로인을 할 때는 여러 선택지가 제한된다. 터치라인에서 볼을 필드 안으로 던져야 하기 때문에 180도 각도 이내로만 볼을 전달할 수 있다.

이 모든 요소가 수비하는 팀에 유리하게 작용한다. 선수들은 이미 볼이 터치라인에서 가까운 곳에 떨어지리라는 사실을 알고 있고, 그 근처에서 수적 우위를 점하고 있다. 스로인으로 볼을 던져야 하는 선수가 필드 밖으로 나가 있으니, 공격하는 팀 입장에서는 선수가 한 명 적은 셈이다. 공격하는 팀은 볼을 최대한 높이, 커브를 그리도록 던져야 하며 땅볼로 굴려서는 안 된다. 이 또한 수비하는 팀에 유리하다. 볼을 스로인하는 선수가 곧바로 볼을 통제하기 위해 움직이기도 어려우니 수비하는 팀이 상대의 스로인 상황을 프레싱할 기회로 삼는 것도 놀라운 일은 아니다.

수비하는 팀은 상대의 스로인을 어떻게 대처해야 할까? 수비하는 팀의 목표는 볼 근처에서 수적 우위를 점하는 것이다. 따라서 팀원 전체가 수비 포메이션을 무너뜨리지 않은 채 볼 가까이로 모여야 한다. 특히 볼을 던지는 선수 근처에 바짝 붙어 선다. 수비하는 팀은 이미 상대 팀의 선택지가 제한된다는 걸 알고 있다. 볼을 손으로만 던져야 하니, 필드 반대편으로 긴 크로스를 보내는 건 불가능하다. 따라서 스로인을 수비할 때는 촘촘하게 서야 한다.

대부분의 팀이 스로인 상황에서 대인 지향 수비 방식을 택한다. 볼을 던지는 선수의 선택지는 많지 않아 가까이 있는 동료 선수에게 볼을 전달할 수밖에 없다. 동료 선수는 볼을 받자마자 수비수들의 방해를 받을 것이고, 그러면 볼을 몰고 나가기가 어려울 것이다. 따라서 이 상황을 효율적으로 활용한다면 볼을 잡은 선수를 고립시킬 수 있다. 어떤 팀은 프레싱을 시도하기도 한다. 일부러 상대 선수 중 한 명을 노마크로 두고, 스로인하는 선수가 그 선수에게 볼을 보내도록 유도한다. 그리고 그가 볼을 받으면 곧바로 주변으로 모여들어 압박하는 것이다.

이때 근본적인 의문은 단 한 가지다. 공격하는 팀은 이런 압박을 어떻게 벗어나려 할까? 가장 자주 사용되는 스로인 이후의 플레이는 간단한 원투 패스다. 스로인하는 선수가 동료 선수에게 볼을 던지고 필드 내로 들어오면 볼을 받은 동료가 다시 그에게 패스해 볼을 전달하는 방식이다. 곧바로 볼을 통제하기 힘든 스로인 상황에서 원투 패스는 볼을 계속 점유할 수 있는 유일한 기회다.

하지만 이것도 수비하는 팀이 이용할 수 있다. 수비수들이 스로인하는 선수를 철저히 커버하지 않고 있다가, 볼이 원투 패스로 그에게 돌아오는 순간 적극적으로 압박하는 것이다. 이는 프레싱 상황과

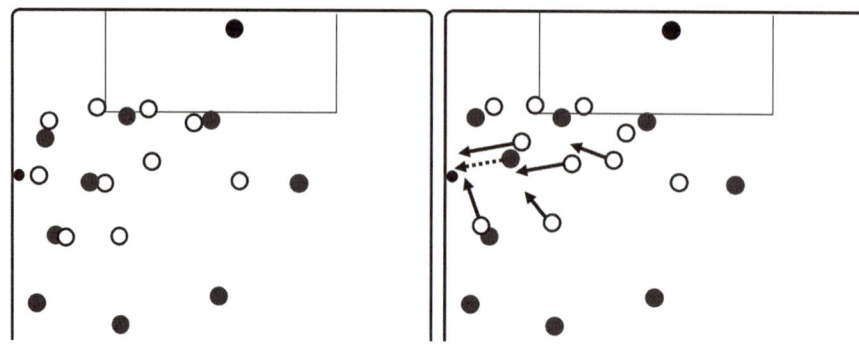

122. 스로인 상황의 촘촘한 대인 지향 수비.   123. 스로인 이후 프레싱.

비슷하다. 우선 한 선수를 일부러 노마크로 두어 그에게 볼이 패스되도록 유도한 다음, 볼이 전달되면 적극적으로 압박하는 방식이다. 이미 볼 근처에 모여 있는 수비하는 팀 선수들은 좋은 프레싱을 할 수 있다. 볼 근처에서 수적 우위를 점하고 있는데다 상대 팀의 선택지가 제한되어 있기 때문이다. 상대 팀이 볼을 다른 곳으로 던지거나 백패스해 원래의 스로인 위치에서 벗어난다면 수비하는 팀은 평소의 수비 포메이션으로 돌아간다.

  그림 122와 123이 그 예시를 잘 보여준다. 상대 팀은 볼을 앞으로 던지도록 유도되었다. 스로인된 볼을 받은 상대방을 마크하는 선수가 그를 지나쳐 이동한다. 이 수비수는 동료 선수와 함께 볼을 스로인한 선수를 압박한다. 나머지 선수들도 볼 근처로 모여든다.

스로인으로 공격하기

공격하는 팀 입장에서 스로인 상황은 매우 혼란스럽다. 우선 수비하는 상대 팀이 볼 근처로 몰려들어 모든 패스 경로를 차단하고 있다. 그럼에도 어떻게든 볼을 필드 안으로 던져 넣어야 한다.

이전 세대 축구 선수들은 감독으로부터 항상 "스로인은 앞쪽으로 던져야 한다."는 지시를 들었다. 그것이 왕도였다. 스로인 이후 곧바로 볼을 잃을 수도 있으니, 최대한 자기 진영과 골대에서 먼 방향으로 볼을 던져야 했다. 그러나 현대 축구에서는 더 이상 그렇지 않다. 공격하는 팀은 스로인에서도 최고의 기회를 만들어내고자 한다.

스로인 상황에서 볼을 점유할 수 있는 가장 간단한 방법은 앞서 언급했듯이 스로인하는 선수와 동료 선수 사이의 원투 패스다. 이때 중요한 것은 선수들 간의 연계다. 스로인을 한 선수는 동료로부터 패스를 받아야 하기 때문에 곧바로 반응하고 움직여야 한다. 스로인을 던지자마자 볼 방향으로 움직이는 편이 좋다. 바로 볼을 잡아 그 지역을 벗어날 수 있다면 이상적이다.

이때 상대 팀 선수들은 서로 간격을 좁혀 촘촘하게 서 있을 테니 그 점을 역으로 이용해야 한다. 오랜 격언을 다시 한 번 떠올려보자. 상대 팀이 필드 내 특정 지역에서 수적 우위를 차지했다면 필연적으로 다른 지역에서는 열세일 수밖에 없다. 따라서 스로인 이후에는 상대 팀이 수적 열세인 방향으로 볼을 이동시켜야 한다. 그러면 상대 선수들 또한 서둘러 그쪽으로 이동해야 할 테고, 원래 위치에서 수적 우위를 점하고 있던 상황은 더 이상 쓸모가 없어질 것이다. 가장 간단하고 안전하게 볼을 소유하는 방법은 백패스를 하는 것이다. 그래서 스로인 이후 백패스로 볼을 뒤로 보낸 다음 다시 빌드업을

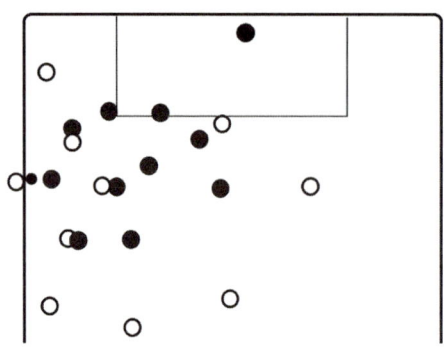
124. 스로인 상황에는 오프사이드 규칙이 적용되지 않는다.

시작하는 팀이 많다.

스로인에서 한 가지 더 고려해야 하는 부분이 있다. 스로인 상황에는 오프사이드 규칙이 적용되지 않는다는 점이다. 그래서 스로인할 때는 상대 팀을 진영 깊은 곳까지 밀어 압박할 수 있는 기회가 생긴다. 공격하는 팀 선수들이 상대 수비 라인 뒤쪽에 서 있을 수도 있다(그림 124). 이 경우 수비 라인은 수비수들 뒤쪽으로 스로인되는 것을 막기 위해 뒤로 물러나야 한다. 공격하는 팀은 그 점을 이용해 수비수들을 뒤로 물러나게 만들고 비어버린 공간을 차지할 수 있다. 실제 경기를 보면 이러한 전개를 자주 확인할 수 있다.

멀리 던지기

2016년 유로파 리그에서 놀라운 일이 벌어졌다. 16강전에서 축구 종주국인 잉글랜드가 아이슬란드를 만나 패배한 것이다. 아이슬란드는 2:1로 잉글랜드를 물리쳤다. 아이슬란드 팬들은 뉴질랜드 럭비 국가대표팀의 응원에서 영감을 받아 "후!"라고 외치며 박수를 치는 환호성으로 승리를 만끽했다.

아이슬란드가 잉글랜드를 이길 수 있었던 이유는 촘촘한 수비 덕분만이 아니었다. 아이슬란드는 스로인을 득점 기회로 삼는 몇 안

되는 팀이다. 아이슬란드 선수들은 페널티 에어리어 근처에서 스로인을 하게 되면 무조건 볼을 페널티 에어리어 안으로 던졌다(이 경우 볼을 더 멀리 던질수록 좋다).

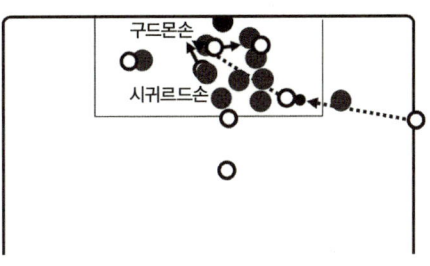

125. 잉글랜드와의 경기에서 아이슬란드의 스로인 후 득점 상황.

잉글랜드와의 경기에서 아이슬란드는 경기 시작 7분 만에 상대 페널티 에어리어 근처에서 스로인할 기회를 잡았다. 아론 군나르손Aron Gunnarsson이 페널티 에어리어 안쪽으로 볼을 던졌고, 그곳에 있던 카리 아르나손Kári Árnason이 볼을 연결했다. 이때 먼 골포스트에 자리잡고 있던 라그나르 시귀르드손Ragnar Sigurðsson이 노마크로 슛을 쏠 수 있었는데, 이는 우연이 아니었다. 동료 선수인 요한 베르그 구드몬손Jóhann Berg Guðmonsson이 달리면서 잉글랜드 수비수를 유인해 가까운 골포스트 근처에 묶어두었기 때문이다. 덕분에 먼 골포스트 앞 공간은 완전히 비어 있었다.

아이슬란드는 스로인을 마치 코너킥처럼 이용했다. 선수들이 한꺼번에 페널티 에어리어 안쪽으로 달려들어갔고, 상대 선수를 유인해 잡아두었으며, 그 상대 선수가 마크하던 동료 선수를 자유롭게 만들었다(그림 125).

이는 상대 진영에서 스로인을 효과적으로 이용하는 방법이다. 상대 선수를 유인하거나 막아 동료 선수를 자유롭게 만들고 공간을 열어 상대 수비진을 교란시키는 것이다. 스로인 상황에는 코너킥과 달리 수비하는 팀이 볼이 멀리 이동하리라 예상하지 않고 수비 대형을 형성한다. 이때 공격하는 팀이 그들의 예상을 뛰어넘는다면 스로인을 효과적인 공격 도구로 활용할 수 있다. 아이슬란드가 승리한 이후 많은 팀이 상대 팀 진영에서 스로인을 할 때 골대 앞을 노리고 볼을 던지기 시작했다.

골킥과 킥오프

많은 사람들이 간과하기 쉬운 '세트피스 상황'을 잘 활용할 수 있다면 잠재적인 공격 가능성을 높일 수 있을 것이다. 지난 몇 년 동안 킥오프를 팀에 유리하게 이용하는 작전을 세우는 감독이 늘었다.

이 책에서 골킥과 킥오프는 그리 중요하게 다뤄지지 않았다. 일반적인 빌드업 상황과 매우 유사하기 때문에 굳이 따로 다룰 필요가 없었기 때문이다. 대부분의 팀은 골킥과 킥오프 상황을 상대 혹은 아군 팀이 볼을 점유하는 단계와 비슷하게 여긴다. 그럼에도 골킥과 킥오프 상황에 활용할 수 있는 특정한 전술이 있으므로 몇 가지 소개하고자 한다.

골킥

골킥 상황에 골키퍼에게는 두 가지 선택지가 있다. 우선 짧은 패스로 가까이 있는 동료 선수에게 볼을 전달할 수 있다. 이는 경기 중 수십 차례 발생하는 일반적인 빌드업 상황이다. 따라서 공격 포메이션, 즉 팀이 볼을 점유하고 있을 때의 포메이션을 활용한다. 당연하게도 2장에서 다룬 전술 원칙이 중요한 역할을 한다. 공격하는 팀은 볼과 가까운 위치에 선수들을 여러 명 배치해 볼을 주고받으며 앞으로 이동해야 하고, 상대 팀이 프레싱을 제대로 할 수 없게 만들어야 한다.

반대로 수비하는 팀은 프레싱을 시도해야 한다. 상대 팀이 골킥을 짧게 연결할 것 같으면 얼른 앞으로 나가 여러 명이 합심하여 프레싱을 해야 한다. 많은 팀이 측면 수비수에게 짧게 연결되는 골킥을 프레싱 시그널로 삼는다. 골킥 시에 대인 지향적인 수비를 하여 상대 선수들을 마크하는 팀도 있다. 상대 팀이 페널티 에어리어로부터 빌드업을 시작하지 못하게 하는 것이다. 이 경우 상대 팀은 정확도가 떨어지는 긴 패스를 연결할 수밖에 없고, 패스를 받은 선수는 볼을 곧바로 통제하기 어렵게 된다.

2019/20 시즌에는 골킥 규칙이 바뀌었다. 그래서 자기 진영 페널티 에어리어에서 경기를 전개하기가 더 쉬워졌다. 그 이전까지는 골킥 시에 볼이 자기 진영 페널티 에어리어를 벗어나도록 해야 했지만, 이제는 그럴 필요가 없다. 그리고 골킥 시 상대 팀은 공격하는 팀 진영 페널티 에어리어에 들어갈 수 없기 때문에 골키퍼 입장에서는 짧은 패스로 볼을 연결하기가 수월해졌다. 상대 선수들이 페널티 에어리어에 들어와 패스 길목을 차단할 일이 없기 때문이다. 결국 멀리 골킥을 차는 것은 더 어려워졌고, 가까운 위치로 골킥을 차는 것은 쉬워졌다. 많은 팀이 이런 새로운 자유를 누리기 시작했다. 짧은 골킥이 확연히 늘어난 것이다. 하지만 짧은 골킥을 가차 없이 프레싱하는 팀이 여전히 존재한다. 페널티 에어리어 밖으로 가는 패스 길목을 차단하면서 골킥을 넘겨받은 선수에게 전속력으로 돌진하는 것이다.

공격하는 팀이 골킥을 멀리 차서 보낼 수도 있다. 이때 중요한 것은 두 번째 볼을 둘러싼 싸움이다. 우선 첫 번째 볼이 떨어진 곳 근처 존을 차지하고 있어야 볼 소유권을 곧장 잃지 않을 수 있다. 공격하는 팀이 앞으로 움직인다면 수비하는 팀은 긴 패스를 대비해야 한다. 긴 패스를 안전하게 수비하려면 미드필드에 있는 선수 한 명이 뒤쪽 수비 라인까지 내려가는 것이 좋다. 이러면 수비 라인에 수비수 한 명이 더 참여함으로써 긴 패스가 떨어지는 지점에 수비의 삼각형을 형성할 수 있다(그림 126). 상대 선수가 볼을 잡으면 수비 라인에 참여했던 미드필더가 앞으로 나가 프레싱을 하고, 동료 수비수들이 진영 깊숙한 곳을 지킨다.

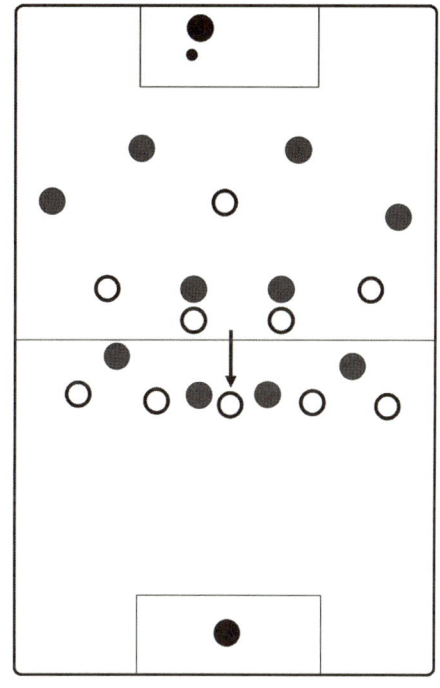

126. 상대 팀의 골킥이 길게 올 경우 미드필더가 수비 라인에 참여한다.

킥오프

킥오프는 얼핏 보기에 매우 단순한 상황이다. 볼을 점유한 팀은 공격 포메이션으로 설 것이다. 킥오프 이후에는 각 선수들이 재빨리 자신의 공격 포지션을 찾아 움직인다. 상대 진영 측면을 공략하는 선수는 킥오프 이후 상대 진영 측면까지 달려간다. 볼을 점유한 팀은 포메이션을 정돈하고 공격을 위한 빌드업을 준비하기 위해 자기 진영에서 계속 볼을 갖고 있으려고 한다.

한편 수비하는 팀은 빠르게 수비 포메이션을 형성하고자 한다. 선수들은 킥오프와 동시에 가능한 촘촘하게 설 수 있는 수비 대형을 만든다. 혹은 킥오프를 프레싱 시그널로 삼는 경우도 있어 가장 앞에 있는 선수가 앞으로 나가 프레싱을 시도할 수도 있다. 상대 선수를 압박해 실수를 유도하기 위해서다.

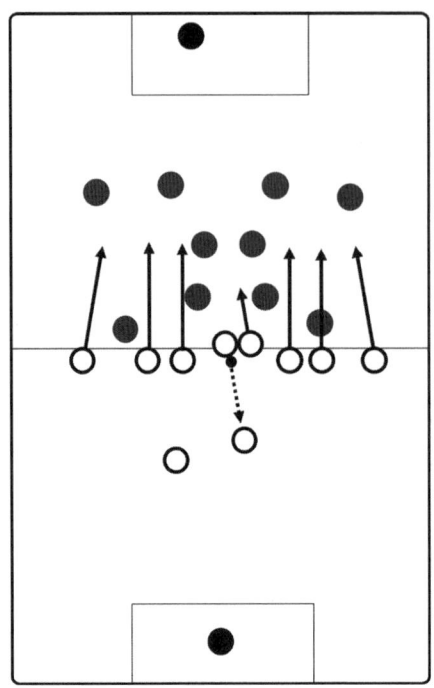

127. 킥오프를 골로 연결하고자 할 때 선수 배치.

킥오프를 일반적인 경기 빌드업으로 시작하지 않는 팀도 있다. 킥오프를 골로 연결할 기회로 삼으려는 팀은 포지션 플레이 대형으로 정렬하지 않고, 볼을 멀리 차려 한다. 공격수들은 킥오프 전에는 미드필드 라인에서 기다렸다가 킥오프 직후에는 긴 패스를 받기 위해 전속력으로 달려 상대 진영으로 돌진한다(그림 127). 이들은 두 번째 볼을 점유해 최대한 빨리 골을 넣고자 하는 것이다. 이는 매우 거칠게 공간을 차지하는 방법이다. 이 경우 수비수들은 긴 패스를 방어하기 위해 최대한 뒤로 물러나야 한다.

2017/18 시즌 유로파 리그에서 올림피크 드 마르세유가 아주 특이한 킥오프를 선보였다. 그들은 킥오프 직후 볼을 상대 팀의 코너 플래그 방향으로 보내 볼이 사이드라인 밖으로 나가도록 했다. 상대 팀은 스로인 기회를 얻었다. 마르세유는 상대 팀의 스로인을 프레싱했다. 마르세유는 킥오프 이후 볼을 점유한 채로 경기를 시작하는 것보다 상대 팀이 자기 진영에서 볼을 스로인하도록 만든 다음 프레싱을 시도하는 편이 골을 넣을 가능성이 더 높다고 보았던 것이다. 이는 아주 생소한 공격법이었다. 그러나 가만히 생각해보면 현명한

방법이기도 하다. 킥오프와 스로인은 공격하는 팀이 유리하게 이용하기 어려운 세트피스 상황이기 때문이다.

마무리

축구는 단순한 스포츠다. 이 책은 처음부터 끝까지 그 자명한 이치를 따른다. 그런데 축구계에 존재하는 수많은 정의와 개념이 축구가 단순하다는 말을 거짓처럼 들리게 만든다. 얼핏 보면 전술이 축구를 복잡하게 만드는 것 같다. 그냥 필드 아무 곳에서 있다가 볼을 쫓아 달리는 게 아니라 따라야 할 원칙과 활용해야 할 전술이 있고, 심지어 그것이 전부 파악하기 어려울 만큼 많기 때문이다. 친애하는 독자 여러분 중 절반 정도는 읽자마자 금방 그 내용을 잊어버렸을 것이다. 하지만 걱정 마시라. 나라고 다르지 않다. 나 또한 전술 아이디어와 구상이라는 끝없는 사막에서 늘 길을 잃는다.

이 책의 초입에 소개한 세계적인 감독 제프 헤르베르거의 명언이 여러분에게 책의 방향성을 알려주었을 것이다. "단순한 경기를 제압하는 팀이 월드 클래스다. 하지만 그건 아주 어렵다." 축구계에서 가장 오래된 조언이 볼과 상대 선수들을 달리게 만드는 것이라고 했는데, 그것조차 해내기가 얼마나 어려운지 생각해보라. 상대 팀 또한 이쪽의 생각대로 되지 않으려고 무슨 수든 쓸 것이다. 간격을 좁혀 서고, 호시탐탐 볼을 노리고, 몸싸움을 유도할 것이다. 필드에서 체계적으로 조직화된 수비를 마주하면 좋은 기회를 얻을 수 없다. 또한 선수 개인의 기술적인 한계든 아니면 전술의 한계든, 단 한 번의 실수만으로도 볼을 빼앗기고 만다. 그러나 모든 것이 잘 기능하기만 한다면 축구는 대단히 단순해진다. 패스가 연결되고, 볼이 끊임없이 움직이는 것을 상대 팀은 넋 놓고 바라볼 수밖에 없다. 그것이 가장 단순하고 순수한 형태의 축구다. 단순함과 복잡함은 사실상 동전의 양면이다.

이 책을 읽은 독자들이 내릴 결론 중 가장 잘못된 것이 완벽한 경기를 계획할 수 있다는 믿음이다. 헤르베르거가 한 명언은 팬들과 기자들, 감독이나 코칭스태프들을 향한 것이 아니었다. 그건 선수들에게 하는 말이었다. 오직 선수들만이 경기를 단순하게 만들 수 있다. 좀 더 과장해서 말하자면 축구는 선수들의 것이다. 모든 전술 도구는 선수들이 축구 경기에서 이기도록 만들기 위해 존재한다. 전술은 우선 선수들에게 도움이 되어야 한다. 선수가 없으면 모든 전술과 아이디어가 무용지물이기 때문이다. 이 세상에 완전히 똑같은 축구 선수가 두 명 존재하지 않듯이, 완전히 똑같은 경기 체계 또한 존재하지 않는다. 전술이 선수들을 위해 존재하는 것이지, 선수들이 전술을 위해 존재하는 것이 아니다.

비슷한 맥락에서 이 책에 등장하는 어떤 전술도 확고부동한 것이 아니다. 축구는 끊임없이 변화한다. 지금 세대 축구 선수들에게는 통용되는 전술이 다음 세대부터는 갑자기 통용되지 않을 수 있다. 어떤 전술이 필드 위의 선수들에게 더 이상 도움이 되지 않는다면 그것은 아무런 가치가 없는 전술이다. 이 책은 절대적인 지식을 가르치려는 책이 아니다. 축구는 항상 맥락을 따른다. 확고한 전술보다 선수, 상대 팀, 장소, 관중 같은 요소에 더 주목해야 한다.

마르셀로 비엘사 감독은 이를 강조했다. 그가 남긴 업적은 펩 과르디올라나 디에고 시메오네, 마우리시오 포체티노 Mauricio Pochettino

같은 위대한 감독들에게 영향을 미쳤다. 왜 가장 위대한 감독으로 이름을 올리지 못했냐는 질문에 비엘사는 "감독의 가장 큰 강점은 유연성이어야 한다. 달리 말하자면, 감독은 자신만의 아이디어에만 푹 빠져 있어서는 안 된다. 나는 내 생각과 타협할 수 없다. 그리고 그것은 강점이 아니라 약점이다."

그래서 나는 독자 여러분이 이 책을 읽고 나서 "전술은 과장된 거야."라고 말하더라도 괜찮다. 어쩌면 그 말이 맞는지도 모른다. 축구는 매우 어렵거나 복잡하지도 않고, 종교 같은 것도 아니다. 무엇이 옳고 그른지는 결과로 판가름난다.

4단계 모델의 확장

축구 전술은 혼돈을 질서로 정리하는 것이다. 축구라는 스포츠가 만들어졌을 때의 전술이라 봐야 모든 필드 선수들이 볼을 쫓아 달리는 것뿐이었다. 패스를 잇는 전술은 존재하지 않았다. 볼을 잡고 있는 선수는 왕이나 마찬가지였고, 그는 볼을 드리블해 골대로 나아갔다. 시간이 지나면서 감독들은 어떻게 하면 더 득점 성공률을 높일 수 있을지, 혹은 어떻게 하면 상대 팀의 득점을 더 철저히 막을 수 있을지 고민하기 시작했다. 결국 축구 전술의 역사는 혼돈을 통제하여 질서를 만드는 과정이다. 오늘날에는 마치 정확하게 짜인 안무처럼 선수들이 필드에서 움직인다. 그러나 축구에는 여전히 혼돈이 남아있다. 득점 기회가 더 많았던 팀이 결국 경기에서 패배하는 일이 얼마나 비일비재하게 일어나는가? 또한 제아무리 뛰어난 전술이라 하더라도 경기 막판 90분 경에 상대 팀에 동점 골을 허용한 패스 미스까지 막을 수는 없다.

이처럼 혼돈이 가득한 축구를 질서정연한 구조로 정리하면서 나는 루이 판 할의 4단계 모델의 도움을 받았다. 나는 축구 경기를 항상 4단계 모델을 기초로 하여 묘사한다. 그것은 바로 상대 팀이 볼을 점유한 단계, 볼을 얻은 전환의 순간, 팀이 볼을 점유한 단계, 볼

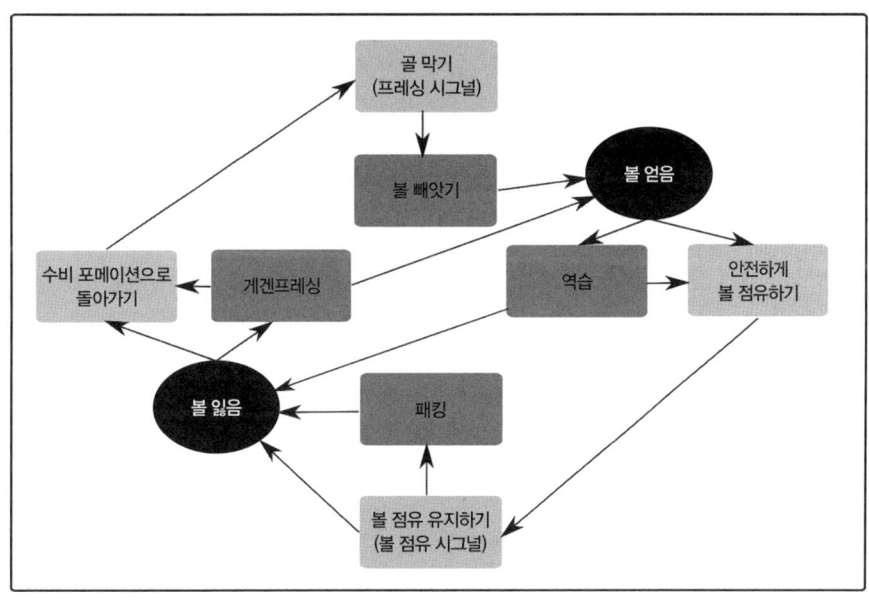

128. 확장된 4단계 모델.

을 잃은 전환의 순간이다. 이 책의 각 장에서는 각 단계에서 발생하는 긴장된 상황을 다루었다. 상대 팀이 볼을 점유하고 있을 때 발생할 수 있는 상황으로는 골을 막거나 볼을 빼앗는 것 등이 있다. 볼을 얻은 다음에는 역습하거나 볼을 계속 점유할 수 있다. 볼을 점유한 상태에서는 계속 볼을 점유하거나 상대 팀의 골대를 노릴 수 있다. 볼을 잃은 다음에는 집단적인 게겐프레싱을 할지, 아니면 수비 포메이션으로 돌아갈지 결정해야 한다.

이런 모든 상황을 고려해 나는 4단계 모델을 더 확장했다(그림 128). 이 그림을 보면 이 책의 구조를 더 명확하게 이해할 수 있을 것이다. 또한 축구 경기의 구조를 더 잘 파악하는 데 도움이 될 것이다.

결과는 어떻게 될 것인가?

이제 이 모든 전술에 관한 지식으로 무엇을 할 수 있을까? 이 책을 읽는 여러분이 축구 팬이라면 전술적 지식을 활용해 응원하는 팀의 경기를 분석할 수 있을 것이다. 상대 팀이 볼을 점유하고 있을 때, 혹은 아군 팀이 볼을 점유하고 있을 때 선수들이 어떻게 움직이는가? 어떤 방식으로 역습해 득점하고, 어떻게 슛을 쏘는가?

이 책을 읽는 여러분이 감독 혹은 코칭스태프라면 책에 언급된 아이디어 중 일부에는 동의하지만 다른 일부에는 동의하지 않을지도 모른다. 전술 도구를 실전에서 어떻게 활용해야 하는가? 전술 아이디어를 어떻게 발전시킬 수 있을까? 어떻게 선수들에게 전술을 전달할 수 있을까? 이런 질문들이 당신을 끊임없이 괴롭힐 수도 있다. 여러분이 축구 선수라면 다음과 같은 의문을 품을 수도 있다. 필드에서는 선수인 나에게는 이 모든 개념이 어떤 의미일까? 내 포지션에서 주의해야 할 점은 무엇인가? 감독은 나에게 무엇을, 그리고 왜 요구할까?

한 가지 당부하고 싶은 점이 있다. 이 책에 담긴 모든 개념과 전술 도구, 모든 아이디어와 전략, 크고 작은 고찰이 내일 당장 시대에 뒤떨어진 것이 될 수도 있다. 경기는 계속 이어지고 있고, 이 책이 출간된 이후 또 다른 전술적인 혁신이 발생할 수 있기 때문이다. 20년 전의 축구는 오늘날의 축구와 완전히 달랐다. 어쩌면 여러분이 이 책을 읽고 있을 때, 20년 전의 개념이 다시 유행하고 있을지도 모른다. 시대를 초월하는 것들도 있으니 말이다. 아주 오래 전 〈키커〉에 실린 문장을 다시 되새기며 이 책을 마무리하겠다. "친애하는 독자 여러분, 스포츠 평론가들을 믿지 마세요. 스스로 직접 경기를 보시기 바랍니다."

감사의 말

이 책은 하루아침에 완성된 것이 아니다. 나는 지난 10년 동안 축구 경기를 관전하고 분석했고, 축구 관련 책을 읽고 나보다 축구에 정통한 사람들과 토론했다. 그리고 블로거이자 전술 분석가, 저널리스트로 보낸 세월 동안 얻은 지식을 모아 이 책을 구성했다.

이 책에 담긴 많은 아이디어와 개념은 나보다 훨씬 똑똑한 사람들이 만든 전술을 기반으로 한다. 특히 마르틴 라펠트와 레네 마리크, 팀 리케로부터 많은 영감을 받았다. '슈필페어라거룽Spielverlagerung. de'에 실린 기사와 우리가 함께 나눈 수많은 대화에 감사한다. 이 책의 많은 부분이 그들의 이론에 기초한다. 나에게 아이디어를 나눠준 그들에게 감사의 말을 전한다.

지난 몇 년 동안 친구들, 그리고 동료들과 의견을 교환하면서 축구를 보는 나의 눈이 더욱 날카로워질 수 있었다. 새삼스럽지만 나에게 큰 도움을 준 사람들에게 다시 한 번 감사하고 싶다. 블로그 운영진과 함께 축구 이야기를 하며 며칠 밤을 샌지 모르겠다. 마르틴 라펠트, 레네 마리크, 팀 리케를 다시 언급하고 싶다. 또한 콘스탄틴 에크너, 에두아르트 슈미트, 필립 펠카도 빼놓을 수 없다. 올리버 프리취, 크리스토프 비어만과 다니알 몬타체리는 내가 작가로서 한 걸음 더 나아갈 수 있도록 도와주었다. 랄프 구네쉬는 나에게 프로 축구 선수의 관점을 알려주었고 알렉스 포이어헤르트는 축구의 규칙과 전술이 얼마나 밀접한 관계인지 보여주었다. 닐스 봄호프, 에티네 가르데, 구나르 크루프, 마르크 레만 등 유튜브 채널 '본데스리가

Bohndesliga' 관계자들과 미하엘 비트, 라르스 발로트, 티모 슈트뢰머 등 '11프로인데11Freunde' 온라인 팀, 그리고 '숄레Scholle' 블로그의 라우텐페를레, 다니엘 레케, 루카스 릴케, 요른 바인, 루츠 뵈케너, 라르스 가르텐슐레거, 마티아스 프리베 등에게도 감사한다.

축구 팟캐스트인 '라젠풍크Rasenfunk'의 막스 야콥 오스트에게도 특별히 감사의 말을 전한다. 그와 축구 이야기를 할 때만큼 즐거웠던 적이 없다. 나를 몇 번이나 초대해줘서 정말 감사한다.

내가 집필한 다른 책과 마찬가지로 이 책 또한 편집자 요한나 랑마크의 도움이 없었다면 세상에 나오지 못했을 것이다. 이번에는 특히 나를 믿어준 데에 감사하고 싶다. 내가 아이디어를 내놓을 때마다 단 한 차례도 반대하지 않아서 고맙다. 또한 율리아 주호르스키에게도 감사한다. 내가 마감 기한을 넘겼을 때조차도 초조해하지 않고 기다려주었다. 그 신뢰에 언젠가 보답할 날이 오길 바란다.

마르틴 라펠트를 세 번째로 언급하며 감사의 말 헤트트릭을 바치고 싶다. 이 책을 집필하는 동안 처음부터 끝까지 함께하며 나에게 큰 도움을 주었다. 그의 조언과 가르침이 이 책을 만들었다고 해도 과언이 아니다. 대단히 고맙다.

마지막으로 아들 막시밀리안에게 하고 싶은 말이 있다. 지금 그대로만 있어다오. 사랑한다.

이 책에 등장한 주요 용어들

5초 규칙
거울 포메이션
게겐프레싱
골킥과 킥오프
공간 압박
교차하여 달리기
균형 수비
긴 패스 수비
긴 패스와 크로스
깊이와 폭
대인 지향 수비와 공간 지향 수비
더블 식스
돌진
두 번째 볼
등 뒤에서 달리기
딥 라인 플레이메이커/레지스타
빈틈

삼각 대형
수비 라인
수비의 그림자
스로인 수비
스로인으로 공격
역동성
역습
예측형 골키퍼/반응형 골키퍼
오프사이드 트랩
움직이는 수비 라인
원투 패스
이동
전술적인 파울
촘촘한 수비
커버
코너킥 수비
코너킥으로 공격

크로스 수비
파도처럼 달리기
패스와 내주기
패킹
포메이션
포지션 체인지
포지션 플레이
포지션 플레이의 원칙
폴스 나인
프레싱
프레싱 시그널
프레싱 트랩
프리킥 수비
프리킥으로 공격
필드의 공간 점유
하프 스페이스
후방지향 프레싱

현대 축구 전술 바이블
THE MODERN SOCCER TACTICS BIBLE

1판 1쇄 2024년 8월 30일
1판 3쇄 2025년 9월 22일

지은이 토비아스 에셔
옮긴이 강민경
감수자 한준희
펴낸이 김인태
펴낸곳 삼호미디어

주소 서울특별시 서초구 강남대로 545-21 거림빌딩 4층
전화 (02)544-9456
팩스 (02)512-3593
홈페이지 www.samhomedia.com
출판등록 1993년 10월 12일 제21-494호

ISBN 978-89-7849-708-4 (13690)

Copyright 2024 by SAMHO MEDIA PUBLISHING CO.

출판사의 허락 없이 무단 복제와 무단 전재를 금합니다.
잘못된 책은 구입처에서 교환해 드립니다.